# A autotranscendência na Logoterapia de
# Viktor Frankl

**Dados Internacionais de Catalogação na Publicação (CIP)**
**(Câmara Brasileira do Livro, SP, Brasil)**

A autotranscendência na Logoterapia de Viktor Frankl /
  Vagner Sanagiotto, Aureliano Pacciolla (organizadores). –
  Petrópolis, RJ : Vozes, 2022.

Vários autores.
Bibliografia.
ISBN 978-65-5713-496-2

1. Frankl, Viktor E. (Viktor Emil), 1905-1997
2. Logoterapia  I. Sanagiotto, Vagner.  II. Pacciolla, Aureliano.

21-87467                                               CDD-158.1

Índices para catálogo sistemático:
1. Logoterapia : Psicologia aplicada    158.1

Cibele Maria Dias – Bibliotecária – CRB-8/9427

Vagner Sanagiotto
Aureliano Pacciolla
Organizadores

# A autotranscendência na Logoterapia de
# Viktor Frankl

EDITORA
VOZES

Petrópolis

© 2022, Editora Vozes Ltda.
Rua Frei Luís, 100
25689-900 Petrópolis, RJ
www.vozes.com.br
Brasil

Todos os direitos reservados. Nenhuma parte desta obra poderá ser reproduzida ou transmitida por qualquer forma e/ou quaisquer meios (eletrônico ou mecânico, incluindo fotocópia e gravação) ou arquivada em qualquer sistema ou banco de dados sem permissão escrita da editora.

**CONSELHO EDITORIAL**

**Diretor**
Gilberto Gonçalves Garcia

**Editores**
Aline dos Santos Carneiro
Edrian Josué Pasini
Marilac Loraine Oleniki
Welder Lancieri Marchini

**Conselheiros**
Francisco Morás
Ludovico Garmus
Teobaldo Heidemann
Volney J. Berkenbrock

**Secretário executivo**
Leonardo A.R.T. dos Santos

*Editoração*: Fernando Sergio Olivetti da Rocha
*Diagramação*: Sheilandre Desenv. Gráfico
*Revisão gráfica*: Anna Carolina Guimarães
*Capa*: Estúdio 483

ISBN 978-65-5713-496-2

Este livro foi composto e impresso pela Editora Vozes Ltda.

# Sumário

*Apresentação*, 11
Alisson Pontes

*Introdução*, 17
Vagner Sanagiotto e Aureliano Pacciolla

1 A autotranscendência na Logoterapia de Viktor Frankl, 21
Paulo Kroeff

   1 Introdução, 21
   2 A autotranscendência no atendimento clínico de pacientes, 23
   3 Autotranscendência e a tríade trágica, 25
      3.1 O sofrimento e a transformação do indivíduo, 25
      3.2 Transcendendo o sofrimento pessoal para a transformação coletiva, 28
   4 Autotranscendência e educação, 30
   5 Autotranscendência coletiva, 32
   6 A autotranscendência na literatura, 33
   7 Considerações finais, 36

2 A autotranscendência na perspectiva empírica, 39
Salvatore Grammatico e Aureliano Pacciolla

   1 Introdução, 39
   2 A autotranscendência na perspectiva empírica, 41
      2.1 Autotranscendência para Maslow, 41
      2.2 Autotranscendência para Reed, 42

2.3 Autotranscendência para Cloninger, 43

2.4 Autotranscendência para Tornstam, Piemonte e Schwartz, 44

2.5 Autotranscendência para Wong, 45

2.6 A Escala de Autotranscendência (EAT) de Grammatico, 46

3 Pesquisas sobre autotranscendência, 50

4 Aplicações clínicas da autotranscendência: estudo de um caso clínico, 57

    4.1 Autotranscendência e processos diagnósticos, 58

    4.2 A autotranscendência na prevenção do suicídio, 65

5 Considerações finais, 66

# 3 A autotranscendência como mediadora do processo psicoterapêutico, 74

Vagner Sanagiotto e Aureliano Pacciolla

1 Introdução, 74

2 O sentido da vida como categoria clínica, 76

    2.1 O sentido da vida como dimensão noética, 77

    2.2 Neurose noogênica e sintomatologia psicopatológica, 78

    2.3 A autotranscendência como categoria clínica, 80

3 A autotranscendência: do significado do sintoma ao sentido da vida, 82

    3.1 Método e instrumentos de pesquisa, 83

    3.2 Informações sociodemográficas, 84

    3.3 Análise de dados, 84

4 Discussão dos resultados e conclusão, 88

# 4 Autotranscendência e processos psicoterapêuticos – O *Locus of Control*, 94

Aureliano Pacciolla e Vagner Sanagiotto

1 Introdução, 94

2 Os três fundamentos da Logoterapia, 95
  2.1 O sentido, 95
  2.2 O significado, 98
  2.3 O prazer, 99
3 Autotranscendência e processos terapêuticos, 104
  3.1 Primeira ferramenta para aumentar a conscientização: automonitoramento, 106
  3.2 Segunda ferramenta para aumentar a conscientização: o *Locus of Control*, 108
4 Considerações finais, 118

5 A autotranscendência como base para o sentido do amor nas vocações católicas, 122

*Ana Clara de Andrade Patrício, Thiago Antonio Avellar de Aquino e Lorena Bandeira Melo de Sá*

  1 Introdução, 122
  2 Desenvolvimento, 123
    2.1 Autotranscendência, 123
    2.2 Sentido do amor, 126
    2.3 Vocação católica, 129
    2.4 A religiosidade na perspectiva de Viktor Frankl, 130
    2.5 A autotranscendência como base para o sentido do amor das vocações católicas, 132
  3 Método, 134
    3.1 Participantes, 134
    3.2 Instrumentos de coleta de dados, 134
    3.3 Procedimento de coleta de dados, 135
    3.4 Processamento e análise dos dados, 136
    3.5 Aspectos éticos, 137
  4 Resultados, 137

5 Discussão, 140
   5.1 Autotranscendência, 140
   5.2 Sentido do amor, 141
6. Considerações finais, 143

**6 Autotranscendência, propósito de vida e a prevenção do comportamento suicida, 146**
Raisa Fernandes Mariz Simões e Lorena Bandeira Melo de Sá
   1 Introdução, 146
   2 Sobre o suicídio, 147
   3 Autotranscendência e propósito de vida como fatores protetivos, 149
   4 Considerações finais, 156

**7 Estudos e pesquisas sobre o impacto educacional da autotranscendência, 159**
Giuseppe Crea
   1 Introdução, 159
   2 O valor existencial dos relacionamentos, 160
   3. Os riscos de uma transcendência sufocada pelo tédio relacional, 162
      3.1 Aspectos psicológicos do tédio relacional, 164
      3.2 Do tédio relacional à riqueza relacional da autotranscendência, 166
   4 Autotranscendência como tarefa educacional a ser buscada, 168
      4.1 Autotranscendência: ir além de si mesmo, 168
      4.2 Autotranscendência: a intencionalidade aberta aos valores, 167
   5 Dimensões de alteridade e significado existencial, 170
   6 Autotranscendência educacional, 172
   7 Em direção a um protocolo de "personalidade transcendente", 173

8 Formação da "personalidade autotranscendente": entre liberdade e responsabilidade, 176
9 Considerações finais: o suporte relacional como recurso para o desenvolvimento da autotranscendência, 179

8 Autotranscendência e adicções a substâncias psicoativas, 183
José Arturo Luna Vargas
1 Introdução, 183
2 As drogadições noogênicas, 184
3 Autotranscendência, liberdade, responsabilidade e adicções, 187
4 Uma base antropológica relacional para a autotranscendência no trabalho com pessoas adictas, 188
5 As doze variáveis do tratamento de pessoas adictas na Escuela Filosófica Viktor Frankl, 191
  5.1 Matéria: Análise Existencial e Logoterapia, 192
  5.2 Matéria: Noções básicas sobre vícios, 192
  5.3 Matéria: Doze Passos de Narcóticos Anônimos (NA), 192
  5.4 Matéria: Projeto de vida, 193
  5.5 Matéria: Autobiografia, 193
  5.6 Matéria: Autodiagnóstico de vulnerabilidade e pontos fortes, 193
  5.7 Matéria: Treinamento autógeno, 193
  5.8 Matéria: Tolerância à frustração, 193
  5.9 Matéria: Desenvolvimento corporal, 194
  5.10 Matéria: Evolução bio-psico-sócio-noética-ecológica, 194
  5.11 Matéria: Grupo de terapia e autoajuda familiar, 194
  5.12 Matéria: Técnicas terapêuticas, 194
6 Do *homo darwinianus* ao *homo doador* e ao *homo reciprocus*, 195
7 Pesquisa sobre um acompanhamento de pessoas adictas recuperadas, 196
  7.1 Instrumentos de pesquisa, 196
  7.2 Método, 196

7.3 Participantes, 196
7.4 Resultados e discussão, 198
7.5 Algumas conclusões da pesquisa, 198
7.6 Breve revisão de Korsakof, 201
8 Considerações finais, 201

9 Expressões de autotranscendência na infância, 206
Clara Martínez Sánchez e Aureliano Pacciolla
1 Introdução, 206
2 A autotranscendência na infância, 208
3 Psicoterapia infantil e autotranscendência, 212
4 Recursos terapêuticos que facilitam a expressão da autotranscendência nas crianças, 214
4.1 Os faróis do sentido: dois casos clínicos, 215
4.2 Terapia do jogo logoterapêutico ou ludologoterapia, 217
4.3 O jogo socrático, 221
4.4 O jogo como um facilitador de autoajuda, 221
4.5 O jogo como um facilitador da autotranscendência, 222
4.6 Tarefas existenciais: outro caso clínico, 223
5 Considerações finais, 225

10 A autotranscendência como manifestação onírica do processo de desenvolvimento integral da pessoa, 230
Gilvan de Melo Santos
1 Introdução, 230
2 O lugar da autotranscendência nos sonhos, 232
2.1 A autotranscendência como motivo básico dos sonhos, 235
2.2 A autotranscendência em sonhos de pacientes oncológicos, 245
3 Considerações finais, 258

*Conclusão e indicações para as pesquisas futuras*, 261
Aureliano Pacciolla e Vagner Sanagiotto

*Os autores*, 267

# Apresentação

Em seu livro, *Assistência logoterapêutica*, a Dra. Elisabeth Lukas (1992), uma das principais discípulas do Dr. Viktor Frankl, descreve uma estória de duas crianças que ajudam uma senhora a carregar sua sacola pesada de maçãs, que eu tenho compartilhado sempre com os meus alunos e pacientes. Vou aqui fazer uma adaptação dessa estória para ressaltar a *largura* e a *altura* do conceito criado por Frankl, fundamental dentro da visão antropológica apresentada na Logoterapia e na Análise Existencial, a autotranscendência. Conceitualmente podemos afirmar que autotranscendência é a compreensão de que "o ser humano sempre aponta e se dirige para algo ou alguém diferente de si mesmo – seja um sentido a realizar ou outro ser humano a encontrar. Quanto mais a pessoa esquecer de si mesma – dedicando-se a servir uma causa ou a amar outra pessoa – mais humana será e mais se realizará" (FRANKL, 2008, p. 135).

Vamos para a adaptação dessa estória. Imaginemos duas crianças – Joãozinho e Pedrinho – que estão atravessando a rua após saírem da escolha em um dia ensolarado, famintas, ansiando chegarem em casa para almoçarem. Do outro lado da rua está D. Maria, uma jovem senhora, carregando uma sacola de maçãs bonitas e vistosas. Ao tentar atravessar a rua, ela tropeça e sua sacola de maçãs cai ao chão. Pausemos a cena e a vejamos agora a partir da perspectiva das duas crianças. A primeira – Joãozinho – olha para a sacola de maçãs que caiu ao chão e pensa: "Vou ajudar D. Maria, pois assim ela me dará ao menos uma maçã e saciarei minha fome". E assim faz. Rapidamente recolhe a sacola, a entrega para D. Maria, com um sorriso estampado no rosto. A educada senhora agradece, recebe sua sacola de maçãs e... decide seguir em frente. Como se sente Joãozinho? Logicamente, sente-se frustrado, decepcionado, até com raiva. Pensa: "Que senhora avarenta!"

Voltemos à cena e agora a vejamos sob a perspectiva de Pedrinho, a segunda criança. Ele olha para D. Maria, que acabara de tropeçar e deixa cair uma sacola, e pensa: "Eis aí a oportunidade de ajudar uma pessoa que está precisando". Assim, ele rapidamente recolhe a sacola, a entrega a D. Maria, com um sorriso estampado no rosto. A educada senhora agradece, recebe sua sacola de frutas e, dessa vez, o que acontece? Novamente ela decide seguir em frente. Realmente é avarenta! Mas, como se sente Pedrinho? Realizado, satisfeito, feliz. Para ele, receber ou não a recompensa era insignificante.

Agora façamos uma reflexão sobre essa estória e como ela é uma excelente expressão da autotranscendência proposta por Frankl. Começo, então, fazendo uma pergunta: "Houve diferença na ação realizada por Joãozinho e Pedrinho?" A resposta é não, de um ponto de vista comportamental. Eles realizaram a mesma ação. Mas como tiveram reações tão opostas? Para responder a essa pergunta precisamos resgatar alguns aspectos fundamentais da autotranscendência proposta por Frankl. Primeiro, esse não é apenas um conceito, um aspecto filosófico distante da realidade. Ao contrário, trata-se de um aspecto fundamental da existência humana, pois, como propõe Frankl (1991, p. 18), "O homem só se torna homem e só é completamente ele mesmo quando fica absorvido pela dedicação a uma tarefa, quando se esquece de si mesmo no serviço a uma causa ou no amor a uma outra pessoa".

Podemos afirmar que a autotranscendência não se reduz a uma simples terapia ocupacional ou a uma mudança de atitude. Ela perpassa, necessariamente, a tomada de consciência de um sentido ou valor que está posto nas circunstâncias vivenciadas no momento presente. Frankl (2005, p. 47) afirma que "[...] a qualidade da autotranscendência da presença humana é refletida, por sua vez, na qualidade 'intencional' dos fenômenos humanos, como a denominam F. Brentano e E. Husserl. Os fenômenos humanos indicam e se referem a 'objetos intencionais'". A partir disso, podemos afirmar que um passo necessário para a autotranscendência é a tomada de consciência. Aqui faz-se necessário ressaltar que não se trata de uma consciência meramente psicológica (*bewussen*), mas de uma consciência intuitiva (*gewissen*), o órgão do sentido, de caráter transcendente, encontrada na dimensão espiritual que, por meio da vontade de sentido, sempre aponta para os sentidos e valores a realizar.

Todavia, se encerrássemos nesse primeiro passo ocorreria a autotranscendência? A resposta é não. Se a autotranscendência não se reduz necessariamente a uma mera ação, pois perpassa a tomada de consciência, o oposto também anularia sua realização. Isto implica dizer que não basta tomar consciência. Tenho percebido, através da minha prática docente e clínica, o quanto muitas pessoas estão frustradas em suas vidas, mas, na maior parte das vezes, não é por falta de consciência do que devem fazer. Elas até sabem o que deveriam realizar; porém, muitas estão estagnadas em uma *zona de conforto*, em processos de adoecimentos, frustrações, que não conseguem mais ter ânimo e coragem para responder ao chamado da vida.

Nesse sentido, Frankl nos apresenta as bases para as terapias cognitivas e comportamentais ou, como propõe Pacciolla (2015), o cognitivismo existencial, pois, ao propor a autotranscendência, ele nos convida a uma mudança de pensamento, a olharmos para as circunstancias da vida a partir de uma lente que traz à luz as possibilidades de sentidos presentes em todas as situações, mesmo as mais trágicas, resgatando uma perspectiva otimista da vida e alimentando a esperança da humanidade por meio da incondicionalidade do sentido. Consequentemente, convoca-nos também a uma mudança de comportamento, a realizarmos ações livres, conscientes e responsáveis, a darmos uma resposta positiva às indagações da própria vida.

A partir dessa explicação podemos contrapor o vitimismo, tão presente em nossa época. Por mais que o ser humano esteja sujeito aos condicionamentos biológico, psicológico e social, Frankl nos apresenta a liberdade e a responsabilidade como um aspecto essencial do ser humano. Por mais que esses aspectos condicionantes possam reduzir o campo de liberdade, a exemplo dos prisioneiros nos campos de concentração nazistas, sempre resta um resquício de liberdade, que permite o ser humano tomar consciência de um sentido e realizá-lo, vivenciando a autotranscendência.

Voltemos para a estória. A partir do exposto acima, podemos afirmar que Joãozinho, a primeira criança, no lugar de autotranscender, buscou sua própria autorrealização. Não houve um sair de si em direção a outra pessoa. Sua intenção foi satisfazer-se a si mesmo. De forma contrária, Pedrinho realiza o sentido que está posto na situação: ajudar outra pessoa. Entre outras palavras, ele esquece de si e dirige-se para o outro, em uma expressão de acolhimento e amor. Frankl (2010, p. 102) propõe que "[...] só na medida em que o homem atinge o sentido é que ele se realiza também a si mesmo: a realização de si mesmo, portanto, significa *de per se* como que um efeito da consecução do sentido, mas não o objetivo desta. Só a existência que a si mesma se transcende se realiza a si mesma". Portanto, pode-se afirmar que a autorrealização é sempre um efeito colateral da autotranscendência.

No início desta apresentação eu falei sobre a *largura* e a *altura* dessa característica antropológica fundamental. Quando falo em *largura*, ressalto que a autotranscendência tem reflexo não apenas no sujeito que a vivencia, mas no mundo em que se vive e, mais do que isso, nossas ações podem reverberar por toda a história, assim como impactar a vida de uma pessoa ou a sociedade. Portanto, ela também tem uma implicação pró-social. A autotranscendência pró-social está ligada à capacidade de orientar as escolhas e o comportamento para proteger e melhorar o bem comum. O mais alto nível da pró-socialidade é aquele voltado para o bem comum da humanidade, do planeta e de toda a criação, como propõe Pacciolla e Sanagiotto (2021).

Quando falo em *altura*, é que a autotranscendência nos permite *olhar para o alto*, para além das circunstâncias vivenciadas. Se na sociedade contemporânea há uma valorização do ter em detrimento do ser, das coisas em vez das pessoas, do cargo no lugar da missão, Frankl nos faz levantar a cabeça novamente e perceber o sentido que há em tudo que realizamos. Confronta-nos com nossa própria responsabilidade na construção do nosso ser, de forma que possamos construir o mais belo monumento de nossa própria existência; faz-nos amar as pessoas e usar responsavelmente as coisas, abrindo a janela da nossa vida para contemplação e vivência do amor, generosidade e graciosidade; faz-nos olhar para vida como uma grande oportunidade de exercer a missão intransferível e irrevogável, pela qual somos comissionados e insubstituíveis. Esse olhar para o alto nos permite também contemplar o Sentido Último da vida, como propõe Frankl (2010, p. 45): "Ser homem significa, *de per se* e sempre, dirigir-se e ordenar-se a algo ou a alguém: entregar-se o homem a uma obra a que se dedica, a alguém que ama, ou a Deus, a quem serve".

A partir do exposto, considero que este livro, intitulado *A autotranscendência na Logoterapia de Viktor Frankl*, é um marco na história da Logoterapia, ao apresentar a riquíssima colaboração que Viktor Frankl traz para a sociedade atual por meio da autotranscendência. Nos capítulos que se seguem foi abordada a autotranscendência a partir de diversas perspectivas e com a colaboração de diversos autores, seja através de instrumentos, como a Escala de Autotranscendência (EAT), LOC-F e o LOC-E, seja na atuação em diferentes contextos ou faixas etárias. Por fim, acredito que este livro brota como um farol em meio às trevas dos dias atuais, renovando a esperança da humanidade no sentido incondicional da vida.

*Alisson Pontes*

# Referências

FRANKL, V.E. (1991). *A psicoterapia na prática*. Trad. C.M. Caon. Campinas: Papirus.

FRANKL, V.E. (2005). *Um sentido para a vida*: psicoterapia e humanismo. Trad. V.H.S. Lapenta. 15. ed. Aparecida: Ideias e Letras.

FRANKL, V.E. (2008). *Em busca de sentido*: um psicólogo no campo de concentração. Trad. Walter O. Schlupp e Carlos C. Aveline. 25. ed. São Leopoldo/Petrópolis: Sinodal/Vozes.

FRANKL, V.E. (2010). *Psicoterapia e sentido da vida* – Fundamentos da Logoterapia e Análise Existencial. Trad. Alípio Maia de Castro. 5. ed. São Paulo: Quadrante.

LUKAS, E. (1992). *Assistência logoterapêutica*. Petrópolis/São Leopoldo: Vozes/Sinodal.

PACCIOLLA, A. (2020). Reflexões para um novo humanismo. In: Associação Brasileira de Logoterapia e Análise Existencial. *O legado de Viktor Frankl*: caminhos para uma vida com sentido. Org. A.M. Pontes, D.M.B. Santos e C.C.G.D. Ribeirão Preto: IECVF.

# Introdução

Caro leitor, apresentamos a você o livro *A autotranscendência na Logoterapia de Viktor Frankl*. Um livro escrito em mutirão, podemos assim dizer! Desde o começo, o livro surgiu como uma proposta para desenvolver a temática sobre a autotranscendência na perspectiva da Logoterapia de Viktor Frankl. Considerando que a pesquisa sobre o argumento está em ampla expansão no Brasil e, pela sua originalidade e relevância clínica, decidimos reunir alguns dos principais pesquisadores nacionais e internacionais (Brasil, Colômbia e Itália) para escreverem algo pertinente ao assunto. Cada autor é especialista na abordagem da Logoterapia há muitos anos e já possui muitas publicações em diferentes idiomas.

Apesar de ser um livro com muitos autores, a autotranscendência é o fio condutor que une os diversos capítulos. Basicamente, o livro pode ser dividido em duas partes: a primeira aborda a teoria da autotranscendência, como proposta por Frankl, e o posterior desenvolvimento das pesquisas empíricas; a segunda considera os diversos campos em que a autotranscendência pode ser usada como intervenção psicoterapêutica e como pesquisa.

Em relação à primeira parte do livro, composta por quatro capítulos, partimos da temática da autotranscendência na perspectiva da Logoterapia de Viktor Frankl (cap. 1), o qual a conceitualiza como uma característica definidora da humanidade e da espécie *homo sapiens*. A autotranscendência está presente em uma das inúmeras definições que Frankl apresenta de ser humano: "o homem é um ser que se transcende a si mesmo". Explicitando o que é a autotranscendência, diz Frankl: "a essência da existência humana, diria eu, radica na sua autotranscendência. Ser homem significa, de *per se* e sempre, dirigir-se e ordenar-se a algo ou a alguém: entregar-se o homem a uma obra a que se dedica, a alguém que ama, ou a Deus, a quem serve".

No decorrer dos anos, principalmente depois de 1960, os pesquisadores desenvolveram a autotranscendência na perspectiva empírica, na qual foram enfatizados os aspectos científicos da teoria. Especificamente este livro apresenta a Escala da Autotranscendência (EAT) na perspectiva pró-social, ou seja, a autotranscendência consiste, na sua máxima expressão, na capacidade de optar pela renúncia ante as próprias necessidades para doar-se a uma pessoa amada, a uma causa social ou ao bem comum, sem qualquer vantagem pessoal, e com a convicção de que é bom fazer o bem ao maior número de pessoas possível (cap. 2). Obviamente existem muitas formas e níveis intermediários antes de chegar a essa máxima expressão. Por isso, a autotranscendência se coloca em termos de crescimento pessoal e social. Ao propor a Escala da Autotranscendência, a abordamos na perspectiva científica, ou seja, através da pesquisa empírica buscamos evidências que nos indiquem a sua eficácia e aplicabilidade no âmbito psicoterapêutico. Nesse sentido, os autores apresentam uma pesquisa feita no território brasileiro, com o objetivo de entender como a autotranscendência ajuda na busca de sentido na vida diante de quadros psicopatológicos (cap. 3). Para concluir com essa primeira parte do livro, apresentamos um instrumento novo dentro da pesquisa em Logoterapia: o *Locus Of Control* Fxistencial (LOC-E) e *Locus Of Control* do Funcionamento da personalidade (LOC-F). O LOC tem como objetivo ajudar os psicoterapeutas humanistas existenciais a analisar a provável demanda existencial para construir intervenções clínicas (cap. 4).

A segunda parte do livro, composta de seis capítulos, é dedicada aos potenciais campos em que a autotranscendência poderá ser usada como intervento clínico, mas também no horizonte da pesquisa acadêmica, na diversidade de contextos da Psicologia: no vocacional, na prevenção ao suicídio, no educacional, na dependência química, na psicoterapia infantil, na análise dos sonhos. Entre os principais âmbitos de reflexão, da pesquisa e de atuação do logoterapeuta indicamos:

a) A autotranscendência como base para o sentido do amor nas vocações católicas (cap. 5), em que os autores partem do pressuposto de que, dentre as formas possíveis para extrair um sentido da vida, destaca-se a vivência do amor, mais precisamente a capacidade de amar, pois essa inclinação é inerente ao ser humano, que possui seu núcleo na pessoa espiritual, e está enraizada na sua essência.

b) A relação entre autotranscendência e o propósito de vida (cap. 6), temáticas que as autoras desenvolvem considerando a importância de trabalhar estes aspectos como caminho na prevenção ao comportamento suicida. A ideia é que, quando o ser humano desenvolve a autotranscendência e vivencia valores, está trilhando os caminhos para o seu propósito de vida, tornando estes conceitos extremamente relacionados.

c) O impacto educativo da autotranscendência (cap. 7), temática desenvolvida pelo autor na perspectiva de que o valor existencial dos relacionamentos ajuda a construir uma identidade voltada para o outro. Integrar as diferentes características de valor, para chegar a um perfil de identidade comum que inclua os aspectos importantes da convivência, significa abrir-se com uma atitude de diálogo a partir do caminho e do crescimento comum, que leva à identificação de novos significados e a realizar nas relações mútuas.

d) A autotranscendência e a adicção a substâncias psicoativas (cap. 8), nas quais o autor partilha a sua experiência como logoterapeuta diante dos desafios da dependência química, mas também na proposta de uma metodologia de acompanhamento de toxicodependentes cujas raízes se encontram na autotranscendência.

e) A expressão da autotranscendência na infância (cap. 9), temática que os autores desenvolvem a partir da necessidade de desenvolver os recursos e as potencialidades pessoais, em coerência com os valores com os quais escolhemos nos vincular e nos relacionar com outras pessoas. A Logoterapia e a Análise Existencial aplicadas à infância propõem como base que o processo psicoterapêutico facilite a expressão e a manifestação da autotranscendência, na qual o terapeuta acompanha a criança a definir sua capacidade de ser ela mesma e estar além de si mesma.

f) A autotranscendência como manifestação onírica (capítulo 10), como parte do processo de desenvolvimento psíquico representado nos sonhos dos pacientes, no qual apresenta o ser humano movido pelo movimento destas três dimensões – biológica, psíquica e no ética –, oscilando entre o movimento intrapsíquico e existencial, num noopsicodinamismo cuja tendência é a abertura para um processo contínuo de amadurecimento psicológico, desde a sua infância e adolescência biopsíquicas (destensão e individuação) até o seu amadurecimento pessoal (autotranscedência).

Das temáticas apresentadas, das reflexões feitas, das conclusões indicadas em cada capítulo, é somente um primeiro passo para incentivar os leitores, interessados na Logoterapia e na Análise Existencial, a prosseguir nas pesquisas sugerindo novas hipóteses e práticas psicoterapêuticas. Então, boa leitura e boa pesquisa!

*Vagner Sanagiotto*
*Aureliano Pacciolla*

# 1
## A autotranscendência na Logoterapia de Viktor Frankl

*Paulo Kroeff*

## 1 Introdução

Viktor Frankl, o criador da Logoterapia, coloca a autotranscendência como uma característica definidora da humanidade da espécie *homo sapiens*. Está presente em uma das inúmeras definições que Frankl apresenta de ser humano: "O homem é um ser que se transcende a si mesmo" (FRANKL, 1977, p. 206). Explicitando o que é a autotranscendência, diz Frankl: "A essência da existência humana, diria eu, radica na sua autotranscendência. Ser homem significa, de *per se* e sempre, dirigir-se e ordenar-se a algo ou a alguém: entregar-se o homem a uma obra a que se dedica, a alguém que ama, ou a Deus, a quem serve" (FRANKL, s.d., p. 45). Ou, ainda, ressaltando mais uma vez: "Na realidade, o essencial da condição humana é o fato de autotranscender-se, que haja algo mais em minha vida que não seja eu mesmo... Algo ou alguém, uma coisa ou outra pessoa distinta de mim" (FRANKL, 1999, p. 59-60).

Esta é uma característica absolutamente necessária para buscar e realizar o que é o cerne da Logoterapia, o sentido da vida. Como este, para a Logoterapia, está no mundo, fora do ser humano, é necessário, portanto, o movimento centrífugo que o ser humano tem que realizar de sair de si. Buscar e concretizar sentido cria uma certa tensão que Frankl vê como positiva: "uma forte orientação de sentido é um agente promotor da saúde e do prolongamento da vida, se não um preservador da vida. Não só beneficia a saúde física, mas também a mental (FRANKL, 1970, p. 48).

Além disso, Frankl entremeia autotranscendência e responsabilidade:

> Ao declarar que o ser humano é uma criatura responsável e precisa realizar o sentido potencial de sua vida, quero salientar que o verdadeiro sentido da vida deve ser descoberto no mundo, e não dentro da pessoa humana ou de sua psique, como se fosse um sistema fechado. Chamei essa característica constitutiva de "a autotranscendência da existência humana" (FRANKL, 1991, p. 99).

A cooperação entre os membros de uma comunidade – ou poderíamos dizer, no caso humano, a autotranscendência – é algo que contribuiu para o desenvolvimento e sobrevivência das espécies. Entre os mamíferos do reino animal, para ficar num só exemplo, poderíamos citar os lobos; e entre os insetos, as abelhas. E para citar somente uma função importantíssima da autotranscendência na espécie humana, podemos mencionar a criação dos filhos.

Kierkegaard, considerado o pai do existencialismo moderno, conhecia o perigo de o ser humano estar fechado dentro de si mesmo. Dizia: "Nada é mais perigoso nem mais paralisador para um homem do que o isolamento profundo dentro de si mesmo" (KIERKEGAARD, 1993, p. 39). O ser humano não poderá tornar-se verdadeiramente humano se não for capaz de abrir-se para o mundo, ou seja, sair de si – autotranscender-se, como diria Frankl.

Frankl apresenta inúmeros exemplos nos quais o exercício da autotranscendência permite ao ser humano suportar as adversidades da vida, encontrando nesse exercício inclusive o autodesenvolvimento, a ponto de chegar ao que ele denomina "transformar uma tragédia em triunfo humano". Alguns desses exemplos relatados por Frankl: a mulher que perdeu seus nove filhos nas câmaras de gás nazistas e encontrou conforto e sentido em sua vida dirigindo um orfanato em Israel; um jovem que se tornou tetraplégico devido a um acidente e inscreve-se em curso de psicologia, acreditando que seu sofrimento, tendo-o ajudado a desenvolver empatia pelos outros e um crescimento interior, será de grande auxílio na ajuda aos outros (FRANKL, s.d.).

Sendo, então, a autotranscendência definidora do ser humano, e necessária para a busca e realização de sentido, poderíamos mencionar algumas perguntas a serem respondidas quando nos confrontamos com o ser humano em dificuldades:

- Como colocar as pessoas em processos de busca de novos ou antigos sentidos?
- Como auxiliar as pessoas a reativarem sua capacidade de autotranscendência para transformar, segundo Frankl, o sofrimento em triunfo humano?
- Como auxiliar as pessoas a não permanecerem ancoradas em seu passado (em sua dor e desespero) e retomarem seu presente para moldar seu futuro, com a redescoberta ou a esperança de encontrar sentidos?

## 2 A autotranscendência no atendimento clínico de pacientes

Sendo a autotranscendência uma característica que está na essência do ser humano, é natural que no trabalho clínico de um terapeuta este lance mão dessa característica.

Falando de um tipo específico de neurose, proposto pela Logoterapia, veja-se o que diz Frankl:

> Sem embargo, resulta indispensável ser conhecedor da autotranscendência quando se trabalha no diagnóstico das neuroses noogênicas. Estas aparecem ao frustrar-se ante o desejo de encontrar significado, o

qual, por sua vez, é uma manifestação da autotranscendência (FRANKL, 1999, p. 145).

Ao mencionar a neurose e a atitude que o ser humano deve adotar ante ela, Frankl virá a ressaltar a importância da autotranscendência no atuar terapêutico. Tendo afirmado que a neurose é de certa forma ligada ao destino (FRANKL, 1977), ele vai afirmar também que uma das atitudes essenciais ante isso é a "atividade correta". Ou seja, "atuar à margem do sintoma. Existir em orientação para algo" (FRANKL, 1978, p. 168). Ora, isso é exatamente o que Frankl chama de transcender, ir além de si mesmo, da situação apremiante que o ser humano possa estar vivendo.

Trazendo os ensinamentos da Logoterapia e da Análise Existencial para a psicoterapia, diz-nos Frankl: "[...] a autotranscendência da existência humana no plano clínico se expressa pelo que denominamos a Técnica da derreflexão" (FRANKL, s.d., p. 39). Ele cita a importância da autotranscendência para o tratamento de neuroses sexuais, ao mencionar exemplos de cura da impotência e da frigidez, quando a pessoa deixou de se preocupar exclusivamente com seu problema, com a aplicação da derreflexão, abrindo-se ao outro, dedicando sua atenção ao parceiro amoroso (FRANKL, s.d.). Ou seja, a solução das dificuldades sexuais possibilitou-se quando a pessoa se autotranscendeu, buscando um novo sentido. Só então ocorreu a cura. No uso da técnica da derreflexão, uma das atitudes essenciais citadas por Frankl a ser adotada é a *passividade correta*, ignorando o sintoma. Para isso, obter do paciente uma reorientação da atenção para um outro foco é importante. Isso é obtido encontrando um novo sentido, ou seja, adotando a atitude essencial de uma *atividade* correta, pois muitas vezes os sintomas neuróticos ocorrem quando há a existência de um vazio espiritual (FRANKL, 1997). É a característica humana da autotranscendência que permite ao ser humano ultrapassar o vazio existencial quando encontra algo pelo qual vale a pena a sua existência.

## 3 Autotranscendência e a tríade trágica

Sabemos da importância da autotranscendência para o enfrentamento de elementos da tríade trágica: sofrimento, culpa e morte. Apresentam-se a seguir alguns poucos exemplos que são uma demonstração de que a tríade trágica pode trazer algo mais do que dor ao ser humano. Muitas vezes, a pessoa pode utilizar o sofrimento para alavancar mudanças pessoais ou transformações sociais. Isso depende da atitude e ações que adotar frente aos fatos que se lhe apresentam. Como diria Florence Nightingale, patrona das enfermeiras: "O importante não é o que nos faz o destino, mas o que nós fazemos dele".

### *3.1 O sofrimento e a transformação do indivíduo*

Frente a uma doença grave como o câncer, e à eventualidade mais próxima da morte, algumas pessoas despertam para possibilidades simples de sentidos na vida, anteriormente vivenciados mas não mais concretizadas, como a mencionada por um paciente, de exercitar um singelo "valor de vivência": "volto a cheirar as plantas, passear pela natureza, ver o amanhecer" (KROEFF, 1999, p. 131).

Outro exemplo de autotranscendência é o de uma paciente com câncer, frequentando um Serviço de Cuidados Paliativos, e mesmo sabendo que não tem mais cura, encontra sentido e conforto ministrando palestras sobre os benefícios desse serviço, ajudando outros pacientes a lidar com seus temores e dúvidas (CARDOSO, 2020).

Frankl relata um caso que recebeu em sua clínica, e que nem chegou a considerar o atendimento como uma terapia, mas uma abertura para o encontro com o sentido do sofrimento, retirando a pessoa da depressão e do desespero em que se encontrava pela morte da esposa. Reconhece que perguntou a si mesmo como poderia ajudá-lo, decidindo-se por confrontá-lo com a pergunta sobre o que teria ocorrido se tivesse ocorrido o inverso: aquele senhor ter morrido antes de sua esposa. Da resposta dele, de que ela teria sofrido muito, Frankl improvisou sua intervenção: "Veja bem, doutor, ela foi poupada deste sofrimento e foi o senhor que a poupou dele; mas agora o senhor precisa pagar por isso, sobrevivendo a ela e chorando a sua morte" (FRANKL, 1991, p. 101). O que Frankl provocou com sua intervenção? Tirou o indivíduo de seu sofrimento pessoal, fazendo-o retornar ao passado e imaginando o futuro de sua esposa a partir da situação inversa, e do sofrimento pelo qual ela passaria. Ocorreu um movimento centrífugo de si para a esposa e a preocupação pelo seu bem-estar, ou seja, ele se autotranscendeu, aceitando seu destino como uma forma de evitar o futuro alternativo de sofrimento dela. E Frankl, comentando o caso, completa: "o que consegui naquele momento foi mudar a sua *atitude* frente ao destino inalterável, visto que a partir daquela ocasião ele pelo menos podia ver um sentido em seu sofrimento" (FRANKL, 1991, p. 101). Sabemos que Frankl define o desespero como "um sofrimento sem sentido", sendo então necessário ajudar a pessoa a ver um sentido em seu sofrimento para não deixá-la mergulhada no desespero. O sofrimento não é evitado; mas nessa forma diferente de vê-lo, ele é suportável. Está de acordo com a citação feita por Frankl do filósofo Friedrich Nietzsche: "não era o sofrimento o seu problema, e sim o fato de não achar resposta para a questão angustiante: *para que sofrer?*" (FRANKL, 1978, p. 187).

Esse movimento de autotranscendência, como um recurso para sair do desespero e suportar o sofrimento, é visto em muitas situações em grupo de ajuda mútua a pais que perderam filhos. Como praticamente a maioria desses pais, antes do falecimento do filho, vivia em situação em que consideravam suas vidas como significativas, e muitas vezes depois as declaram como "sem sentido", uma tarefa a ser empreendida com eles é responder uma das perguntas apresentadas anteriormente: "Como colocar as pessoas em processos de busca de novos ou antigos sentidos e fazê-las retomar suas vidas?" O que está ocorrendo com elas é o que Frankl chama de um ofuscamento: "todo desespero tem por base a ofuscação, ou seja, a supervalorização de um valor que simplesmente nos ofusca, a ponto de nos 'cegar' para todos os demais valores" (FRANKL, 1990, p. 79).

A passagem de datas comemorativas – aniversários, dia dos pais ou mães, Natal e Ano-novo, e outras, sem a presença dos filhos falecidos – é causa de muito sofrimento para os pais, especialmente nos primeiros anos, e às vezes até muitos anos depois, se os pais não aprendem a lidar com essas datas de forma a não trazerem sofrimento, às vezes inclusive trazendo alegrias. Relatam-se algumas dessas situações (KROEFF, 2018).

Uma mãe conta como passou o aniversário de seu filho falecido de forma a amenizar seu sofrimento e até lhe trazer alegrias. Aproveitando a característica do filho, que gostava muito de festas e tinha um histórico de ajudar os outros, decide que no aniversário do filho haveria alegrias e não tristezas. Resolve fazer o que o filho fazia: ajudar os outros. Escolhe uma creche numa comunidade carente e combina com a direção da instituição que nesse dia levaria um lanche especial para as crianças ali atendidas; na verdade, faria uma festa. Ela mesma faz os docinhos, sanduíches, cachorros-quentes, pipoca e outros comes e bebes, além de balões, e realiza a festa na escola. Depois conta no grupo de pais como se sentiu alegre nesse dia, dando alegria a essas crianças. Sentiu também que estava homenageando o filho, ao fazer o que ele fazia em vida. Vemos um exemplo de autotranscendência se manifestando. Sair de si e de seu sofrimento e se dirigir aos outros. Essa mãe disse que isso não só lhe fizera muito bem, mas lhe trouxera conforto ao transformar sofrimento em alegria.

Um outro exemplo de uma mãe que durante meses chorara a morte da filha e se isolara em casa, mas que, depois, alentada por outras pessoas, incorpora-se a um grupo denominado "os cozinheiros do bem", que cozinha e leva alimentos para pessoas que estavam vivendo na rua. E relata que isso a ajudou a suportar o seu sofrimento ao amenizar o sofrimento dos outros e a ajudou a retomar sua vida, sem o isolamento e o sofrimento solitário anterior.

Um último exemplo relacionado à autotranscendência de um pai para lidar com a tristeza na data de falecimento da filha. A filha havia sido uma pessoa solidária que durante a sua vida costumava doar sangue. Ele, então, decidiu modificar um padrão de sofrimento antecipado com a aproximação da data, resolvendo fazer uma "inversão da intenção": em vez de aguardar esta data com tristeza, pelo menos iria se esforçar para vê-la como uma oportunidade de fazer algo bom. Decide que, como uma homenagem à filha, imitando seu ato tantas vezes praticado de doar sangue, na data de falecimento da filha passaria a ir a um posto de coleta de sangue fazer doação. E relata no grupo de pais que passa bem este dia, pois fica satisfeito de estar ajudando alguém e, além disso, faz algo que sabe que deixaria sua filha contente. É mais um exemplo do uso da autotranscendência para lidar com o antecipado sofrimento, mudando o que virá a sentir.

## 3.2 Transcendendo o sofrimento pessoal para a transformação coletiva

O sofrimento passado que foi vivenciado nem sempre tem efeitos exclusivamente negativos. Em muitas pessoas a memória desse sofrimento desperta o desejo autotranscendente de evitar o sofrimento de outras pessoas, levando a iniciativas que trazem benefícios a muitos outros seres humanos. A seguir, apresentam-se alguns exemplos:

Eliane Soares é uma pessoa simples que trabalha como auxiliar de limpeza. Isso não a impediu de, através da ação comunitária Mãos Unidas, passar a prestar assistência a dezenas de pessoas vivendo em situação de rua em Porto Alegre. E não provia somente alimentação, mas também palavras de compreensão e conforto, pois lembrava de suas vivências como moradora de rua na infância e da carência pelas quais passou de alimentos, solidariedade e abrigo. Relata que nasceu em uma família com 16 crianças, com pais desestruturados, que viviam ao relento. Relata: "Um dia, quando eu tinha uns 7 anos, passei a tarde pedindo em uma praça, e quando voltei para o terreno baldio em que estávamos morando, não tinha mais ninguém lá. Me deixaram" (MILMAN, 2020, p. 2). Relata o abandono em que viveu, a violência sexual que sofreu, e o envolvimento com drogas. Na adolescência, morando com conhecidos de vários lugares, com sua ajuda, pode se estruturar, construindo uma família própria, tendo casa e alguns bens. E conta com a ajuda de familiares e amigos que colaboram em suas ações solidárias.

Outro exemplo é o de Lucinha Araújo, mãe do cantor Cazuza, que o perdeu em julho de 1990, para a Aids. Em depoimento prestado à jornalista Patrícia Lima (LIMA, 2013, p. 24-25), diz que, devido a sua personalidade, não se fechou no sofrimento. Poucos meses depois criou a Sociedade Viva Cazuza que tem como objetivo acolher e dar apoio e auxílio para crianças soropositivas e suas famílias. E relata sobre seu trabalho, demonstrando o valor positivo da autotranscendência: "Ao mesmo tempo em que eu ajudo, também sou muito ajudada. Aqui eu recarrego minhas baterias e vou para casa enfrentar a vida". E completa seu depoimento: "Eu me beneficio com essas crianças, rio com elas, me divirto, sofro quando elas estão doentes, enfim. Metade da minha vida está fincada aqui".

Dois outros exemplos vêm de mães que perderam seus filhos e criaram instituições para ajudar outras pessoas que vivenciaram a mesma tragédia. A primeira é da paranaense Cristiane Yared que perdeu filho em acidente de trânsito provocado por um deputado e que luta por justiça. Sua história é contada pela escritora Gontijo Staël (2010, p. 15-26). A autotranscendência se manifesta quando seu objetivo é a "busca de justiça não só para o seu filho, mas para os filhos de outras famílias" (p. 22). Criou uma instituição, o Núcleo de Apoio à Vida – Navi para ajudar outras mães, que conta com vários profissionais, entre os quais psicólogos, advogados e assistentes sociais. Levou a sua luta até o campo político, elegendo-se deputada federal, buscando promover legislação protetiva e que impeça a impunidade para os crimes de trânsito. Em várias de suas declarações há conteúdos semelhantes aos propostos pela Logoterapia, como: "Cabe a nós escolhermos a postura frente à vida. [...] O futuro do homem é resultado de suas decisões" (p. 24).

O segundo exemplo é o da porto-alegrense Diza Gonzaga que também perdeu um filho que estava de carona num carro que sofreu um acidente de trânsito. Ela criou, juntamente com seu marido, a Fundação Thiago de Moraes Gonzaga, que há mais de 20 anos desenvolve uma série de ações educativas, fazendo palestras, apresentações de teatro, atuações políticas, entre outras, "cujo objetivo é salvar a vida dos jovens, conscientizando-os da importância de uma condução segura, usando o cinto de segurança, não dirigindo se tiver bebido e não abusando da velocidade" (KROEFF, 2014, p. 68). Em depoimento, em livro publicado, declara: "A Fundação Thiago de Moraes Gonzaga passa a existir para ajudar a prevenir e minorar os danos causados por acidentes com veículos conduzidos por jovens" (GONZAGA & FERLAUTO, 2002, p. 104). Em mais uma demonstração de autotranscendência, de preocupação pelos outros, apesar do sofrimento vivenciado, a fundação também desenvolve um grupo, coordenado por psicólogos, para acolher e dar auxílio a pais e mães que também perderam filhos.

## 4 Autotranscendência e educação

Em certo momento de sua obra, falando da função da educação, Frankl afirma que esta visa desenvolver a responsabilidade. Podemos nos questionar sobre o que é a responsabilidade senão a crença de que algo que o indivíduo faz tem influência no mundo e nos outros seres humanos, e que isso importa. Ou seja, é a manifestação da autotranscendência, o sair de si e atuar de forma responsável com relação a algo ou alguém, encontrando e realizando sentidos. Diz Frankl (1970, p. 64):

> em uma era de vácuo existencial, a tarefa primordial da educação, em vez de se satisfazer com a transmissão de tradições e conhecimento, é refinar a capacidade que permite ao homem encontrar sentidos únicos. Hoje a educação não pode se permitir seguir nas linhas da tradição, mas deve despertar a habilidade de tomar decisões independentes e autênticas.

Carl Sagan, astrônomo que se dedicou tanto à divulgação da ciência, ao comentar regras éticas de relacionamento, chama a atenção para o fato de que esportes e jogos populares como o boxe, futebol, basquete, tênis, xadrez, banco imobiliário sejam todos baseados na competição e no *ganha-perde*: para alguém ganhar o outro tem que perder. Comenta o fato de valorizarmos tanto a chamada *regra de ouro* que reza "Faça aos outros o que queres que te façam", mas em jogos e esportes que são importantes na educação enfatizamos a competição e a derrota do outro para que sejamos vitoriosos. E pergunta: "Se valorizamos tanto a *regra de ouro*, por que ela é tão rara nos jogos que ensinamos às crianças?" (SAGAN, 2008, p. 222). Os jogos e esportes criam uma tensão e excitação que atrai as pessoas, e Frankl reconhece a importância disso: "Uma razoável quantidade de tensão, tal como a tensão que é despertada por um sentido a ser realizado, é inerente ao ser humano e é indispensável para o bem-estar mental" (FRANKL, 1970, p. 48). O desafio para educadores e criadores de jogos e esportes é idealizá-los, de forma a preservar a tensão criada pela autotranscendência orientada para o sentido e o monantropismo e a união da humanidade, propostos por Frankl, valorizando mais a cooperação do que a competição.

Um texto de autor desconhecido, circulando em redes sociais, é muito interessante pelo seu valor didático em termos de autotranscendência. Ele é reproduzido a seguir:

Um professor distribui para cada um de seus estudantes um balão, os quais eles têm que enchê-lo, escrever nele o seu nome e lançá-lo no chão. O professor mistura todos os balões. É dado aos estudantes cinco minutos para encontrar seu próprio balão. Apesar de uma agitada busca, ninguém encontrou o seu balão. Nesse momento, o professor disse aos estudantes que pegassem o primeiro balão que encontrassem e o entregassem à pessoa cujo nome estava escrito nele. Em menos de cinco minutos, cada um tinha seu próprio balão.
O professor disse aos estudantes: Estes balões são como a felicidade. Nunca a encontraremos se todo o mundo está buscando a sua. Porém, se nos preocuparmos pela felicidade dos outros... também encontraremos a nossa.

## 5 Autotranscendência coletiva

O sentido, segundo declara a Logoterapia, é uma tarefa pessoal e intransferível. Então pode parecer paradoxal falar de "autotranscendência coletiva". Contudo, se pensarmos que a transcendência é sempre um movimento de saída do ser humano para o mundo e para o outro, podemos pensar nos termos propostos, pois o sentido "é fundamental para a sobrevivência dos indivíduos (protege o psicofísico) e para a sobrevivência da espécie humana (protege toda a espécie humana)" (KROEFF & AQUINO, 2020, p. 115). O ser humano somente sobrevive na coletividade. Portanto, a responsabilidade do ser humano, que está no cerne da Logoterapia, estende-se à espécie humana como um todo. Na verdade, a assim denominada *autotranscendência coletiva* está entremeada com a proposta de *monantropismo* de Frankl: "O saber em torno da unidade da humanidade, uma unidade que ultrapassa todas as diversidades, quer as da cor da pele, quer as da cor dos partidos" (FRANKL, s.d., p. 28).

Os desafios existentes no mundo já eram muitos, mas ressaltaram-se com a pandemia que assolou a humanidade a partir de 2020. A sobrevivência física do indivíduo está conectada à eficácia com que a humanidade lida com o vírus que tem causado milhões de mortes em todo o mundo. Disso faz parte a responsabilidade individual de cada um para seguir as únicas recomendações consideradas eficientes até agora, enquanto toda a população não estiver vacinada, que é o distanciamento social (evitando aglomerações humanas), uso de máscara facial, higienização frequente das mãos. Tem sido frequente a quebra dessas orientações por indivíduos que, equivocadamente argumentam com seu direito à liberdade individual para não seguir essas recomendações. Fazem de conta que as consequências dessa atitude não ultrapassam responsabilidade e consequências individuais, atingindo a comunidade como um todo, podendo levar a mortes, como tem sido seguidamente comprovado. Ou seja, o indivíduo não autotranscende sua responsabilidade para a comunidade. Além disso, a luta contra a pandemia clama para que os governantes assumam as responsabilidades coletivas que têm e não se atenham exclusivamente às suas agendas pessoais.

Estar centrado somente em si, não se autotranscendendo, é uma característica do indivíduo neurótico. O autocentrismo é o polo oposto da autotranscendência. Se pensarmos que o sentido transforma o indivíduo, estando ele inserido no mundo sua modificação também transformará o mundo.

## 6 A autotranscendência na literatura

Há muitos exemplos de personagens exercendo a autotranscendência na literatura. Apresenta-se, a seguir, somente um deles.

Leon Tolstói, um dos mais reverenciados escritores da literatura russa e universal, escreveu uma conhecidíssima novela que lida com questões da tríade trágica: *A morte de Iván Ilich*. Nela são abordados o sofrimento e a angústia ante uma das questões mais difíceis com a qual tem que se enfrentar o ser humano: a da finitude, da morte pessoal. Também a sensação de uma vida vivida sem maior sentido, o que torna a proximidade da morte do personagem central mais dolorosa, que também tem que conviver com a culpa existencial de sua vida sem poder considerá-la, estando próxima de seu término, como uma missão cumprida. Declara Iván, o personagem central: "Com essa sensação, acompanhada de dor física e de terror, era necessário deitar-se; e, frequentemente, não podia dormir a maior parte da noite... E era preciso viver só à beira do precipício, sem que um ser o entendesse ou dele se apiedasse" (TOLSTÓI, 2007, p. 232).

O personagem descobre gradualmente sua doença, tendo dificuldade em admiti-la como grave, e como prenunciadora de sua morte. Passa por períodos de negação, que, com o agravamento da doença, são cada vez menos possíveis. Diz: "Por acaso não estão todos convencidos, exceto eu, de que vou morrer e que a questão se resume tão somente na quantidade de semanas ou dias que me restam de vida? Talvez, agora mesmo. Aquilo era a luz, e isto são as trevas" (TOLSTÓI, 2007, p. 236). E prossegue em suas dolorosas elucubrações: "Quando eu já não existir, que haverá? Nada. Onde estarei, pois, quando não existir? É possível que seja a morte? Não, não quero" (TOLSTÓI, 2007, p. 236). Ele esquece a proposição de Frankl que aquilo que tivermos feito de positivo estará guardado nos "celeiros do passado": "aquilo que fizemos, aquilo que de grandioso pensamos, e o que padecemos, tudo isso salvamos para a realidade de uma vez por todas" (FRANKL, 1991, p. 80).

Além das dores físicas pelas quais passa, sua agonia maior é ter que cada vez mais curvar-se ante a realidade excruciante da morte anunciada. Por isso, "encontrava-se em um constante estado de desespero" (TOLSTÓI, 2007, p. 239). Questões filosóficas e existenciais, de negação e afirmação, o atormentavam: "Caio é realmente mortal; portanto, é justo que morra; porém eu, Vania,

Iván Ilich, com meus sentimentos e minhas ideias... é diferente. É impossível que deva morrer. Seria demasiado terrível" (TOLSTÓI, 2007, p. 239). A negação da realidade assumia proporções enormes: "A mentira adotada por todos, de que só estava doente, porém de que não morria, que bastaria que ficasse tranquilo e se cuidasse para que tudo se resolvesse, constituía o tormento principal de Iván Ilich" (TOLSTÓI, 2007, p. 246). E aquela negação, "aquela mentira no seu entorno e dentro dele mesmo envenenou mais que nada os últimos dias de sua vida (TOLSTÓI, 2007, p. 248). Também sofria ante a impossibilidade de modificar a sua vida vivida de forma não satisfatória: "quando lhe ocorria a ideia de que não havia vivido como era devido, imediatamente lembrava da regularidade de sua existência; e afastava essa estranha ideia (TOLSTÓI, 2007, p. 262).

Quando finalmente compreende que "estava perdido, que não havia salvação, que lhe havia chegado o fim; e que a dúvida, que não havia resolvido, ficaria sem resolver" (TOLSTÓI, 2007, p. 270), passa três dias emitindo espantosos gritos lancinantes que atormentam familiares e serviçais da casa. Nada lhe traz alívio ou conforto. Este somente lhe vem, finalmente, quando sai de sua realidade exclusiva e compadece-se do sofrimento do filho que se aproximara de seu leito, e da esposa, que já não aguentam mais conviver com tanto sofrimento, sendo impotentes ante ele. É aí que sua humana autotranscendência se manifesta e ajuda-o a aceitar o que até agora era inaceitável, apesar de inescapável, a sua morte. Percebe, então, como uma revelação, que se "sua vida não havia sido o que devia ser, porém que ainda poderia ser dado um jeito. [...] Faço-os sofrer, pensou. Têm pena de mim; porém estarão melhor quando eu morra" (TOLSTÓI, 2007, p. 271). Mentalmente lhes pede perdão, pois já não consegue falar. E o sentido de sua vida que lhe resta passa a ser a necessidade de interromper o sofrimento enorme que seu comportamento causava a todos. A resolução final do personagem Iván foi tomada, pois "ficou-lhe evidente que o problema que o atormentava se resolveu subitamente. 'Sinto pena deles. É preciso fazer que não sofram. Libertá-los e libertar-me a mim mesmo desses sofrimentos'" (TOLSTÓI, 2007, p. 271-272). E, finalmente, tudo se serena e acalma e em breve ele morre em paz.

Pode-se ver, apesar de que somente no fim, que a vida de Iván se plenifica ao exercer sua autotranscendência, saindo de si e de seus sofrimentos, indo em direção aos outros, filho e mulher principalmente, buscando aliviar seus tormentos, e, através de um valor de atitude e de descobrir o sentido do sofrimento, ele encontra um sentido que o tranquiliza. É o que Frankl sintetiza em sua proposição de transformar o sofrimento em um triunfo humano.

# 7 Considerações finais

O que se buscou demonstrar neste texto é a importância da autotranscendência, em **nível individual, para sobrevivência e desenvolvimento do indivíduo, tanto para sua saúde física e mental, mas também como um ser existencial.**

Sendo a autotranscendência um fator constitutivo do ser humano, como advoga a Logoterapia, e a necessidade de sua manifestação para a completude da pessoa, o desafio de nossa sociedade é como realizar em suas práticas sociais e educacionais o estímulo a essa manifestação cada vez mais integral. Nem sempre agimos de forma a dar a devida importância a isso, no nosso agir social e individual.

Sem a autotranscendência não é possível ocorrer o que é o cerne da Logoterapia: a busca e a realização de sentidos para a vida.

Por isso, trouxeram no texto alguns exemplos da manifestação da autotranscendência em diversas áreas, como no atendimento clínico de pacientes, no embate com os elementos da tríade trágica – o sofrimento, a culpa e a morte – na educação, na sociedade, na literatura. Não se pretendeu de forma alguma ser exaustivo nessas demonstrações; são apenas exemplos de possibilidades.

Uma última mensagem pode ser deixada: lembrar que temos uma responsabilidade individual e coletiva para exercer a nossa liberdade de forma criativa, manifestando a nossa autotranscendência, com o fim de um maior desenvolvimento pessoal e comunitário.

## Referências

CARDOSO, D.H. (2020). *O sentido da experiência de viver com câncer para pessoas em cuidados paliativos – Contribuição da Logoterapia.* Tese de doutorado não publicada, aprovada no Programa de Pós-graduação em Enfermagem. Universidade Federal de Pelotas.

FRANKL, V.E. (s.d. [publicado originalmente em 1946]). *Psicoterapia e sentido de vida – Fundamentos da Logoterapia e Análise Existencial.* São Paulo: Quadrante.

FRANKL, V.E. (s.d.). *La psicoterapia y la dignidad de la existencia.* Buenos Aires: Almagesto.

FRANKL, V.E. (1970). *The will to meaning – Foundatios and aplications of Logotherapy.* Nova York: New American Library.

FRANKL, V.E. (1976). *Psicoterapia: uma casuística para médicos.* São Paulo: EPU.

FRANKL, V.E. (1977). *Man's search for meaning.* Nova York: Pocket Books.

FRANKL, V.E. (1978). *Fundamentos antropológicos da psicoterapia: "Homo Patiens" – Projeto de uma patodiceia.* Rio de Janeiro: Zahar.

FRANKL, V.E. (1990). *Psicoterapia para todos – Uma psicoterapia coletiva para contrapor-se à neurose coletiva.* Petrópolis: Vozes.

FRANKL, V.E. (1991). *Em busca de sentido – Um psicólogo no campo de concentração.* São Leopoldo/Petrópolis: Sinodal/Vozes.

FRANKL, V.E. (1997). *Teoría y terapia de las neuroses.* Barcelona: Herder.

FRANKL, V.E. (1999). *El hombre en busca del sentido último – El análisis existencial y la consciencia espiritual del ser humano.* Barcelona: Paidós.

FRANKL, V.E. (2000). *En el principio era el sentido – Reflexiones en torno al ser humano*. Barcelona: Paidós.

GONTIJO, S. (2010). *A coragem que vem de dentro – Histórias de pessoas que superaram grandes traumas*. Belo Horizonte: Gutemberg.

GONZAGA, D., & FERLAUTO, D. (2002). *Thiago Gonzaga – Histórias de uma vida urgente*. Porto Alegre: Didacta.

KIERKEGAARD, S. (1993). *Diário íntimo*. Barcelona: Planeta.

KROEFF, P. (1999). *Afrontando la enfermidad y la muerte: Una investigación en pacientes con cáncer*. Tese de doutorado não publicada. Programa de Doctorado en Psicología. Universidad Autónoma de Madrid.

KROEFF, P. (2014). *Logoterapia e existência – A importância do sentido da vida*. Porto Alegre: Evangraf.

KROEFF, P. (2018). *Fatores terapêuticos em grupo de ajuda mútua a pais que perderam filhos*. Texto não publicado.

KROEFF, P., & AQUINO, T.A.A. (2020). Logoterapia: uma psicoterapia com Ciência e Arte. In A. Pontes, D. Santos, & C. Duarte. *O legado de Viktor Frankl – Caminhos para uma vida com sentido*. Ribeirão Preto: IECVF.

LIMA, P. (2013). *Jornal Zero Hora*, 01/12: 24-25.

MILMAN, T. (2020). Informe Especial do *Jornal Zero Hora*, 11 e 12/07, p. 2.

SAGAN, C. (2008). *Bilhões e bilhões – Reflexões sobre vida e morte na virada do milênio*. São Paulo: Companhia das Letras.

TOLSTÓI, L. (2007). La muerte de Iván Ilich. In: *Cuentos inolvidables según Julio Cortázar*. Buenos Aires: Aguilar/Altea/Taurus/Alfaguara.

# 2
# A autotranscendência na perspectiva empírica

*Salvatore Grammatico*
*Aureliano Pacciolla*

## 1 Introdução

Depois de ter proposto uma definição de autotranscendência segundo a Logoterapia de Frankl, queremos nos deter na pesquisa sobre autotranscendência na perspectiva empírica. A autotranscendência pode ser compreendida melhor no contexto da psicologia humanista-existencial e do cognitivismo existencial, cuja expressão máxima está na Logoterapia de Frankl. Neste contexto, a dimensão noética, na perspectiva frankliana, é o espaço psicológico que não pode ser reduzido às dimensões física, psicossocial etc. A dimensão noética tem uma *noodinâmica*, indicada por Frankl (1982) como uma "vontade de sentido", que é um "sistema humano primário" e, como tal, é na verdade um sistema motivacional que apoia e orienta as pessoas na compreensão e na descoberta de um significado e, em particular, um sentido na vida. A necessidade de significado é independente de qualquer outra necessidade. Disso podemos concluir que não pode ser reduzido a eles nem derivado deles[1].

Frankl (2001, p. 54) identifica a essência do ser humano na autotranscendência: "ser homem significa, de *per se* e sempre, dirigir-se

---

1. Para aprofundar a diferença entre sentido e significado, cf. o cap. 3.

e ordenar-se a algo ou a alguém: entregar-se o homem a uma obra a que se dedica, a alguém que ama, ou a Deus, a quem serve". Nesse sentido, a autotranscendência pode ser definida como a noção-chave de toda a abordagem logoterapêutica (BRUZZONE, 2001, p. 213). Esta primeira definição de autotranscendência deve ser entendida como parte da dimensão noética, o espaço da consciência moral.

Segundo a Logoterapia, a vontade de sentido não pode ser considerada um impulso porque, como expressão de autotranscendência, está orientada para a realização de um sentido que está fora de quem a possui. A autotranscendência é em si mesma a expressão da característica dinâmica do ser: "a existência humana, pelo menos até que não seja alterada pela neurose, sempre tende para algo e está sempre em relação a algo que é diferente de si mesma. A esta característica constitucional podemos chamar de 'autotranscendência da existência humana'. A autorrealização é possível como um subproduto da autotranscendência" (FRANKL, 1983, p. 95-96). Nestes termos, a capacidade autotranscendente do homem é dirigida ao potencial do que deve ser realizado, às possibilidades que cada um tem para implementar o sentido de sua própria existência (FIZZOTTI, 1974, p. 194).

Em outras palavras, de acordo com esta primeira definição, para nós a autotranscendência consiste na capacidade de optar pela renúncia aos próprios direitos e necessidades para doar-se a uma pessoa amada, ou a uma causa social, ou ao bem comum, sem qualquer vantagem pessoal, e com a convicção de que é bom fazer o bem ao maior número de pessoas possível. Nesse caso, o bem é entendido como a possibilidade de crescimento para todos e para todo o ecossistema. Essa forma de compreender a autotranscendência proporciona uma evolução tanto na compreensão quanto na implementação em termos de crescimento pessoal.

Neste capítulo, queremos apresentar a autotranscendência em sua dimensão mensurável. Estabelecemos três objetivos: a) o primeiro é ilustrar as abordagens teóricas/empíricas da autotranscendência; b) o segundo é indicar as pesquisas feitas usando a escala da autotranscendência; c) o terceiro objetivo é apresentar um estudo de caso clínico com o qual indicaremos as primeiras aplicações da Escala de Autotranscendência (EAT) de Grammatico para casos clínicos usando as ferramentas propostas pelo DSM-5.

## 2 A autotranscendência na perspectiva empírica

*2.1 Autotranscendência para Maslow*

Maslow (1966) propõe um comentário em resposta a Frankl. Partindo de sua experiência, Maslow concorda com Frankl que se as pessoas buscam a autorrealização de forma direta, egoísta e individualista, elas estão longe de centralizar sua missão na vida. Se alguém busca a autorrealização como uma forma de salvação privada e subjetiva, ela não pode ser alcançada.

Maslow (1966) conclui seu artigo dizendo que: "mesmo o termo 'motivação' não é inteiramente correto para descrever este nível de funcionamento. Pode ser melhor falar de 'amor por' ao invés de 'necessidade', 'desejo por' ou 'aspirar a' ao invés de 'motivado por'". Certamente precisamos de um novo vocabulário aqui. Em qualquer caso, é possível sermos gratificados nas necessidades básicas e, no entanto, se não nos comprometermos também com as metanecessidades ou valores do ser, parecemos ser vítimas do absurdo, do vazio existencial, da anomia, da neurose noogênica etc., isto é, de uma metapatologia geral[2].

Em resumo, Koltko-Rivera (2006)1954 acredita que Maslow identificou uma construção, a autotranscendência de si mesmo.

---

2. Koltko-Rivera (2006)1954 corrige a maneira como a teoria de Maslow é descrita nos livros didáticos atuais; promover os esforços teóricos e de investigação no domínio da transcendência motivacional e centrar a atenção na autotranscendência motivacional que atravessa e pode criar pontes entre as diferentes áreas das especialidades psicológicas. O autor propõe uma versão retificada da hierarquia de necessidades de Maslow, na qual a autotranscendência é mais um passo em direção à autorrealização.

Quanto à autotranscendência, as necessidades do indivíduo são postas de lado, em grande medida, em favor do serviço aos outros e a uma força superior ou a uma causa concebida como externa ao eu pessoal.

Kaufmam (2020), retomando os escritos de Maslow, propõe uma releitura de seu pensamento. Ele diz que Maslow na verdade enfatizou uma característica diferente da hierarquia, argumentando que todas as necessidades podem ser agrupadas em duas classes principais que precisam ser integradas: segurança e crescimento. As necessidades de segurança, que Maslow chamou de *necessidades D*, são motivadas por uma privação ou falta de satisfação, seja por falta de comida, segurança, afeto, pertencimento ou autoestima. Segurança e crescimento são as duas bases necessárias para se tornar uma pessoa completa, incluindo um transcendente saudável[3].

## 2.2 Autotranscendência para Reed

Para Reed (2013) a autotranscendência é baseada em dois pressupostos principais: o primeiro assume que os humanos são parte integrante de seus ambientes, conforme postulado na ciência

---

3. Ainda segundo Kaufman (2020), na base do crescimento está o espírito de exploração, que é o desejo de buscar e dar sentido a acontecimentos novos, estimulantes e incertos. As outras necessidades incluem amor e propósito. Com uma experiência de segurança, conexão e autoestima saudável, e motivados pela exploração e pelo amor, estamos finalmente prontos para nos empenharmos em um propósito mais elevado que seja benéfico para nós mesmos e para o mundo. Dessa forma, podemos olhar para todas as necessidades humanas – com amor e sem julgamento – do ponto de vista mais elevado possível, considerando-as não separadas umas das outras, mas integradas e harmoniosas. Nesta perspectiva, no topo da nova hierarquia das necessidades surge a da transcendência, que vai além do crescimento individual (e também da saúde e da felicidade) e permite os níveis mais elevados de unidade e harmonia consigo mesmo e com o mundo. A transcendência, que repousa sobre uma base sólida e certa de segurança e crescimento, é uma perspectiva na qual podemos ver todo o nosso ser de um ponto de vista superior com aceitação, sabedoria e um senso de conexão com a humanidade.

dos seres humanos unitários de Rogers (1994). O segundo pressuposto se baseia na autotranscendência como um imperativo para o desenvolvimento, ou seja, como um recurso humano que orienta, apoia e acompanha a vida da pessoa em sua expressão. Existem quatro séries básicas de relações que ligam os conceitos desta teoria: a) a relação entre a experiência de vulnerabilidade e autotranscendência; b) a relação entre autotranscendência e bem-estar; c) a autotranscendência como mediadora do bem-estar; d) os fatores pessoais e contextuais como parte do processo de cura.

## 2.3 Autotranscendência para Cloninger

Para Cloninger et al. (1993, p. 975) a autotranscendência é definida como a medida em que uma pessoa identifica o eu como "parte integrante do universo como um todo", ou seja, referindo-se à experiência de ser parte integrante da natureza, do universo e do cosmos, onde o sentido do si mesmo individual se perde, não havendo distinção entre si e os outros. Embora todas as pessoas possam potencialmente aspirar a viver ou agir de acordo com a autotranscendência, algumas podem nascer com uma predisposição maior para transcender-se em relação a Deus e aos outros. Para Cloninger et al. a autotranscendência é um fator de personalidade independente, além do *Big Five* (COSTA & McCRAE, 1985).

Dentro de sua teoria da personalidade, conceitualizada como um complexo sistema adaptativo bio-psico-social, apoiado por sete dimensões principais, Cloninger et al. (1993) elaboraram um teste, o *Temperament and Character Inventory* (TCI), composto por 240 itens, com respostas dicotômicas (verdadeiro/falso). Destes, 116 itens exploram os 4 traços temperamentais (busca por novidade, prevenção de danos, dependência de recompensa e, enfim, persistência) e 119 itens avaliam os 3 traços de caráter (Autodirecionalidade, Cooperação e Autotranscendência – *Self Transcendence* [ST]).

Para Cloninger (2013), é preciso dar maior ênfase à autotranscendência no trabalho clínico. Nessa perspectiva, Cloninger afirma que o funcionamento saudável requer o desenvolvimento da autotranscendência, além da autodireção e da cooperação. A busca pelo bem-estar individual na ausência de bem-estar coletivo é uma ilusão autodestrutiva.

## 2.4 Autotranscendência para Tornstam, Piemonte e Schwartz

A *gerotranscendência* (TORNSTAM, 1997; 2011) mostrou alguma congruência com a teoria da autotranscendência de Reed. Tornstam, descreve a autotranscendência como o processo evolutivo de ir além das fronteiras físicas do eu para uma maior sensação de interioridade e conectividade (TORNSTAM, 1997; 2011) através de dois fatores: a transcendência cósmica e a egotranscendência. O primeiro refere-se a um sentimento crescente de comunhão cósmica com o espírito do universo, enquanto o segundo refere-se, por um lado, a uma diminuição do interesse egocêntrico das coisas materiais e, por outro lado, a um aumento na meditação. Esse tipo de autotranscendência, também é chamado de *gerotranscendência*, deu origem a *Adult Self-Transcendence Inventory* (Asti), desenvolvida por Levenson et al. (2005).

Tornstam (1997, p. 38) definiu *gerotranscendência* como "uma mudança de metaperspectiva, na qual partir da meia-idade passamos de uma visão materialista e racional das coisas e da vida para uma visão mais cósmica e transcendente, acompanhada por um aumento da satisfação na vida". Os resultados da pesquisa mostraram uma certa congruência entre a teoria da autotranscendência de Reed e a *gerotranscendência* de Tornstam, conforme medido pelo Teste Asti, mostrando uma correlação negativa significativa com a neurose, e correlação positiva com a prática da meditação (LEVENSON et al., 2005).

Piedmont (2001; 1999) define a "transcendência espiritual" como fonte de motivação intrínseca que orienta e seleciona comportamentos baseados na busca pela unidade em todas as coisas e nos diferentes esforços da natureza: é transcendência espiritual "a capacidade que os indivíduos têm de ficar fora de seu sentido imediato de tempo e lugar, de ver a vida de uma perspectiva maior e mais objetiva" (PIEDMONT, 1999, p. 988). Nesse sentido, os indivíduos mantêm caminhos significativos dando coerência e significado às suas vidas, como um processo universal, gradualmente aprendido[4].

Schwartz (1992; 1994), através de sua extensa pesquisa intercultural, afirmou que a autotranscendência serve como uma orientação valiosa nas tomadas de decisões, em direção à benevolência e ao universalismo. Pesquisas mostraram que a orientação ao valor da autotranscendência, medida pela escala de valores Schwartz chamada *Portrait Values Questionnaire* (PVQ) (SCHWARTZ et al., 2001), está positivamente associada à simpatia (CAPRARA et al., 2012) e responsabilidade social (SHAFER et al., 2007).

## 2.5 Autotranscendência para Wong

Wong (2014; 2016a; 2016b), baseado na interpretação dos conceitos da Logoterapia de Frankl, identifica o desejo de significado

---

4. Ele desenvolveu a Escala de Transcendência Espiritual (STS) que consiste em 24 itens com três subescalas: *PrayerFulfillment* (PF, 9 itens), que descreve uma experiência de alegria ou contentamento durante a oração ou meditação; Universalidade (ONU, 9 itens), crença na unidade e no propósito da vida; Conectividade (CON, 6 itens), senso de responsabilidade pessoal e conexão com os outros. Piemonte propõe a autotranscendência como o sexto fator da personalidade humana no amplo conceito do *Big Five*. O constructo foi criticado porque as definições de espiritualidade, religiosidade e transcendência não eram claras (SLATER et al., 2001). A transcendência espiritual mostrou correlações significativamente positivas com o perdão exercido para com os outros (LEACH & LARK, 2004) e eficácia na recuperação do abuso de substâncias (PIEDMONT, 2004).

como base para o bem-estar das pessoas, especialmente através do processo de autotranscendência. Mais especificamente, essa hipótese postula que nossa principal necessidade motivacional é buscar sentido (ou seja, a vontade de significar), mas nisso também seríamos orientados por nossas crenças e nossa maneira de pensar (ou seja, pelo nosso senso de vida). Esses dois aspectos constituem os fatores motivacionais e cognitivos da autotranscendência.

De acordo com Wong (2016a), comprometer-se a alcançar os objetivos que decorrem da autotranscendência, como aspecto motivacional da busca pelo sentido, nos permitiria embarcar em um caminho de vida rico em virtude, felicidade e significado. O autor tem como objetivo compreender o aspecto motivacional da busca por sentido e conclui que o modelo de autotranscendência de Frankl (baseado em fatores cognitivos e motivacionais) representa o modelo mais completo de pesquisa e intervenção.

Wong (2016a) propõe um esquema no qual ele sintetiza a teoria de dois fatores de Frankl, enfatizando que a vontade de significado é a motivação que leva um assunto do *ponto A* a um determinado destino, e esse movimento de significado que tem a autotranscendência está no centro. As quatro características da autotranscendência que o autor propõe nesse sentido são: a) uma mudança de foco do si mesmo para o outro; b) uma mudança para um valor intrínseco que seja bom em si mesmo e para si mesmo (p. ex., ajudar os outros, salvar vidas, salvaguardar o planeta); c) um aumento da preocupação moral, permitindo-se ser guiado pela consciência inata; d) ser movido por emoções de espanto e admiração que aumentam o senso de altruísmo e o desejo de se tornar melhor.

## 2.6 A Escala de Autotranscendência (EAT) de Grammatico

A escala de autotranscendência que estamos prestes a apresentar tem seus antecedentes em uma pesquisa minuciosa feita para a formulação do Questionario Autotrascendenza Autodistanziamento (QAA) (RONCO & GRAMMATICO, 2009). Depois de vinte anos de pesquisas, Salvatore Grammatico desenvolveu a Escala de Autotranscendência (EAT), considerando as várias abordagens sobre a autotranscendência que elencamos acima. A EAT pode ser considerada uma síntese da abordagem Humanístico-existencial da Logoterapia de Frankl (GRAMMATICO, 2018). Para entender a escala, gostaríamos de apresentar os dados (amostra, estatística e metodologia) em que esta escala se baseia e as premissas para sua validação.

A Escala de Autotranscendência (EAT) é composta por 12 itens, os quais são respondidos em uma escala *likert* de seis pontos, onde o nível 1 corresponde a "absolutamente falso para mim" e o nível 6 corresponde a "absolutamente verdadeiro para mim", indicando o quanto cada afirmação corresponde ao entrevistado.

Apresentamos em seguida uma pesquisa (GRAMMATICO, 2018) que teve como objetivo explorar as propriedades psicométricas, validade de construto e validade convergente da Escala de Autotranscendência. Nesta pesquisa também foram usados o Pils (*Purpose-in-Life Scale*) (CREA, 2016) e o STMB (*Self-Transcendence Measure-Brief*). A amostra composta por 178 estudantes universitários com média de idade de 24,35 anos (DS 9,22; range 19-69), maioria de origem italiana (89,9%), composto por 71,3% de mulheres e 28,7% de homens. A tabela 1 mostra os índices estatísticos da escala, que em geral apresentam boa confiabilidade ($\alpha = 0,78$) e explica uma variância de 33%. A amostra da qual fazemos referimento indicou uma escala média de 56,90 (DS 5,76).

Apesar de possuir propriedades psicométricas válidas, a formulação dos enunciados da escala parece desequilibrada, principalmente em itens que revelam a dimensão relacional (itens 2, 3, 4, 6, 7, 8, 9, 12). Por relacional entendemos o outro como um valor a ser conquistado, um propósito que permite transcender a própria realização através da dimensão do amor pelo outro. Embora o amor pelo outro seja uma manifestação da capacidade de

Tabela 1 – Dados relativos às estatísticas dos itens individuais que compõem a Escala de Autotranscendência

| Affermazioni | Media | DS | Scala media se l'item è escluso | Scala varianza se l'item è escluso | Correlazione del totale item corretta | Quadrato della correlazione multipla | Alfa di Cronbach se l'item è escluso |
|---|---|---|---|---|---|---|---|
| 1) Cerco un senso di unità nella mia vita | 4,79 | ,802 | 52,11 | 30,281 | ,260 | ,166 | ,785 |
| 2) Sono comprensivo verso gli errori delle persone a me vicine | 4,48 | ,891 | 52,42 | 29,419 | ,311 | ,255 | ,781 |
| 3) La mia vita manifesta pienamente il suo significato quando mi relaziono con gli altri | 4,49 | ,903 | 52,41 | 28,921 | ,359 | ,167 | ,777 |
| 4) È molto importante poter aiutare gli altri | 5,16 | ,745 | 51,74 | 28,681 | ,499 | ,372 | ,764 |
| 5) Per comprendere il senso ultimo della vita bisogna trascendere sé stessi | 4,58 | 1,05 | 52,31 | 28,070 | ,364 | ,242 | ,778 |
| 6) Aiutando gli altri, aiuto me stesso nel maturare | 5,09 | ,859 | 51,81 | 27,342 | ,572 | ,399 | ,755 |
| 7) Mi prendo cura degli altri come di me stesso | 4,16 | 1,02 | 52,74 | 27,156 | ,472 | ,351 | ,765 |
| 8) Quando posso, volentieri faccio un favore senza aspettare che venga ricambiato | 4,89 | ,806 | 52,01 | 28,751 | ,442 | ,279 | ,768 |
| 9) Sono orientato a scoprire quale è il bene comune e a perseguirlo | 4,49 | ,825 | 52,41 | 27,701 | ,557 | ,443 | ,757 |
| 10) Credo che nella vita bisogna avere delle convinzioni di fondo che orientino verso il servizio agli altri | 4,70 | ,967 | 52,20 | 26,739 | ,555 | ,460 | ,755 |
| 11) Ritengo importante la salvaguardia delle risorse umane | 4,94 | ,909 | 51,96 | 28,535 | ,397 | ,297 | ,773 |
| 12) Nella relazione con gli altri cerco di comprendere il loro punto di vista | 5,12 | ,734 | 51,78 | 29,938 | ,342 | ,202 | ,777 |

autotranscendência, este aspecto não esgota a amplitude desta dimensão que proporciona precisamente uma tensão para a descoberta de um valor absoluto. Observando a escala *Self-Transcendence Measure-Brief* de Wong, descobrimos que as propriedades psicométricas são menos definidas do que a Escala de Autotranscendência (EAT), também levando em consideração o menor tamanho da amostra à qual foi administrada. A partir dos itens do teste de Wong há uma tensão maior em relação aos valores mais gerais a serem apreendidos e realizados como um impulso para a autotranscendência. Nesse sentido, pode-se dizer que as duas escalas se complementam; além disso, seria apropriado investigar em outras pesquisas, correlacionando as duas escalas com outras variáveis de personalidade, entendendo o quão confluentes elas são na descrição do construto de autotranscendência[5].

Nesse sentido, este estudo possibilitou destacar que a Escala de Autotranscendência (EAT), da forma como foi estruturada, apresenta boas propriedades psicométricas, boa consistência interna e boa validade de construto. Os resultados indicam a presença de um único fator tanto para a EAT quanto para a Pils, confirmando pesquisas anteriormente desenvolvidas (CREA, 2016)[6]. É claro que há interesse em ter uma ferramenta fácil de usar com boa validade

---

5. A validade convergente encontrada entre os dois testes é positiva (r = .502; $p < .01$), sugerindo que, conforme detectado pelos testes individuais, é a expressão de uma única dimensão. Em relação ao segundo objetivo deste trabalho, também neste caso, encontramos uma validade convergente significativa entre o SA e o Pils (r = .160; $p < .05$), em relação a toda a amostra, e entre o Pils.

6. As matrizes de correlação entre a EAT (Escala de Autotranscendência) e a Pils revelaram uma correlação estatisticamente significativa $p < .05$, o que é consistente com o que é teoricamente exposto na Logoterapia no que diz respeito à relação entre a vontade de sentido, como necessidade e descoberta de sentido que torna a vida plena de sentido ou, ao contrário, uma experiência de vazio existencial, e a autotranscendência como capacidade do homem de se colocar em tensão, em diálogo com um sentido externo a ser descoberto. A maior confirmação vem da correlação convergente dos três testes que apresentam dados estatisticamente significantes $p < .01$.

estatística para continuar a pesquisa em uma dimensão, como a autotranscendência, que é importante em muitos processos que apoiam o bem-estar, bem como correlações, em parte já explicado em outras pesquisas, a respeito de diferentes situações de desconforto psíquico, sofrimento ou psicopatologia.

Relacionar as ferramentas, levando em consideração o contexto teórico e a finalidade com que foram criadas, pode ajudar a definir cada vez mais a estrutura do construto de autotranscendência. Métodos quantitativos também devem ser integrados com métodos qualitativos. Isso permite explorar e distinguir entre autotranscendência como um estado experiencial temporário, isto é, uma resposta a uma situação de sofrimento ou uma experiência místico-religiosa, e autotranscendência como uma estrutura de personalidade estável, isto é, subjacente a muitos dos processos adaptativos expressos ao longo da vida.

## 3 Pesquisas sobre autotranscendência

A seguir mencionamos as conclusões de oito pesquisas que podem nos orientar para algumas hipóteses, que, se for oportuno, podem continuar a ser verificadas com metodologias cada vez mais aprimoradas e atualizadas, conforme os critérios do DSM-5 (PACCIOLLA, 2007). No entanto, a maioria dos estudos sobre a busca de sentido em correlação com a autotranscendência foi reunida em um único texto (BATTHYANY & GUTTMANN, 2002). Resumidamente, apresentamos pesquisas que poderão no futuro orientar aprofundamentos:

a) há uma alta correlação entre o sentido da vida e as atitudes de autotranscendência/autodistanciamento: nos altos valores do PIL correspondem a valores elevados do Senso della Vita negli Adolescenti (SVA) (GAMBINI & RONCO, 1999);

b) existe uma alta correlação entre o significado da vida e a bondade (amabilidade): a correlação entre PIL e gentileza, especialmente com a idade crescente e as qualificações mais elevadas;

c) as correlações entre os transtornos de personalidade medidos pelo Assessing Disorders of Personality according to DSM-IV (ADP-IV) e a presença do sentido da vida medido pelo SVA[7];

d) o sentido e a plenitude da vida têm uma correlação negativa especialmente com os estilos depressivo, esquivo, dependente e borderline;

e) determinação e sacrifício (que se presume estarem correlacionados com autotranscendência e autodistanciamento) mostram correlações negativas altamente significativas, especialmente nos estilos de personalidade antissocial, esquizoide, dependente e histriônica[8];

f) na subescala "reflexividade x impulso" não obtivemos correlações significativas entre esta subescala e a presença de estilos de personalidade, medidos pelo ADP-IV;

g) a subescala de sinceridade mostra correlações altamente positivas nos estilos de personalidade passivo-agressiva, histriônica e paranoica;

h) na subescala SVA (GAMBINI, 1998), aquela relativa ao grau de desconforto, podemos ver correlações positivas altamente significativas entre esta escala e os estilos de personalidade: limítrofe, histriônica, esquiva e passivo-agressiva[9];

---

7. Nesta pesquisa os resultados levados em consideração são aqueles obtidos a partir do coeficiente de Pearson em que as correlações significativas são apenas aquelas entre 0 e 0,01.

8. Esses dados nos permitem hipotetizar que, quanto mais aparece o senso de determinação e sacrifício, menos os sujeitos obtiveram altas pontuações na presença e detecção de algum transtorno de personalidade (problema).

9. Esses resultados mostram como, quanto mais os sujeitos apresentam pontuações elevadas nos itens que medem o grau de desconforto, mais será possível hipotetizar um estilo de personalidade problemático.

i) dentre as subescalas do teste SVA, apenas aquela sobre o sentido da vida apresenta correlação com a gentileza.

Em suma, essas nove pesquisas nos permitem avançar a hipótese de que a percepção do sentido da vida: a) pode ser uma construção por si só; b) correlaciona-se positivamente com: o autoconceito positivo (Tennessee Self Concept Scale – TSCS), um alto senso de pertencimento e compartilhamento (Senso di Appartenenza e di Condivisione – SAC), Self-Directedness e Cooperativeness (TCI). O constructo da Autotranscendência e autodistanciamento; c) correlaciona-se negativamente com: todos os transtornos da personalidade, principalmente com os estilos[10]: limítrofe, esquiva, dependente e depressivo (SCID-II). Distúrbios: ansiedade, somatoforme, distímico, DPTS, depressão maior, pensamento (*Millon Clinical Multiaxial Inventory III* – MICMI); d) correlaciona-se negativamente com a intensidade do problema psíquico.

O que aqui é pesquisado e considerado, aliado a outras pesquisas, pode legitimar uma maior abertura do cognitivo-existencial. Porém, tanto o cognitivismo quanto a Logoterapia precisam de mais investigação para comprovar sua eficácia terapêutica. Nesse sentido, apresentamos seis pesquisas (KING et al., 2006, principalmente p. 1.279ss.) que resumem os resultados essenciais e têm como objeto as emoções positivas (PA: Afeto Positivo) correlacionadas com o sentido da vida. É interessante observar como os estudos a seguir partem de um referencial teórico diferente, porém chegam a conclusões compatíveis com as da Logoterapia.

Na primeira pesquisa, por meio de uma análise multivariada, emergiram fortes correla*ções* entre o humor, a percepção cotidiana do propósito e o sentido da vida. Emoções positivas podem, em conjunto, predizer o significado da vida. A possibilidade de aumentar as emoções positivas está correlacionada com a probabi-

---

10. A correlação entre o PIL e o estilo de personalidade Borderline, evitante e depressivo surgiu em várias pesquisas separadas e diferenciadas por amostra.

lidade de aumentar a percepção do significado da vida nos últimos dias de vida, mas também em toda vida de uma pessoa. A amostra consistiu em 568 sujeitos (275 homens e 290 mulheres com idades entre 19 e 43 anos), todos estudantes de psicologia. As ferramentas utilizadas foram: Stockings of Cambridge (SOC – 27 itens para medir compreensibilidade, habilidades e significância), PIL (Purpose In Life) e Panas (Positive and Negative Affect Schedule). Em última análise, o humor se correlaciona com a percepção de propósito na vida. Estados de ânimo positivos, especialmente em combinação com extroversão (em termos de atividade, socialização e motivação), estão fortemente relacionados com uma boa percepção da vida com seu propósito.

Na segunda pesquisa foi usado o diário de automonitoramento de emoções e estados de ânimo, em uma amostra de 86 alunos (59 mulheres e 27 homens). Os participantes foram convidados a trazer as anotações das emoções na metade e no final do dia. Dois pesquisadores independentes à pesquisa fizeram a análise do conteúdo e verificou-se que o preditor mais consistente da experiência de significado em um dia foi o humor positivo. Descobriu-se que o significado global da vida encontrou seu principal preditor na média dos humores positivos diários.

A terceira pesquisa foi conduzida com 266 indivíduos (175 mulheres e 88 homens com idade média de 43 anos), aos quais foram administrados o SOC e o Panas duas vezes com intervalo de dois anos. Dos participantes da pesquisa, 55% entregaram os dois testes na segunda administração e nenhuma mudança substancial na consistência temporal foi detectada. O resultado foi que o humor e o propósito na vida foram confirmados como intimamente relacionados e sem variações temporais. O humor influencia a avaliação do significado da vida, assim como faz com outras avaliações.

A quarta pesquisa foi conduzida em 66 alunos (48 mulheres e 28 homens) que tiveram que responder a testes no computador. A análise de variância (Anova) constatou que não houve efeito significativo para o tipo de condição experimental. O experimento consistia em tentar induzir um estado de espírito, mas isso não aconteceu. Pode indicar uma hipótese que ajuda a explicar por que os estados de espírito positivos estão correlacionados com a percepção do significado da vida. A resposta pode estar nos efeitos cognitivos de estados de ânimo positivos, por exemplo, uma consciência mais ampla.

Na quinta pesquisa foram estimulados estados de ânimo positivo, negativo e neutro, antes de detectar a experiência de sentido da vida, a fim de verificar se a percepção deste tendia a crescer após a indução de um estado de ânimo positivo. A amostra foi composta por 194 sujeitos (140 mulheres e 44 homens), todos calouros que realizaram os testes no computador. A manipulação do humor foi considerada eficaz para a análise "*one-way* Anova" calculada tanto em adjetivos positivos e negativos quanto em emoções positivas e negativas. Nesses alunos verificou-se que a avaliação do sentido da vida aumentou em conjunto com os sentimentos positivos, pois estes foram considerados como fonte de informação para avaliar o sentido da sua vida. Outra questão permaneceu em aberto: os estados de ânimo positivos têm um efeito genérico e, portanto, tendem a apontar *toda* a realidade como significativa e, portanto, também a própria vida; ou, os estados de espírito positivos nos permitem perceber os significados de uma maneira distinta?

Na sexta pesquisa 99 alunos (62 mulheres e 37 homens, entre 18 e 23 anos) foram divididos em grupos de cerca de 10 pessoas cada e a indução de um humor alegre, triste ou neutro ocorreu por meio da leitura de histórias adequadas para esse fim. Como resultado, as emoções positivas foram associadas a altos níveis de distinção entre atividades consideradas significativas e atividades consideradas insignificantes. Portanto, confirma-se que os estados de ânimo positivos predispõem à percepção de um sentido na vida, não porque *tudo* pareça significativo; ao contrário, o estado de ânimo positivo aumentou a sensibilidade ao significado relevante das situações. Aqueles com humor positivo têm uma expectativa de significado e são mais propensos a se agarrar a situações insignificantes. Se a experiência do significado é importante para o bem-estar, então o prazer também deve desempenhar um papel relevante no significado da vida.

Em relação às dependências, Martinotti et al. (2006) descobriram que os valores de pesquisa de novidade e autotranscendência eram mais elevados, enquanto os valores de autodireção e cooperação eram mais baixos em jogadores patológicos do que em jogadores não patológicos e casos de controle.

Heredia e Sanchez (2016) realizaram um estudo com uma população de 499 universitários apresentando um modelo ampliado com duas variáveis latentes: bem-estar espiritual e bem-estar psicossocial; a transcendência espiritual explica 23,2% da variação no bem-estar psicossocial. Encontrou-se relação inversa entre a vulnerabilidade ao consumo e a autotranscendência espiritual, o que demonstra o papel protetor do desenvolvimento interno do ser humano na manutenção de comportamentos que contribuem para estados de bem-estar e saúde. O bem-estar psicossocial presente na população adulta jovem com consumo de baixo risco decorre, em certa medida, da ampliação dos limites pessoais, relacionais e temporais alcançados por contar com um sentido claro de vida e encontrar sentido nos comportamentos considerados parte de sua vida e da espiritualidade.

Górgona e Casullo (2009) realizaram um estudo com uma população de 60 pessoas com transtorno de ansiedade ou depressão e 60 pessoas com casos não clínicos, observando como a autoestima é um aspecto da inteligência emocional e que, junto com a felicidade, são as variáveis que melhor distinguiram o grupo clínico do grupo da população em geral. Dois componentes da inteligência emocional, controle do estresse e humor, distinguem-se claramente entre indivíduos com alta e baixa ansiedade. Ambas as dimensões permitiram identificar corretamente 91,7% dos sujeitos com alta ansiedade. Um baixo nível de valores de autotranscendência, alta autoestima e uma dimensão de alto humor da inteligência emocional possibilitaram distinguir 85,3% dos pacientes com depressão alta e baixa. Os resultados estão de acordo com os princípios da psicologia positiva.

Em um estudo realizado em uma amostra de pessoas com transtorno bipolar, Harley et al. (2011) descobriram, usando o modelo psicobiológico de Cloninger, medido pelo inventário de temperamento e caráter (TCI), que indivíduos com transtorno bipolar tipo 1 (BP1) tinham maior autotranscendência de si mesmo (ST) do que aqueles com transtorno depressivo maior (MDD), e dos parentes não afetados. Uma alta ST de si mesmo pode ser específica para o BP. Como o ST é hereditário, os genes que influenciam o ST podem ser relevantes para a vulnerabilidade ao BP.

Joshi et al. (2014), com o objetivo de investigar o modelo logoterapêutico descrito por Frankl, para explicar as relações entre a busca de sentido na vida, a presença de sentido na vida, o vazio existencial, a frustração existencial, a neurose noogênica, a vontade de poder e vontade de prazer. Foi baseado em uma amostra de alunos de graduação de uma grande universidade do Meio-Atlântico (N = 750). A modelagem de equações estruturais foi usada para testar e comparar os modelos alternativos concorrentes das relações entre os construtos acima (busca de sentido na vida, a presença de sentido na vida, o vazio existencial, a frustração existencial, a neurose noogênica, a vontade de poder e a vontade de prazer). Dois modelos apresentaram ajuste excelente, um modelo com bom ajuste e o quarto modelo com ajuste ruim. Dos dois melhores modelos, um tratava a força de vontade e o prazer de vontade como resultados de neurose noogênica, enquanto o outro os considerava como causas de neurose noogênica.

## 4 Aplicações clínicas da autotranscendência: estudo de um caso clínico

A Escala de Autotranscendência (EAT) nos oferece muitas possibilidades para aplicação clínica. Apresentaremos o estudo de um caso clínico, um adulto de 25 anos, que tinha a intenção de entrar em um instituto religioso. À primeira observação dos responsáveis pelo instituto, este aparentava ser excessivamente ansioso, mas com predisposição a outros problemas. O candidato à vida religiosa foi encaminhado ao psicoterapeuta para o parecer técnico de um profissional. Apresentaremos nos gráficos a seguir o processo para uma diagnose que considere a autotranscendência no processo psicoterapêutico.

A análise feita considera o papel da autotranscendência (avaliada com a escala EAT) no processo diagnóstico de acordo com os critérios do DSM-5, seção 3. Gostaríamos de relatar apenas dois contextos clínicos nos quais as aplicações já estão em vigor: a) autotranscendência no processo de diagnóstico é uma parte da estrutura da personalidade como entendida no DSM-5 em termos de traços de personalidade; b) autotranscendência como parte dos preditores de suicídio. Para ambos os aplicativos, os gráficos nos ajudarão a entender melhor os dois aplicativos.

## 4.1 Autotranscendência e processos diagnósticos

A autotranscendência desempenha um papel muito importante no processo de diagnóstico, principalmente porque temos evidências baseadas em pesquisas empíricas que atestam a sua correlação clínica. Como sabemos, o *Personality Inventory DSM-5* (PID-5) é um questionário que nos oferece um diagnóstico baseado em 5 domínios de personalidade e em 25 traços de personalidade. Por exemplo, no gráfico n. 1 podemos observar a possibilidade de fazer um diagnóstico de personalidade colocando os 25 traços em ordem crescente de problematicidade. Este gráfico é muito útil para fazer o retorno ao paciente, porque se pode observar os traços problemáticos e a sua intensidade. Neste caso, dada a natureza problemática, consideramos relevante do ponto de vista clínico aqueles traços que possuem um valor superior a 2 (perseverança, grandiosidade, ansiedade, perfeccionismo rígido, hostilidade, procura de atenção, manipulação e labilidade emocional).

No gráfico 2, podemos observar a possibilidade de fazer um diagnóstico categórico agrupando os 25 traços em seis categorias de personalidade do DSM-IV[11]: antissocial, evitativa, limítrofe, narcisista e esquizotípica. Neste gráfico, repetem-se os traços que parecem (de acordo com pesquisas em andamento) caracterizar a personalidade do jogador compulsivo (*gambling*). No gráfico 2, formulamos a hipótese de que uma possível neurose noogênica pode ser baseada na consideração preliminar dos traços de depressão e anedonia.

Neste gráfico 2, está claro que a hipótese do transtorno narcisista é muito provável, porque satisfaz os dois traços esperados

---

11. As 4 categorias listadas são aquelas do DSM-IV que foram reconhecidas pelo DSM-5. A quinta categoria está sendo testada para identificar uma possível predisposição ao jogo compulsivo. A sexta categoria é a noogenia, que geralmente acrescentamos para hipotetizar uma possível neurose noogênica ou predisposição ao suicídio.

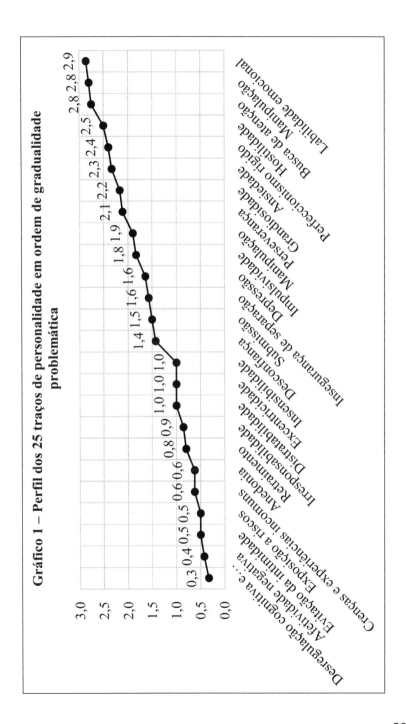

Gráfico 1 – Perfil dos 25 traços de personalidade em ordem de gradualidade problemática

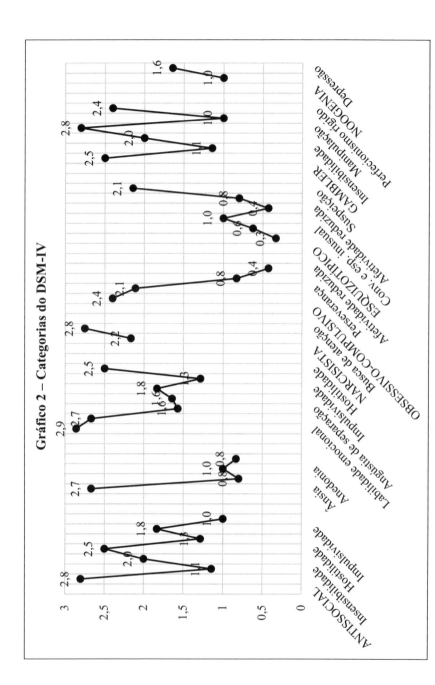

(grandeza e busca de atenção). A outra hipótese diagnóstica é a de um transtorno borderline porque satisfaz 3 de 7 traços esperados. As hipóteses de transtorno obsessivo-compulsivo e esquizotípico parecem remotas devido a um fraco fundamento na anamnese. Aqui aparece um primeiro índice digno de nota para nós: as pesquisas indicam que podemos esperar um alto nível de comprometimento da noogenicidade (com alta probabilidade de neurose noogênica) em proporção à gravidade do quadro psicopatológico. Nesse caso, porém, diante de um sério comprometimento geral da personalidade, temos valores relativamente baixos se comparados à quantidade e intensidade dos valores em outros traços.

Na aplicação da Escala de Autotranscendência (EAT), o paciente relatou valores muito elevados. Poderíamos hipotetizar que os baixos valores da noogenia (depressão e anedonia), combinados com os altos valores da EAT, poderiam nos tranquilizar sobre a possibilidade de vazio existencial e tentativas de suicídio. Portanto, um primeiro índice de noogenicidade poderia ser dado pela correlação inversa entre valores de baixa depressividade e anedonia com altos valores de autotranscendência.

O gráfico 3 mostra a mesma estrutura de personalidade, mas de acordo com os 5 *clusters* do DSM-5 com os valores dos 25 traços de personalidade e, à parte, os valores noogênicos (depressividade e anedonia) se repetem. Na verdade, os neuróticos noogênicos, como indicados por Frankl, também podem se expressar por meio de uma ou ambas as características. Portanto, esses dois traços – depressão e anedonia – *são repetidos no final do gráfico*.

O gráfico 3 nos indica que as duas hipóteses diagnósticas mais prováveis são o comprometimento da estabilidade emocional e o antagonismo. O gráfico representa a mesma estrutura de personalidade, mas de acordo com os traços dos cinco domínios de personalidade do DSM-5. Com valores muito altos nos domínios de personalidade, estabilidade emocional e o antagonismo, os valores da noogenia são relativamente baixos. Mais uma vez, é interessante

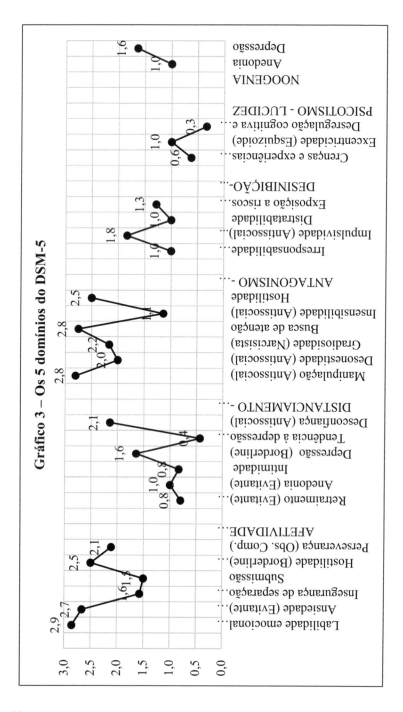

Gráfico 3 – Os 5 domínios do DSM-5

observar como a noogenicidade pode não estar comprometida e, por isso mesmo, pode ser um fator modulador em psicoterapia. Também neste gráfico 3 repetimos no final o valor dos traços de depressão e anedonia que – entre os 25 traços do DSM-5 – são os que mais se aproximam da neurose noogênica.

O gráfico 4 representa o funcionamento da personalidade intrapessoal (identidade e autodirecionalidade) e o funcionamento da personalidade interpessoal (empatia e intimidade) de acordo com os critérios do DSM-5. O gráfico representa a resposta dada pelos *Best Friends* (*BFs*), escolhidos pelo paciente.

A primeira consideração que podemos fazer na análise do gráfico 4 é observar que os valores de todos os três *BFs* são inferiores aos que o sujeito deu a si mesmo; isso é evidente na *personalidade média ponderada* (que é a média de todos os valores anteriores). Isso significa que o sujeito parece estar funcionando muito bem para seus três *BFs*, principalmente na variável *intimidade*. Em vez disso, a variável que vê as percepções de todos os *BFs* muito próximas umas das outras é a *autodirecionalidade*, que em algumas pesquisas preliminares (BENDER et al., 2011, p. 5) parece estar correlacionada com o significado da vida e com a autotranscendência.

Como *autotranscendência* juntamente com *empatia* são as variáveis de funcionamento menos prejudicadas (com os valores mais baixos), isso levaria a um prognóstico mais favorável e, portanto, confirmaria o prognóstico de boas chances de recuperação em psicoterapia, confirmando o que foi observado nos gráficos 2 e 3. Isso nos leva a hipotetizar que a noogenia poderia ser uma variável independente, embora seja mais frequentemente correlacionada com altos níveis de patologia e baixo funcionamento. É possível hipotetizar a autotranscendência como um modulador independente nos processos terapêuticos? Para nós é possível avançar esta hipótese: a autotranscendência, independente do comprometimento das condições clínicas, é um *Growth Factor* (GF) e,

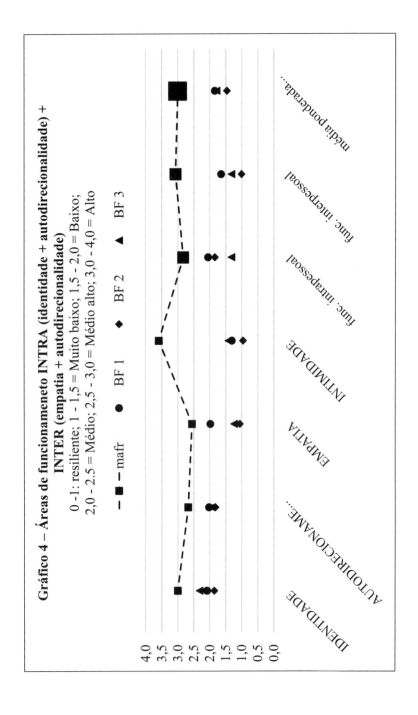

portanto, à medida que a autotranscendência aumenta, um prognóstico positivo também aumentaria. A verificação dessa hipótese poderia ser objeto de uma próxima pesquisa e – no caso de sua confirmação – estaríamos diante de uma virada histórica na pesquisa em psicoterapia.

## 4.2 A autotranscendência na prevenção do suicídio

Autotranscendência (com valores baixos na EAT) e a noogenia (valores altos de depressão e anedonia) podem ser considerados preditores de suicídio. O caso clínico apresentado por nós, representado nos quatro gráficos, mostra predisposições muito graves observáveis pelo mesmo paciente (gráfico 1 com oito traços maiores que 2,0). Com o gráfico 2, o psicoterapeuta clínico será capaz de observar que as categorias diagnósticas mais prováveis parecem ser transtorno de personalidade borderline e transtorno narcisista, embora o antissocial *não deva ser negligenciado*. *A novidade que temos aqui é que*, embora esse quadro clínico esteja tão comprometido, não temos, no entanto, evidências de possíveis tentativas de suicídio[12].

A razão reside precisamente nos valores relativamente baixos (em comparação com os valores de outras características) de noogenia (depressão e anedonia). Esta hipótese, de ausência de neurose noogênica apesar do comprometimento psicológico geral, é apoiada pela forte integração com a realidade (devido ao baixo comprometimento do traço "desregulação cognitiva e perceptual" *e do traço* "crenças de experiências incomuns"), este é apoiado pelo baixo comprometimento do traço "tendência ao risco".

---

12. Lembramos que todas as pesquisas aqui mencionadas na primeira parte e muitas outras pesquisas sobre Logoterapia concordam com a correlação positiva entre altos níveis de psicopatologia com altas probabilidades de neurose noogênica e altos riscos de suicídio ou automutilação suicida.

No entanto, maior segurança para excluir o prognóstico de suicídio nos é dada pela aplicação da Escala de Autotranscendência (EAT), na qual o sujeito analisado apresenta valores muito elevados. Portanto, nossa hipótese é que – apesar do comprometimento do quadro clínico geral (representados nos gráficos) – os valores de baixo comprometimento da noogenicidade (depressividade e anedonia) com valores muito elevados na Escala de Autotranscendência (EAT), podem indicar uma possível ausência da neurose noogênica e um bom prognóstico geral para o tratamento do caso, apesar de seu grave comprometimento. Acreditamos também que a hipótese inversa é possível: caso o quadro clínico não apresente comprometimentos graves, porém, os altos valores de noogenicidade (depressividade e anedonia) devem nos preocupar com uma possível ideação suicida, ainda que não verbalizado ou ainda não explícito com tentativas de suicídio ou automutilação.

Portanto, através do estudo de caso apresentado, podemos reiterar que a Escala de Autotranscendência (EAT) nos oferece muitas possibilidades de aplicações clínicas.

## 5 Considerações finais

Já em 1982 (PACCIOLLA, 1982) muitos haviam expressado certa insatisfação tanto com a abordagem da psicologia da época quanto com as abordagens psicoterapêuticas que consideravam o homem, a humanidade e o humanismo restritos em suas dimensões cognitivas, emocionais e comportamentais. Trinta anos depois sentimos uma coragem reforçada ao denunciar mais uma vez o papel marginal que foi dado ao sentido, ao significado da vida e ao papel da autotranscendência no desenvolvimento humano e nos processos psicopatológicos (PACCIOLLA, 2012).

A atual crise da Covid-19 tem sido considerada por muitos como uma boa oportunidade para nos organizarmos em torno do núcleo clínico central da Logoterapia e fazer propostas para todos aqueles que estão interessados em uma abordagem que vá além do cognitivismo clássico. Esta crise foi uma oportunidade para lançar mais uma vez uma hipótese de mudança: a proposta de um novo humanismo[13]. Nesta conclusão, queremos também resumir alguns pontos que surgiram, do que foi explicado no pensamento de Frankl e nos autores que aprofundaram alguns aspectos:

a) a dimensão noética é aquela que caracteriza e permite distinguir o homem do resto do nosso ecossistema;

b) a vontade de sentido, como sistema motivacional básico, não está conectada ao instinto, mas à consciência como órgão de sentido que permite expressar a vontade e a liberdade de escolha;

c) a busca de um sentido e de um significado único a ser apreendido na situação particular em que a pessoa vive *hic et nunc*: o sentido **não pode ser descoberto nem inventado, mas deve ser encontrado**;

d) a autotranscendência é descrita como um processo dinâmico, como um impulso para realizar um propósito/valor em uma dinâmica dialógica entre ser e dever ser que ocorre por meio do amor (cap. 5), como uma abertura interpessoal ao outro e ao mundo, tendo a consciência como órgão de sentido para ter uma percepção de si mesmo em devir, para apreender as possibilidades que se desdobram à frente;

e) a autotranscendência se torna um fator que pode mediar o bem-estar pessoal, que interage com os traços de personalidade e é expressão de uma motivação intrínseca do homem

---

13. Para aprofundamentos, cf. a) videoconferências com o Alisson Pontes (Ablae, Brasil) nos dias 15 e 22 de maio de 2020; b) a mesma palestra foi repetida (em espanhol) na Conferência Internacional Virtual em 28-30 de maio de 2020 organizada pelo Dr. J.P. Diaz Castillo e Prof. Efrén Martinez Ortiz (Colômbia) com um artigo intitulado "A crise da Covid-19 como oportunidade"; c) Curso de pós-graduação em Logoterapia (Dr. Paulo Kroeff, Porto Alegre) nos dias 21 de junho e 18 de julho de 2020.

que amadurece e se manifesta principalmente quando a vida é confrontada com situações de sofrimento psíquico ou de fim da vida.

A vontade de significado, que encontra a sua dinâmica na autotranscendência e na busca de sentido sua dimensão formal, parece ser um sistema motivacional corporificado no homem que o acompanha ao longo de sua vida, amadurece e se expressa mais no final da vida. A autotranscendência apoia o homem principalmente quando ele tem que enfrentar eventos significativos relacionados ao sofrimento, ajudando-o a descobrir um sentido em um processo que passa de uma relação instintiva para uma relação existencial consigo mesmo, com os outros e com o mundo.

São várias as ideias indicadas pela busca de sentido, neste caso a vontade de sentido como processo evolutivo na base de um sistema motivacional. Frankl, embora reconheça a base fisiológica na qual a motivação é desencadeada, dá pouco espaço para descrever a interação que a vontade de significado tem com outras dimensões da personalidade e com outros sistemas motivacionais. Como se forma a consciência de que é o corpo responsável por sintetizar os sentidos a que estamos expostos? A vontade de sentido tem um propósito evolutivo? Algumas dessas questões já foram tratadas aqui, nos outros capítulos deste livro.

Queremos concluir com alguns avanços na pesquisa para a validação do construto sobre autotranscendência. Juntamente com outros logoterapeutas, combinamos um conjunto de testes em vários idiomas e o enviamos para outros logoterapeutas de vários países[14]. O primeiro resultado foi surpreendente: tivemos a

---

14. EAT: Escala de Autotranscendência de Gramático; Pils: Purpose In Life Scale, adaptado para o italiano por Crea (2016); PID-5; forma abreviada do DSM-5; Questionário de Funcionamento da Personalidade baseado nos critérios do DSM-5 e adaptado (Pacciolla).

colaboração de colegas da Europa (Itália e Portugal), da América Latina (Brasil, México, Colômbia e Peru) para um total de 2.400 pessoas pesquisadas. Esta amostra variada nos permitirá apreender o viés cultural da autotranscendência e as constantes de personalidade com grandes vantagens em aplicações clínicas psicoterapêuticas. Algumas das pesquisas futuras podem ser orientadas para diagnósticos sindrômicos e de personalidade mais sensíveis à autotranscendência como fator modulador entre a relação médico-paciente e a psicopatologia.

## Referências

BATTHYANY, A., & GUTTMANN, D. (2002). *Logotherapy and meaning-oriented psychotherapy*. Zeig, Tucker & Theisen

BENDER, D.S., MOREY, L.C., & SKODOL, A.E. (2011). Toward a model for assessing level of personality functioning in DSM-5, part I: A review of theory and methods. *Journal of Personality Assessment*, 93(4): 332-346. Https://doi.org/10.1080/00223891.2011.583808

BRUZZONE, D. (2001). *Autotrascendenza e formazione. Esperienza esistenziale, prospettive pedagogiche e sollecitazioni educative nel pensiero di Viktor E. Frankl*. Vita e Pensiero.

CAPRARA, G., ALESSANDRI, G., & EISENBERG, N. (2012). Prosociality: The contribution of traits, values, and self-efficacy beliefs. *Journal of Personality and Social Psychology*, 102(6): 1.289-1.303. Https://doi.org/10.1037/a0025626

CLONINGER, C. (2013). The importance of ternary awareness for overcoming the inadequacies of contemporary psychiatry. *Archives of Clinical Psychiatry*, 40(3): 110-113.

CLONINGER, R., SVRAKIC, D., & PRZYBECK, T. (1993). A psychobiological model of temperament and character. *Archives of General Psychiatry*, 50(12): 975-990. Https://doi.org/10.1001/archpsyc.1993.01820240059008

COSTA, P., & McCrae, R. (1985). *The NEO personality inventory*. Psychological Assessment Resources.

CREA, G. (2016). The psychometric properties of the Italian translation of the Purpose in Life Scale (Pils) in Italy among a sample of Italian adults. *Mental Health, Religion & Culture, 19*(8): 858-867. Https://doi.org/10.1080/13674676.2016.1277988

FIZZOTTI, E. (1974). *La logoterapia di Frankl: Un antidoto alla disumanizzazione psicanalitica*. Rizzoli.

FRANKL, V. (1983). *Un significato per l'esistenza: Psicoterapia e umanismo*. Città Nuova.

FRANKL, V. (2001). *Logoterapia e analisi esistenziale*. Morcelliana.

GAMBINI, P. (1998). *Identità e senso della vita nell'adolescenza. Studio sulla correlazione dei due parametri di riferimento all'antropologia di V. E. Frankl* [Licenza]. Pontificia Università Salesiana.

GAMBINI, P., & RONCO, A. (1999). Che senso ha una vita senza amore? Prima applicazione di un test sull'adolescenza. *Attualità in Logoterapia, 2*: 33-45.

GÓNGORA, V., & CASULLO, M. (2009). Factores protectores de la salud mental: Un estudio comparativo sobre valores, autoestima e inteligencia emocional en población clínica y población general. *Interdisciplinaria, 26*(2): 183-205.

GRAMMATICO, S. (2018). La scala "Autotrascendenza". Una validazione empirica delle proprietà psicometriche. *Ricerca di senso, 161*(2): 103-129.

HARLEY, J., WELLS, E., FRAMPTON, C., & JOYCE, P. (2011). Bipolar Disorder and the TCI: Higher Self-Transcendence in Bipolar Disorder Compared to Major Depression. *Depression Research and Treatment, 2011*: 529, 638. Https://doi.org/10.1155/2011/529638

HEREDIA, L.P., & SANCHEZ, A.I. (2016). Vulnerability to alcohol consumption, spiritual transcendence and psychosocial well-being: Test of a theory. *Revista Latino-Americana de Enfermagem, 24*.

JOSHI, C., MARSZALEK, J., BERKEL, L., & HINSHAW, A. (2014). An empirical investigation of Viktor Frankl's logotherapeutic model. *Journal of Humanistic Psychology, 54*(2): 227-253. Https://doi.org/10.1177/0022167813504036

KAUFMAN, S.B. (2020). *Transcend: The new science of self-actualization.* TarcherPerigee.

KING, L., HICKS, J., KRULL, J., & DEL GAISO, A. (2006). Positive affect and the experience of meaning in life. *Journal of Personality and Social Psychology*, 90(1): 179-196. Https://doi.org/10.1037/0022-3514.90.1.179

KOLTKO-RIVERA, M. (2006). Rediscovering the later version of Maslow's hierarchy of needs: Self-transcendence and opportunities for theory, research, and unification. *Review of General Psychology*, 10(4): 302-317. Https://doi.org/10.1037/1089-2680.10.4.302

LEVENSON, M., JENNINGS, P., ALDWIN, C., & SHIRAISHI, R. (2005). Self-transcendence: Conceptualization and measurement. *International Journal of Aging & Human Development*, 60(2): 127-143. Https://doi.org/10.2190/XRXM-FYRA-7U0X-GRC0

MARTINOTTI, G., ANDREOLI, S., GIAMETTA, E., POLI, V., BRIA, P., & JANIRI, L. (2006). The dimensional assessment of personality in pathologic and social gamblers: The role of novelty seeking and self-transcendence. *Comprehensive Psychiatry*, 47(5): 350-356.

MASLOW, A. (1966). Comments on Dr. Frankl's paper. *Journal of Humanistic Psychology*, 6(2): 107-112. Https://doi.org/10.1177/002216786600600202

PACCIOLLA, A. (1982, 25 de abril de). Logoterapia: Sua visão ética e implicações morais. *Conferência*. Segundo Congresso Mundial de Logoterapia, Hartford.

PACCIOLLA, A. (2007). *Personalità e caso clinico: Progettare la psicoterapia*. Laurus.

PACCIOLLA, A. (2012). O futuro da Logoterapia. Congresso Internacional celebrado em Viena de 16 a 18 de março. *Ricerca di Senso*, 3(10): 373-391.

PACCIOLLA, A., & CREA, G. (2016). L'autodirezionalità nel DSM-5 e nella Logoterapia. *Ricerca di Senso*, 14(2): 119-136.

PIEDMONT, R. (2001). Spiritual transcendence and the scientific study of spirituality. *Journal of Rehabilitation*, 67: 4-14.

PIEDMONT, R.L. (1999). Does spirituality represent the sixth factor of personality? Spiritual transcendence and the Five-Factor Model. *Journal of Personality, 67*(6): 985-1.013. Https://doi.org/10.1111/1467-6494.00080

REED, P. (2013). Theory of self-transcendence. In *Middle range theory for nursing* (pp. 109-139). Springer.

ROGERS, M. (1994). The science of unitary human beings: Current perspectives. *Nursing Science Quarterly, 7*(1): 33-35. Https://doi.org/10.1177/089431849400700111

RONCO, A., GRAMMATICO, G., & SALVATORE (2009). Questionario Autotrascendenza Autodistanziamento. *Orientamenti pedagogici, 56*(6): 985-1.012.

SCHWARTZ, S. (1992). Universals in the content and structure of values: Theoretical advances and empirical tests in 20 countries. In *Advances in experimental social psychology, 25*: 1-65. Academic Press. Https://doi.org/10.1016/S0065-2601(08)60281-6

SCHWARTZ, S.H. (1994). Are there universal aspects in the structure and contents of human values? *Journal of Social Issues, 50*(4): 19-45. Https://doi.org/10.1111/j.1540-4560.1994.tb01196.x

SCHWARTZ, S., MELECH, G., LEHMANN, A., BURGESS, S., HARRIS, M., & OWENS, V. (2001). Extending the cross-cultural validity of the theory of basic human values with a different method of measurement. *Journal of Cross-Cultural Psychology, 32*(5): 519-542. Https://doi.org/10.1177/0022022101032005001

SHAFER, W., FUKUKAWA, K., & LEE, G.M. (2007). Values and the perceived importance of ethics and social responsibility: The U.S. versus China. *Journal of Business Ethics, 70*(3): 265-284. Https://doi.org/10.1007/s10551-006-9110-9

TORNSTAM, L. (1997). Gerotranscendence: The contemplative dimension of aging. *Journal of Aging Studies, 11*(2): 143-154. Https://doi.org/10.1016/S0890-4065(97)90018-9

TORNSTAM, L. (2011). Maturing into gerotranscendence. *Journal of Transpersonal Psychology, 43*(2): 166-180.

WONG, P. (2014). Viktor Frankl's meaning-seeking model and positive psychology. In *Meaning in positive and existential psychology* (pp. 149-184). Springer Science/Business Media. Https://doi.org/10.1007/978-1-4939-0308-5_10

WONG, P. (2016a). *From Viktor Frankl's Logotherapy to the four defining characteristics of Self-Transcendence*. University of Chicago.

WONG, P. (2016b). Self-Transcendence: A paradoxical way to become your best. *International Journal of Existential Psychology*, *1*(6). Https://doi.org/10.4324/9780203146286

\*

**Responder ao questionário é simples**: Leia atentamente todas as questões propostas e as possíveis respostas. Decida qual é a intensidade que cada afirmação lhe corresponde, circulando o número no quadro correspondente. Para responder, use os valores indicados na tabela abaixo:

*1 = Absolutamente falso para mim;*
*2 = Muito falso para mim;*
*3 = Falso para mim;*
*4 = Verdadeiro para mim;*
*5 = Muito verdadeiro para mim;*
*6 = Absolutamente verdadeiro para mim.*

|  | ESCALA DE AUTOTRANSCENDÊNCIA | 1 | 2 | 3 | 4 | 5 | 6 |
|---|---|---|---|---|---|---|---|
| 1 | Busco um senso de unidade na minha vida. | 1 | 2 | 3 | 4 | 5 | 6 |
| 2 | Sou compreensivo com os erros das pessoas próximas a mim. | 1 | 2 | 3 | 4 | 5 | 6 |
| 3 | A minha vida manifesta plenamente seu significado quando me relaciono com os outros. | 1 | 2 | 3 | 4 | 5 | 6 |
| 4 | É muito importante poder ajudar os outros. | 1 | 2 | 3 | 4 | 5 | 6 |
| 5 | Para compreender o sentido último da vida é preciso transcender a mim mesmo/a. | 1 | 2 | 3 | 4 | 5 | 6 |
| 6 | Ajudando os outros, ajudo a mim mesmo a amadurecer. | 1 | 2 | 3 | 4 | 5 | 6 |
| 7 | Cuido dos outros como a mim mesmo. | 1 | 2 | 3 | 4 | 5 | 6 |
| 8 | Quando posso, com prazer faço um favor sem esperar ser recompensado. | 1 | 2 | 3 | 4 | 5 | 6 |
| 9 | Procuro descobrir qual é o bem comum a ser almejado. | 1 | 2 | 3 | 4 | 5 | 6 |
| 10 | Acredito que na vida precisamos ter uma convicção de base que se direciona ao serviço dos outros. | 1 | 2 | 3 | 4 | 5 | 6 |
| 11 | Considero importante a proteção dos recursos humanos. | 1 | 2 | 3 | 4 | 5 | 6 |
| 12 | Na relação com os outros procuro compreender o seu ponto de vista. | 1 | 2 | 3 | 4 | 5 | 6 |

# 3
# A autotranscendência como mediadora do processo psicoterapêutico

*Vagner Sanagiotto*
*Aureliano Pacciolla*

## 1 Introdução

Ultimamente tem aumentado o interesse dos pesquisadores pelo significado que os indivíduos atribuem à própria existência, como um fator determinante para o bem-estar psicológico e social. No âmbito da psicologia clínica, a relação entre o sentido na vida e o significado dos sintomas contribui para o desenvolvimento de interventos psicoterapêuticos que considerem a complexidade da vida humana.

A busca pelo sentido ou por um objetivo pelo qual doar a própria vida são marcas da sociedade contemporânea, principalmente diante de períodos que sinalizam uma transição de época. Por isso, torna-se importante que o processo psicoterapêutico não se limite somente a uma teoria usada em determinada abordagem, ao método que descreve o crescimento psicoterapêutico, nem muito menos se limita aos sintomas que apresentam os pacientes; mas vai além, na direção de integrar o significado que o paciente atribui à própria existência e ao seu sofrimento (SANAGIOTTO, 2020). Ultimamente, os estudos sobre a eficácia da psicoterapia evidenciam que a busca pelo sentido dos sintomas, quando colocados ao interno do quadro existencial, ajuda no processo da aceitação e da mudança terapêutica, enquanto que os pacientes se tornam mais resistentes quando não veem claro esse sentido existencial (PACCIOLLA, 2020).

A busca pelo sentido da vida diante do sofrimento tende a impulsionar o paciente a buscar recursos relacionais além de si mesmo, movimento esse denominado pela Logoterapia como autotranscendência. De fato, no âmbito da psicologia humanista, mais especificamente na Logoterapia, foi o psiquiatra Viktor Frankl (1966) quem desenvolveu amplamente uma teoria sobre a autotranscendência na perspectiva da capacidade humana de realizar um sentido na vida, combinado com a disposição de se autodistanciar dos processos psicológicos que produzem efeitos imediatos e limitantes.

A teoria sobre a autotranscendência como proposta pela Logoterapia, é orientada à realização do sentido na existência humana. Por causa desse viés epistemológico, a autotranscendência não pode ser considerada estática ou impulsiva, mas dinâmica (GRAMMATICO, 2018), e se a existência não vem alterada por uma neurose – que Frankl considera noogênica (FRANKL, 1978) –, será sempre direcionada a alguma coisa diferente de si mesma. As pesquisas ultimamente se ocupam em avaliar como a percepção problemática do sentido na vida incide no desenvolvimento de psicopatologias, ou, mais especificamente, como o sentido na vida esteja relacionado à capacidade de enfrentar as situações adversas do cotidiano.

As pesquisas empíricas confirmam que quem encontra um sentido nas experiências negativas parece lidar melhor com as situações problemáticas em comparação com quem não consegue encontrar esse sentido (JAARSMA et al., 2007). Pesquisas precedentes indicaram que o sentido da vida é associado positivamente aos processos de saúde psicológica diante de quadros psicopatológicos (KLEFTARAS & PSARRA, 2012; PACCIOLLA et al., 2019) e serve como um fator mediador de promoção de bem-estar psíquico (OWENS et al., 2009). Porém, a relação entre autotranscendência, sentido na vida e sintomatologia psicopatológica não foi ainda aprofundada em nível empírico.

Este capítulo se propõe estudar o caráter mediador da autotranscendência diante dos quadros psicopatológicos que, de alguma maneira, afrontam o sentido da vida. Em outras palavras, pretende-se aprofundar a temática da autotranscendência como categoria clínica, especialmente em entender como esta ajuda a intermediar o processo psicoterapêutico na busca de sentido na vida diante de quadros psicopatológicos.

## 2 O sentido da vida como categoria clínica

O ser humano é, antes de tudo, um ser situado historicamente em um espaço no qual vive com um sistema de coordenadas que dão sentido à sua existência. A cada dia ele experimenta uma multiplicidade de situações, relações e desafios que constituem o fundamento das motivações e das decisões concretas tomadas ao longo da sua vida, e os processos decisivos são indispensáveis para realizar plenamente a própria existência (SANAGIOTTO, 2019). Em tudo isso se evoca os valores e significados das coisas, relações e ações e, portanto, há sempre uma busca pelo sentido da existência, tema crucial da vida expresso na pergunta: qual é o sentido de...?

O sentido da vida como categoria clínica será abordado neste capítulo a partir de três pontos considerados importantes para a Logoterapia: o primeiro diz respeito à dimensão noética do ser humano; o segundo através da neurose existencial; o terceiro considera a autotranscendência como categoria clínica intermediadora entre os sintomas psicopatológicos e o sentido na vida. Partimos do pressuposto que o sentido na vida como categoria clínica, quando afetado naquilo que é essencialmente humano (noética), tendem a acentuar os aspectos psicopatológicos (neurose existencial) que, quando intermediados pela autotranscendência, tendem a possibilitar o bem-estar psíquico. Esta hipótese será depois analisada através uma pesquisa empírica.

## 2.1 O sentido da vida como dimensão noética

A categoria psicológica do sentido da vida, desenvolvida amplamente por Viktor Frankl (1993), se refere à atitude assumida por alguém no confronto com a própria existência, relacionada principalmente à morte, ao sofrimento e à culpa. Em termos de Análise Existencial, o sentido da vida como categoria clínica, indica uma abordagem que permite considerar a existência humana na sua integridade, inclusive nos processos de adoecimento psicológico. Em termos mais amplos, o sentido da vida em termos franklianos assume um fator preditivo e de manutenção do bem--estar psicofísico.

A psicoterapia humanista existencial se refere a uma base antropológica que considera as diversas realidades que circundam o sujeito em seu aspecto socioambiental. Porém, o aspecto tipicamente humano da psicoterapia humanista, pressupõe uma dimensão noética que se manifesta a partir da pergunta sobre o sentido da vida. Esta dimensão noética quando bloqueada pode contribuir para a manutenção da sintomatologia psicopatológica, ou quando integrada dentro do desenvolvimento psicoterapêutico poderá contribuir para o bem-estar psicológico. Desenvolver a consciência do sentido da vida significa desenvolver a dimensão noética, ou seja, viver a vida com sentido mesmo quando parece não ter significado.

A dimensão noética dentro do contexto psicoterapêutico abre a possibilidade da Análise Existencial do sofrimento humano: a psicoterapia que considera o noético não trata somente o aspecto patológico, mas visa o sentido. A dimensão noética possibilita a passagem do evento sintomatológico a um significado mais amplo que integra toda a existência do paciente, visto que o evento crítico (sintomatológico) não pode ser afastado do resto da vida do paciente.

A dimensão no ética, se abordada no contexto psicoterapêutico, possibilita abertura para que o paciente considere a vida como uma oportunidade para assumir um objetivo de levar à frente uma missão: realizar um valor moral, como, por exemplo, amar uma pessoa ou lutar por uma causa (FRANKL, 1991). O sentido da vida como categoria clínica se desenvolve plenamente quando o paciente é ajudado a encontrar um objetivo na vida, a ter alguma coisa na qual acredita ser importante doar a própria vida. Esta capacidade noética é potencializada quando autotranscende, ou seja, quando é capaz de ir além das próprias necessidades, além dos condicionamentos ou tragédias inevitáveis que o percurso da vida apresenta.

O critério determinante que ajuda a distinguir quando a dimensão noética sinaliza a falta de sentido é o vazio existencial, não como consequência ou sintoma, mas como possibilidade *de*. Uma vez que a Logoterapia considera o vazio existencial dotado de vontade de sentido, quando a dimensão noética é afetada por um quadro psicopatológico, significa basicamente que aquilo que é essencialmente humano sofrerá com as possíveis consequências, basicamente em dois pontos: por um lado, alterações graves, como a perda total do sentido da vida, que podem causar distúrbios psicológicos e somáticos; por outro lado, quando se depara com um vazio de significado existencial, o fortalecimento da dimensão noética pode ajudar o paciente a distanciar-se dos processos psicológicos que conduzem ao sofrimento, isto é, dar sentido *logos* ao sofrimento *pathos* (FRANKL, 2012).

## 2.2 Neurose noogênica e sintomatologia psicopatológica

Quando falamos de sentido na vida, estamos nos referindo à coerência no desenvolvimento de um propósito. Perder o sentido é esvaziar a existência. O sentido da vida como desenvolvido neste capítulo é uma estrutura psicológica que desempenha um papel importante na regulação da personalidade, na manutenção de vínculos importantes com outras estruturas, como, por exemplo, a autoestima, os projetos de vida, os valores etc. A partir do momento que se desenvolve um conflito existencial, isso se reflete necessariamente no funcionamento holístico da pessoa, dando origem a um quadro psicológico associado ao vazio existencial e, dependendo da fragilidade de quem a vive, a um quadro psicopatológico.

É importante salientar que a frustração existencial pode levar a uma sintomatologia psicopatológica, segundo os critérios clássicos da psicologia ou, em termos da psicologia humanista/existencial, a uma neurose, chamada por Frankl de noogênica (FRANKL, 1978). A neurose noogênica é equivalente à crise da falta de sentido vital, como a consequência de uma falha generalizada na tarefa de encontrar um sentido na vida, isto é, a incapacidade crônica de acreditar na veracidade, na importância, na utilidade ou no valor das coisas as quais se dedica no presente ou que poderia se dedicar no futuro. Em outras palavras, a neurose noogênica vem a partir do momento que se opta por estratégias inadequadas para enfrentar os desafios ou crises que a vida apresenta (SANAGIOTTO, 2020).

A teoria frankliana desenvolvida sobre a égide do sentido da vida e das frustrações que daí decorrem sugere que a neurose existencial é patogênica em certas condições. Em alguns quadros psicopatológicos é difícil perceber o sentido da vida porque, além do sofrimento psicológico, as suas raízes estão estendidas na neurose definida como noogênica e que tem a sua origem na dimensão noética (FRANKL 1978, p. 157). Além da constatação que a falta de sentido não seja abordada como uma condição psicopatológica pelos manuais de psicopatologia, é importante salientar alguns critérios para serem considerados e que ajudam a fazer uma diagnose diferencial e inclusiva: a) o aspecto da existência do sujeito; b) o aspecto psicopatológico conforme definido pelos manuais de psiquiatria; e c) o aspecto da existência presente em quadros psicopatológicos.

Depois de ter individuado os elementos teóricos da neurose noogênica, indicamos quatro critérios para se fazer uma diagnose da neurose noógena (PACCIOLLA, 2007): a) o primeiro critério consiste na percepção, nem sempre consciente e explicitamente declarada, de um vazio existencial que impede a realização na vida afetiva, relacional ou de trabalho; b) o segundo critério é correlacionado ao *locus of control* externo, ou seja, um sentimento de impotência em poder modificar o significado da existência; c) o terceiro critério é a etapa evolutiva do sujeito, no qual se conhece a filosofia de vida, o sentido dado à responsabilidade e ao sistema de valores; d) o quarto critério é a capacidade de usar as habilidades mentais, em ir além da situação-problema que causa limites à existência, definidas pela Logoterapia como autodistanciamento e autotranscendência.

## 2.3 A autotranscendência como categoria clínica

A terminologia autotranscendência é amplamente usada nos últimos anos no âmbito da pesquisa psicológica, principalmente para representar o processo de expansão capaz de produzir uma visão mais amplificada de mundo (GRAMMATICO, 2018). Em termos gerais, a autotranscendência pode ser definida como "a medida em que a pessoa identifica o seu ser [...] como uma parte integrante do universo em seu complexo" (CLONINGER et al., 1993). No âmbito da psicologia humanista, mais especificamente na Logoterapia, foi o psiquiatra Viktor Frankl (1966) quem desenvolveu amplamente uma teoria, aplicando-a à perspectiva da capacidade humana em realizar um sentido na vida, combinado com a capacidade de se autodistanciar dos processos psicológicos que produzem efeitos imediatos e limitantes.

Frankl (2012) individua na autotranscendência uma das noções-chave do processo logoterapêutico, sendo que é da essência do ser humano ser direcionado a alguma coisa ou a alguém a quem dedicar-se, amar ou servir (FRANKL, 1989, p. 45). Em termos mais específicos, a manifestação da autotranscendência ocorre em duas atitudes principais: no amor e na consciência moral. Na primeira, isto é, no amor, a autotranscendência se manifesta no encontro com um outro; na segunda, isto é, na consciência moral, a autotranscendência se manifesta no significado e no confronto com os valores humanos. Através da autotranscendência o ser humano pode exercitar a "vontade de sentido", ou seja, é em "virtude da autotranscendência na existência humana, que o homem é um ser em busca de sentido" (FRANKL, 1983, p. 90).

A existência humana não é autêntica se não é vivida em termos de autotranscendência (FRANKL, 2012) e, em termos da consciência moral, pode ser qualificada como um sentido ontológico enquanto direcionada ao suprassentido, mas também como sentido existencial, enquanto direcionada ao sentido pessoal. O primeiro implica um questionamento ontológico sobre "por que algo existe", enquanto o segundo consiste em uma questão mais modesta, direcionada ao "porquê de uma existência concreta", que acaba constituindo a resposta de como e para que fim direcionar a vida, ou seja, a autotranscendência como categoria clínica, aborda a questão da consciência moral como possibilidade de redirecionar a vontade de sentido para a dimensão crucial do ser humano, isto é, a dimensão noética.

A teoria sobre a autotranscendência proposta pela Logoterapia é orientada à realização do sentido da existência humana, mesmo diante dos eventos que a confrontam (FRANKL, 1989). De fato, pesquisas indicam uma estreita relação entre a autotranscendência e o sentido da vida (GRAMMATICO, 2018; RONCO & GRAMMATICO, 2009). A autotranscendência, junto com o autodistanciamento, permite ao ser humano não somente redefinir os significados, mas também de se reposicionar diante da vida e das experiências vividas (GRAMMATICO, 2012). Por causa desse viés epistemológico, a autotranscendência não pode ser considerada estática ou impulsiva, mas dinâmica (GRAMMATICO, 2018), e se a existência não vem alterada por uma neurose – que Frankl considera noogênica ou psicopatológica (FRANKL, 1978) –, será sempre direcionada a alguma coisa diferente de si mesma.

Para compreender a correlação entre os tópicos apresentados neste capítulo propõe-se uma pesquisa empírica com a qual se afrontará a problemática da autotranscendência como categoria clínica.

## 3 A autotranscendência: do significado do sintoma ao sentido da vida

A pesquisa empírica proposta neste capítulo abordou uma das temáticas fundamentais para o nosso tempo, que é o período pandêmico da Covid-19 e as possíveis consequências psicopatológicas e existenciais. As diversas ações dos países para conter a disseminação do vírus incluíram interventos não farmacológicos, tais como: o isolamento social de massa, a quarentena para pessoas com suspeita de contato com o vírus, restrições de viagens; em caso de sintomas da doença a recomendação era: fique em casa.

As ações iniciadas pelos países com o objetivo de conter a Covid-19 são medidas preventivas práticas com o objetivo de proteger as pessoas, a economia e o sistema público de saúde. Porém, o momento atual em que vivemos, marcado por uma série de transformações sociais, questiona todo um sistema de valores que convida a pensar no desenvolvimento de um novo humanismo (FRANKL, 1980). O contexto de crise de valores e da falta de sentido de hoje não é diferente daquele vivido por Frankl no século XX, que o levou a fundar a Logoterapia, cuja base teórica é a busca de sentido na vida, e como prática psicoterapêutica a Análise Existencial.

A Logoterapia como teoria e prática nasceu e se desenvolveu a partir do contato de Frankl (1980) com o sofrimento humano. Foi o que aconteceu quando ele elaborou interventos psicoterapêuticos com jovens em alto risco de suicídio (FIZZOTTI & GISMONDI, 1991), com a experiência traumática do campo de concentração

(FRANKL, 2005) e nas muitas vezes que teve que decidir sobre acontecimentos cotidianos que influenciaram profundamente a sua vida. Os eventos da vida, traumáticos ou da cotidianidade, em certa medida confrontam a existência humana e seus valores que levam a mudanças psicológicas.

### 3.1 *Método e instrumentos de pesquisa*

Para aprofundar a temática desenvolvida neste capítulo foi feita uma pesquisa empírica com objetivo de descrever os sintomas psíquicos mais frequentes à causa da pandemia da Covid-19 e, além disso, analisar como esse estabelece correlação com o sentido na vida e a autotranscendência. Para recolher os dados foram usados os seguintes instrumentos de pesquisa:

a) *Questionário sobre o Covid-19* com algumas afirmações referentes ao coronavírus, no qual os entrevistados foram convidados a responder como se sentiam quando eram expostos às informações sobre a pandemia.

b) *Escala transversal de sintomas* (DSM-5): segundo o DSM–5 (American Psychiatric Association, 2003, p. 737), a Escala Transversal de Sintomas fornece um método de obtenção de informações sobre sintomas potencialmente significativos para informar o diagnóstico, o plano de tratamento e o acompanhamento.

c) *Teste propósito de vida* (Pils): escala convalidada e estudada e por diversos autores brasileiros (AQUINO et al., 2009; AQUINO, 2009; AGUIAR, 2011; NOBRE, 2016; NASCIMENTO & DIAS, 2019), que compreende avaliar os seguintes aspectos: propósito na vida, satisfação com a própria vida, liberdade, medo da morte, ideias suicidas.

d) *Escala de autotrancedência* (EAT): a escala (GRAMMATICO, 2012; 2018; RONCO & GRAMMATICO, 2009; 2000) tem com o objetivo medir duas atitudes tipicamente humanas e importante referencial teórico de Viktor Frankl: a autotranscedência e o autodistanciamento.

## 3.2 Informações sociodemográficas

Um total de 141 entrevistados responderam a nossa pesquisa (feita on-line), sendo 77% do sexo feminino e 23% do sexo masculino. Entre as características sociodemográficas dos participantes, destacamos que 13% dos que responderam à pesquisa se encontram na faixa etária entre os 18 e 30 anos, 46% entre os 31 e 50 anos, 16% entre os 51 e 60 anos; enfim, 18% tem mais de 61 anos de idade. Foram recolhidos dados de diversas partes do território brasileiro, sendo 13% da Região Norte, 21% do Nordeste, 42% do Sul, 23% do Sudoeste e 1% do Centro-Oeste.

## 3.3 Análise de dados

A análise estatística dos dados da pesquisa parte do pressuposto de que o contato das pessoas com as informações circundantes referentes à Covid-19 influencia no processo de saúde mental. De fato, 45% dos entrevistados indicaram que se sentem fragilizados quando ouvem ou veem notícias relacionadas ao coronavírus, porém somente 25% deles dizem que "perdem o sono" pensando nas consequências da pandemia. No que diz respeito ao trabalho, 70% dos entrevistados não tiveram que escolher, por exemplo, entre ter que ir trabalhar e (correr o risco de infectar-se) ou perder o emprego. Nos aspectos das relações sociais, 84% consideram a Covid-19 como um problema grave e que não há exagero na interpretação sobre os perigos que o vírus pode trazer. Índices igualmente significativos foram indicados quando 61% dos entrevistados dizem que ficaram pensativos quando souberam que alguém próximo estava com coronavírus.

Tabela 1 – Frequência sintomatológica na Escola Transversal de Sintomas – DSM 5

| Nome do domínio | Nada | Muito leve | Leve | Moderado | Grave | Pontuação |
|---|---|---|---|---|---|---|
| I – Depressão | 33% | 34% | 20% | 04% | 09% | 33% |
| II – Raiva | 25% | 43% | 22% | 04% | 06% | 32% |
| III – Mania | 30% | 42% | 24% | 07% | 05% | 36% |
| IV – Ansiedade | 26% | 33% | 23% | 08% | 10% | 41% |
| V – Sintomas somáticos | 44% | 25% | 19% | 06% | 06% | 31% |
| VI – Ideação suicida | 91% | 05% | 01% | 01% | 01% | 03% |
| VII – Psicose | 96% | 03% | 0,4% | 0,3% | 0,3% | 01% |
| VIII – Distúrbio do sono | 38% | 29% | 23% | 04% | 06% | 33% |
| IX – Memória | 68% | 21% | 07% | 02% | 02% | 11% |
| X – Pensamento e comportamentos repetitivos | 67% | 21% | 09% | 01% | 02% | 12% |
| XI – Dissociação | 72% | 16% | 08% | 03% | 01% | 12% |
| XII – Funcionamento da personalidade | 56% | 28% | 11% | 02% | 03% | 16% |
| XIII – Uso de substância | 86% | 09% | 04% | 0,5% | 0,5% | 05% |

N = 141

Além da sensação experimentada no contato com as informações circundantes no período de pandemia, do ponto de vista clínico torna-se importante aprofundar as indicações psicopatológicas que podem emergir desta experiência. No que diz respeito aos domínios sintomatológicos, o manual DSM-5 (2003) indica que a frequência sintomatológica deve ser considerada a partir do nível leve, moderado e grave (representados na tabela 1 na coluna *pontuação*). Para a nossa análise, serão indicados os domínios sintomatológicos que apresentaram maiores índices estatísticos. A análise da tabela 1 nos indica que 41% dos entrevistados apresentaram sintomas de Ansiedade, 36% de Mania, 33% de Depressão, 33% de Distúrbio do Sono, 32% de Raiva e 31% de Sintomas Somáticos. Comparadas às pesquisas anteriores, em outros contextos socioculturais (HOLMES et al., 2020; QIU et al., 2020; WANG et al., 2020), os dados recolhidos nos indicaram sintomatologias similares ao contexto brasileiro.

A análise descritiva da sintomatologia psicológica durante o período de emergência pandêmica Covid-19 nos apresenta dados significativos para aprofundar a correlação entre a Escala Transversal de Sintomas, a EAT e o Pils (tabela 2). Especificamente, a Escala Transversal de Sintomas (DSM-5) estabelece correlação negativa com a EAT e o Pils. Isso nos indica que, quanto menor for o sentido na vida (r = -.64, p < .01) e menor for a experiência da autotranscendência (r = -.22, p < .01), maior será a possibilidade de desenvolver ou fixar-se na sintomatologia psicopatológica. Além disso, a EAT e o Pils estabelecem correlação estatística positiva entre eles (r = .44, p < .01), o que significa que a autotranscendência contribui para a descoberta ou redescoberta do sentido da vida, corroborando com a nossa hipótese de pesquisa.

Os dados estatísticos apresentados na tabela 2 nos indicam que a Escala Covid-19 apresentou correlação positiva com a Escala Transversal dos Sintomas (r = .41, p < .01) e correlação negativa com a EAT (r = -.05, p < .01) e o Pils (r = -.34, p < .01). Isso nos indica que a experiência dos entrevistados durante o período de pandemia da Covid-19 fornece dados estatísticos confiáveis para interpretar a sintomatologia psicopatológica, principalmente no que diz respeito ao sentido na vida, mas também ao fato que o período de pandemia da Covid-19 teve alguma incidência negativa sobre a percepção do sentido na vida e, em menor proporção, na maneira como as pessoas procuram autotranscender o período de crise pandêmica.

Tabela 2 – Matriz de correlação entre os instrumentos de pesquisa

| Instrumento de pesquisa | 1 | 2 | 3 | 4 |
|---|---|---|---|---|
| 1. Escala Transversal de Sintomas | 1 | | | |
| 2. EAT | -,22** | 1 | | |
| 3. Pils | -,64** | ,44** | 1 | |
| 4. Covid-19 | ,41** | -,05** | -,34** | 1 |

** p < .01

A análise da tabela 3 indica resultados correlativos significativos entre os domínios sintomatológicos, a EAT e o Pils. Entre os domínios sintomatológicos (DSM-5) mais frequentes elencados nessa pesquisa, especialmente se dá ênfase ao fato da correlação negativa entre a sintomatologia apresentada pela Escala Transversal de Sintomas e o Pils, a um nível que manteve índices símiles nos sintomas de Ansiedade (r = -.33, p < .01), do Distúrbio do sono (r = -.36, p < .01) e da Raiva (r = -.38, p < .01). Índices diferentes foram encontrados no sintoma Mania (r = -.06, p < .01), considerado baixo se comparado aos outros sintomas, e no sintoma de Depressão (r = -.51, p < .01), sendo essa a sintomatologia que apresentou índices altos de correlação negativa. Isso nos indica que, em quadros sintomatológicos depressivos, a tendência é que diminua o sentido na vida. Quando analisamos os índices correlativos entre a sintomatologia apresentada na Escala Transversal de Sintomas e o EAT se percebe correlação negativa, porém com índices diferentes daqueles constatados no Pils. Índices significativos foram constatados no domínio sintomatológico da Ansiedade (r = -.12, p < .01).

Tabela 3 – Matriz de correlação entre os domínios sintomatológicos do DSM-5 e os demais instrumentos utilizados na pesquisa

| | 1 | 2 | 3 | 4 | 5 | 6 | 7 | 8 | 9 |
|---|---|---|---|---|---|---|---|---|---|
| 1. Depressão (I) | 1 | | | | | | | | |
| 2. Raiva (II) | ,71** | 1 | | | | | | | |
| 3. Mania (III) | ,25* | ,35** | 1 | | | | | | |
| 4. Ansiedade (IV) | ,68** | ,52** | ,19* | 1 | | | | | |
| 5. Sintomas somáticos (V) | ,64** | ,55** | ,21* | ,60** | 1 | | | | |
| 6. Distúrbio do sono (VIII) | ,57** | ,55** | ,34** | ,48** | ,60** | 1 | | | |
| 7. EAT | -,0,8 | -,03 | -,01 | -,12 | ,00 | -,36** | 1 | | |
| 8. Pils | -,51** | -,38** | -,06 | -,33** | -,39** | -,36** | ,44** | 1 | |
| 9. Covid-19 | ,57** | ,56** | ,30** | ,59** | ,54** | ,44** | -,05** | -,34** | 1 |

** p < 0.01 * p < 0.05

## 4 Discussão dos resultados e conclusão

O objetivo deste capítulo é de explorar o conceito de autotranscendência como mediadora do processo psicoterapêutico. Em termos mais amplos, procurou-se saber se as ferramentas psicoterapêuticas oferecidas pela Logoterapia (sentido na vida e autotranscendência) oferecem algum tipo de orientação científica para lidar com as consequências da pandemia da Covid-19. Entre os diversos métodos logoterapêuticos, propusemos-nos analisar a possível correlação intermediadora da autotranscendência (EAT) entre a sintomatologia psicopatológica e o sentido na vida (Pils). O resultado da pesquisa tornou possível evidenciar que a hipótese estudada teve resultado satisfatório, confirmando a consistência correlativa dos instrumentos psicológicos usados na pesquisa.

A ampla literatura sobre a Logoterapia indica que a autotranscendência possibilita ao ser humano o exercício da "vontade de sentido", a qual se caracteriza especificamente pela "busca de sentido na vida" (FRANKL, 1983). Pesquisas empíricas anteriores confirmaram a estreita correlação estatística entre a EAT e o Pils (CREA, 2016; GRAMMATICO, 2018). Esse dado também foi confirmado por essa pesquisa, com uma matriz de correlação estatística significativa ($p < .01$), indicando que na autotranscendência existe uma tensão dinâmica que conduz o ser humano a buscar um sentido que está além de si mesmo.

Frankl (1978) afirmava que a dinâmica da autotranscendência voltada à realização do sentido na vida será alterada mediante a presença de uma neurose, que poderá ser psicopatológica ou existencial. Propusemo-nos analisar essa hipótese apresentada pela teoria frankliana, isto é, se diante de um quadro psicopatológico a autotranscendência poderá *dinamizar* o sentido na vida. Os dados estatísticos nos indicaram que a Escala Transversal de Sintomas estabelece correlação negativa com o Pils e a EAT; esse dado confirma a hipótese que, mediante um quadro neurótico psicopatológico, a dinâmica da autotranscendência e do sentido na vida tendem a se estabilizarem. Porém, são significativos os dados estatísticos quando mostram que, mesmo em quadros psicopatológicos, a correlação entre Pils e EAT continua a ser positiva. Isso nos indica que, em um processo psicoterapêutico, por exemplo, a autotranscendência em termos franklianos poderá ser uma ferramenta clínica de singular importância, que permite ao ser humano redefinir significados diante das experiências negativas da vida em termos existenciais, mas também em termos psicopatológicos, conforme sistematizado pelos manuais de psicopatologia (DSM).

Pesquisas anteriores baseadas em evidências empíricas, demonstraram que a falta de percepção de sentido na vida determina uma vasta gama de comportamentos psicopatológicos (CANCELLIERI et al., 2014; PACCIOLLA & MANCINI, 2010). Além disso, outras pesquisas mostraram como o sentido na vida é um fator relevante para afrontar o sofrimento e a psicopatologia (COWARD, 1994; KASS, 1996). Em outras palavras, as pesquisas propõem que diante da presença de um quadro psicopatológico temos uma diminuição do sentido na vida, ou seja, a sintomatologia psicopatológica e o sentido na vida são entendidos como realidades dicotômicas, nas quais o crescimento de uma significa a diminuição da outra. Esta pesquisa indica que, entre os sintomas psicopatológicos e o sentido na vida, tem um recurso que é da essência do ser humano: a autotranscendência. Os dados estatísticos nos indicaram que a autotranscendência converge negativamente com os sintomas psicopatológicos ($r = -.22$), mas também converge positivamente com o sentido na vida ($r = .44$). Isso nos indica que o caráter mediador da autotranscendência surge como uma alternativa ao dicotomismo psicopatologia/sentido na vida.

Diante do período pandêmico da Covid-19, esta pesquisa indicou que o ser humano é, antes de tudo, um ser situado historicamente no espaço no qual vive, em um sistema de coordenadas que dão sentido à sua existência. Considerando que a autotranscendência atua como um intermediador entre a psicopatologia e o sentido da vida, a *logo-teoria* se torna *logo-terapia* quando, além dos sintomas psicopatológicos, abre-se a Análise Existencial do sofrimento do ser humano: a psicoterapia não trata somente do patológico, mas visa um sentido que não deve ser conferido, mas encontrado (FRANKL, 2012). E encontrar não significa inventar, significa antes de tudo descobrir. Dos resultados indicados nessa pesquisa, compreende-se que "toda patologia precisa de um diagnóstico, de um *dia-gnosis*, isto é, de um olhar através de, um vislumbrar o *logos* por trás do *pathos*, para poder identificar o *significado* de cada sofrimento" (FRANKL, 2012, p. 56). O evento crítico (sintomatológico) não pode ser destacado do resto da vida, faz parte da vida do paciente. O sentido na vida, porém, estará sempre à espera de ser descoberto.

Este capítulo surgiu como um projeto piloto com objetivo de desenvolver a pesquisa empírica da relação entre a sintomatologia psicopatológica, a autotranscendência e o sentido na vida. Indicamos alguns pontos que ainda devem ser aprofundados nas próximas pesquisas: a) a hipótese precisa de confirmação estatística em uma maior amostra populacional para poder testar a correlação entre os instrumentos de pesquisa; b) aprofundar o caráter mediador da autotranscendência, principalmente em termos de psicopatologia.

# Referências

AGUIAR, A.A. *Relações entre valores, sentido de vida e bem-estar subjetivo em membros de novas comunidades católicas* [Mestrado]. Universidade Federal da Paraíba, 2011.

AMERICAN PSYCHIATRIC ASSOCIATION. *Manual diagnóstico e estatístico de transtornos mentais: DSM-5*. Artmed, 2003.

AQUINO, T. *Atitudes e intenções de cometer suicídio: seus correlatos existenciais e normativos* [Doutorado]. Universidade Federal da Paraíba, 2009.

AQUINO, T., CORREIA, A.P.M., MARQUES, A.L.C., SOUZA, C.G., ASSIS, H.C., ARAÚJO, I.F.; DIAS, P., & ARAÚJO, W.F. Atitude religiosa e sentido da vida: um estudo correlacional. *Psicologia: Ciência e Profissão*, *29*(2): 228-243, 2009.

CANCELLIERI, U., PACCIOLLA, A., & CARCIONE, A. Il significato del sintomo e il significato della vita: Interdipendenza tra senso della vita, metacognizione e resilienza. *Cognitivismo Clinico*, *11*(1): 116-133, 2014.

CLONINGER, R.; SVRAKIC, D., & PRZYBECK, T. A psychobiological model of temperament and character. *Archives of General Psychiatry*, *50*(12): 975-990, 1993. Https://doi.org/10.1001/archpsyc.1993.01820240059008

COWARD, D. Meaning and purpose in the lives of persons with AIDS. *Public Health Nursing*, *11*(5): 331-336, 1994. Https://doi.org/10.1111/j.1525-1446.1994.tb00195.x

CREA, G. The psychometric properties of the Italian translation of the Purpose in Life Scale (Pils) in Italy among a sample of Italian adults. *Mental Health, Religion & Culture*, *19*(8): 858-867, 2016. Https://doi.org/10.1080/13674676.2016.1277988

FIZZOTTI, E., & GISMONDI, A. *Il suicidio. Vuoto esistenziale e ricerca di senso*. Turim: SEI, 1991.

FRANKL, V. Self-transcendence as a human phenomenon. *Journal of Humanistic Psychology*, *6*(2): 97-106, 1966. Https://doi.org/10.1177/002216786600600201

FRANKL, V. *Teoria e terapia delle nevrosi*. Bréscia: Morcelliana, 1978.

FRANKL, V. *Das Leiden am sinnlosen Leben*. Viena: Herder, 1980.

FRANKL, V. *Un significato per l'esistenza: Psicoterapia e umanismo*. Roma: Città Nuova, 1983.

FRANKL, V. *Psicoterapia e sentido da vida: Fundamentos da Logoterapia e Análise Existencial*. São Paulo: Quadrante, 1989.

FRANKL, V. *A psicoterapia na prática*. Campinas: Papirus, 1991.

FRANKL, V. *Presença ignorada de Deus*. Petrópolis: Vozes, 1993.

FRANKL, V. *Uno psicologo nei lager*. Milão: Ares, 2005.

FRANKL, V. *Logoterapia e Análise Existencial*. Rio de Janeiro: Forense Universitária, 2012.

GRAMMATICO, S. Processo de acculturazione, social support, benessere e qualità di vita. *Ricerca di senso*, 10(2): 219-256, 2012.

GRAMMATICO, S. La scala auto trascendenza: Una validazione empirica delle proprietà psicometriche. *Ricerca di Senso*, 16(2): 103-129, 2018.

HOLMES, E. et al. Multidisciplinary research priorities for the Covid-19 pandemic: A call for action for mental health science. *The Lancet Psychiatry*, 7(6): 547-560, 2020.

JAARSMA, T., POOL, G., RANCHOR, A., & SANDERMAN, R. The concept and measurement of meaning in life in Dutch cancer patients. *Psychoncology*, 16(3): 241-248, 2007. Https://doi.org/10.1002/pon.1056

KASS, J. Coping with life-threatening illnesses using a logotherapeutic approach – Stage II: clinical mental health counseling. *International Forum for Logotherapy*, 19(2): 113-118, 1996.

KLEFTARAS, G., & PSARRA, E. Meaning in life, psychological well-being and depressive symptomatology: A comparative study. *Psychology*, 3(4): 337-345, 2012. Https://doi.org/10.4236/psych.2012.34048

NASCIMENTO, R., & DIAS, T. Teste propósito de vida: Propriedades psicométricas e evidências de validade. *Avaliação Psicológica*, 18(02): 176-182, 2019. Https://doi.org/10.15689/ap.2019.1802.15459.08

NOBRE, M. Purpose in Life Test (PIL-Test): Evidências de validade e precisão. *Revista Logos & Existência*, 5(1): 89-118, 2016.

OWENS, G., STEGER, M., WHITESELL, A., HERRERA, C. Post-traumatic stress disorder, guilt, depression, and meaning in life among military veterans. *Journal of Traumatic Stress*, 22(6): 654-657, 2009. Https://doi.org/10.1002/jts.20460

PACCIOLLA, A. Diagnosi e disagio noogeno. In *Il senso come terapia* (pp. 166-187). Milão: FrancoAngeli, 2007.

PACCIOLLA, A. *Psicologia contemporânea e Viktor Frankl* (2. ed.). São Paulo: Cidade Nova, 2020.

PACCIOLLA, A., CANCELLIERI, U., & AQUINO, T. Senso della vita, autodirezionalità e ragionamento morale. *Ricerca di Senso*, 17: 117-139, 2019.

PACCIOLLA, A., & MANCINI, F. (orgs.). *Cognitivismo esistenziale: Dal significato del sintomo al significato della vita*. Milão: FrancoAngeli, 2010.

QIU, J., SHEN, B., ZHAO, M., WANG, Z., XIE, B., & XU, Y. A nationwide survey of psychological distress among Chinese people in the Covid-19 epidemic: Implications and policy recommendations. *Gen Psych General Psychiatry*, 33(2): 100-213, 2020.

RONCO, A., & GRAMMATICO, S. Un test sull'autotrascendenza e l'autodistanziamentà. *Atualità in Logoterapia*, 2(3): 75-90, 2000.

RONCO, A., & GRAMMATICO, S. Questionario Autotrascendenza Autodistanziamento. *Orientamenti pedagogici*, 56(6): 985-1.012, 2009.

SANAGIOTTO, V. *Psicologia e formazione: La gestione della crisi nel contesto formativo* [Mestrado]. Università Pontificia Salesiana, 2019.

SANAGIOTTO, V. Crise, sofrimento e descoberta de sentido. In *O legado de Viktor Frankl: Caminhos para uma vida com sentido*. Ribeirão Preto: IECVF, 2020.

WANG, C., PAN, R., WAN, X., TAN, Y., & XU, L. Immediate psychological responses and associated factors during the initial stage of the 2019 coronavirus disease (Covid-19) epidemic among the general population in china. *International Journal of Environmental Research and Public Health*, 17(5): 17-29, 2020. Https://doi.org/10.3390/ijerph17051729

# 4
# Autotranscendência e processos psicoterapêuticos
## O *Locus of Control*

*Aureliano Pacciolla*
*Vagner Sanagiotto*

## 1 Introdução

Dentro da ampla conceitualização teórica sobre a Logoterapia, Frankl até a década de 1960, em suas palestras e escritos, atribuiu grande importância ao papel central do sentido e do significado da vida. Após a década de 1960, Frankl aborda a temática da autotranscendência de maneira mais direta e explícita como parte da essência do ser humano: "ser homem significa, de *per se* e sempre, dirigir-se e ordenar-se a algo ou a alguém: entregar-se o homem a uma obra a que se dedica, a alguém que ama, ou a Deus, a quem serve" (2001, p. 54).

Essa mudança evolutiva na teoria possibilitou ao longo do tempo desenvolver e acompanhar os pacientes em suas diversas perspectivas, que abarca os aspectos psicopatológicos, mas também os aspectos que contribuem para o crescimento do ser humano. Essas temáticas, de algum modo, estão sendo desenvolvidas nos capítulos deste livro. Neste capítulo específico, indicaremos – em nossa interpretação – os dois pontos essenciais na prática clínica. No primeiro deles, abordaremos os três fundamentos da Logoterapia tendo em vista a sua aplicação clínica. No segundo ponto nos dedicaremos á sistematização de algumas técnicas que ajudem a ativar a autotranscendência nos processos psicoterapêuticos.

## 2 Os três fundamentos da Logoterapia

A psicologia clínica trata esquematicamente da prevenção, do diagnóstico, do tratamento e do prognóstico. Toda abordagem psicoterapêutica, a causa da sua natureza epistemológica, é necessariamente clínica, já que a terapia é parte integrante do tratamento. É justo que nos questionemos se os conteúdos epistemológicos da Logoterapia oferecem uma metodologia que seja eficaz para se articular uma prática clínica.

A história das abordagens psicoterapêuticas é assinalada da busca de evidências de sua eficácia. Os *insights* de Frankl – datados já nos anos de 1930, cuja eficácia está sendo comprovadas desde o final dos anos de 1950 – mostram aplicabilidade da Logoterapia em diversas áreas da psicologia clínica. As pesquisas, algumas delas se tornaram referência histórica, questionam a teoria e a prática clínica, exigindo que sejam feitas novas pesquisas que sigam os critérios metodológicos da pesquisa científica, mas também seja fiel aos critérios epistêmicos da abordagem logoterapêutica.

Os fundamentos clínicos da Logoterapia que acreditamos serem os mais básicos são: o sentido, o significado e o prazer. Em um primeiro momento nos ocuparemos de entender as possíveis diferenças entre sentido e significado na perspectiva clínica.

### 2.1 *O sentido*

A expressão *sentido* tem sido frequentemente usada como sinônimo de *significado*[1]. Na perspectiva da aplicação clínica, sentido

---

1. Até o próprio V. Frankl, em seus escritos e traduções, o uso dos termos *sentido* e *significado* em referência à vida proporcionou uma semelhança.

e significado possuem epistemologias diversas. Para melhor entendermos a diferença, usamos como exemplo alguém que foi diagnosticado com um quadro depressivo que, ao relatar a sua experiência, diz: "minha vida não tem mais sentido". O terapeuta tem razão em responder em sintonia com a expressão do paciente, mas também é correto ter em mente que o termo significado está mais relacionado ao processo causa-efeito pelo qual tudo o que existe faz sentido, porque tudo é efeito de uma causa. Alguns sofrimentos, doenças e mortes têm um significado porque tudo é um efeito de uma causa. O sentido responde ao "porquê causal". A súplica desesperada de uma mãe "por que meu filho morreu?" pode ser seguida pela resposta "porque ele tinha câncer"; ou, "ele sofreu lesão de órgãos vitais". Explicar uma morte através do envolvimento explícito de órgãos vitais – essenciais à vida – é uma resposta ao "porquê causal". Este exemplo aplica-se a todos os eventos, mas a não aceitação da resposta do sentido causal refere-se mais a eventos negativos que, por vezes, dependem de causas inevitáveis: hereditariedade, familiaridade, acidente. O sentido de uma vida é anterior ao início da vida.

O *sentido* é inerente à existência, porque não se pode existir sem que haja, e tenha havido, um *sentido* para existir. A vida, em todas as suas formas, tem um *sentido*, independente da condição em que se viva. O que pode acontecer é que alguém (o paciente, p. ex.) pode ou não estar consciente, aceitando ou não o sentido de sua vida. Por esta razão, toda forma de vida existente – do micro-organismo ao cosmo – tem um sentido justamente porque tem uma causa como condição prévia à existência e, portanto, tudo o que existe, mesmo o mal ou a psicopatologia, tiveram predisposições para sua existência e, portanto, seu sentido é deduzido da causa. Este não é apenas um princípio filosófico, mas da prática clínica, de todas as formas de vida que crescem fisiologicamente, das patologias e psicopatologias.

Não existem sintomas inúteis ou sem nenhum sentido, porque cada sintoma tem uma função, uma causa que o levou a existir.

Muitas vezes nos sentimos mal porque não entendemos o significado dos sintomas, porém isso não quer dizer que ele não exista, na verdade está lá antes mesmo da sua manifestação. A existência (ou o aparecimento de um sintoma), começa porque tem um significado exógeno e/ou endógeno (causa, premissa, predisposição, condição prévia, tarefa, papel, função, finalidade).

O sentido – além de ser malcompreendido como conceito – também pode ser objeto de outro duplo equívoco: o racional e o justo. De fato, na linguagem comum a expressão *faz sentido* indica que algo é lógico-racional e, portanto, supõe-se que se algo é lógico-racional, então faz sentido que ele exista. Muitas coisas não têm um critério lógico-racional e ainda existem: o mal, a doença, o mal-estar etc. A expressão *faz sentido* ou, *que sentido faz*? também pode ser confundida com a categoria justiça. Por exemplo, o sofrimento ou a morte de uma pessoa inocente não faz sentido e, no entanto, acontece. Que sentido há num campo de concentração? Que sentido há na liberdade e na sobrevivência impune de um pedófilo? Obviamente todas essas coisas são injustas, mas se elas acontecem é porque existem premissas congruentes para isso. De fato, nesses casos, é uma questão de não aceitar o sentido. Em muitos casos, os pacientes entendem o sentido de uma doença, por exemplo, mas o verdadeiro problema é que eles não a aceitam. É importante ressaltar: aceitar o sentido do mal não significa aprová-lo ou compartilhá-lo.

Os pacientes que buscam o sentido de sua sintomatologia sofrem duas vezes: primeiro por causa da dor (desconforto ou disfunção) e depois porque não entendem o porquê. O sofrimento sem sentido não só aumenta como também multiplica a dor física e o sofrimento psíquico. Um exemplo disso, a dor do parto ou de uma cirurgia. A apreensão do sentido (causa, papel, tarefa, função) torna qualquer dor aceitável. A falta de significado da dor a torna intolerável e com graves consequências. Quando a dor sem sentido, aparente ou subjetiva, é persistente, ela leva ao desespero. Ao contrário, quando a dor é persistente, mas com sentido, leva ao heroísmo.

A prática clínica nos indica que os pacientes começam o processo de cura assim que sentem o sentido da dor de seus sintomas. Este princípio deverá ser levado em conta por qualquer psicoterapeuta de qualquer abordagem.

## 2.2 O significado

O *significado* da vida, ao contrário do sentido que é inato e dado pela própria existência, é algo que se atribui aos fatos e aos eventos. O *significado* que se dá à vida é parte do processo de interpretação dos eventos. A natureza da mente humana é dupla: representativa e interpretativa. Ninguém pode ficar sem interpretar e representar a realidade. O sentido da nossa vida depende de como a representamos e de como a interpretamos. Todos os processos de interpretação e representação dependem de experiências pessoais e de como elas são processadas.

O *significado* que um aspirante ao suicídio, por exemplo, dá à sua vida estará diretamente relacionado à representação e à interpretação das experiências vividas. O mesmo podemos dizer das pessoas não sintomáticas. Uma questão muito importante, do ponto de vista clínico, é entender como o significado que se dá à vida tem impacto tanto no estado de saúde e nos processos de crescimento quanto nos processos de psicopatologia.

O sentido da vida é dado, deve-se buscá-lo e aceitá-lo. O *significado* da vida deve ser atribuído e se deve criá-lo e vivê-lo. O sentido da existência de um micro-organismo ou de um ser racional e/ou irracional é pouco ou nada modificável; o *significado* da vida é mais modificável porque a forma de interpretar a realidade é plural. Se um sintoma psicológico se correlaciona com a maneira como se representa e interpreta a vida, então não se pode esperar uma mudança sintomatológica sem uma mudança no significado que se dá à vida. O problema não está apenas em aceitar a existência de um sentido, mesmo que para o mal. O problema, talvez ainda mais grave, é não encontrar um *significado* subjetivo para dar ao mal e à maldade. A fragilidade humana tem um significado e, congruentemente, até o erro culpável, que causa o sofrimento, tem um significado. Mas será esse o significado que eu devo atribuir a uma malevolência particular? Está longe de ser fácil aceitar o sentido do mal e encontrar nele um significado. Não basta aceitar o sentido de uma doença incurável, é preciso também buscar e encontrar um *significado* subjetivo para tornar a vida o mais aceitável possível. Se alguém não vê e aceita o significado da doença, maldade ou síndrome, se não encontra um significado para o que é inaceitável, então há um tremendo vazio existencial[2] que tantas vezes não deixa muitas alternativas.

## 2.3 O prazer

O prazer é como o ar, sem ele não se consegue sobreviver. O prazer determina a sobrevivência, a qualidade de vida e o crescimento fisiológico ou patológico[3]. O prazer não é um fundamento da Logoterapia, mas certamente um dos alicerces da estrutura da

---

2. Este vazio existencial (característico do que em Logoterapia chamamos de *neurose noogênica*) não deve ser confundido com o sentimento de vazio crônico característico do Transtorno de Personalidade Borderline. Também é verdade que os dois quadros clínicos podem, em muitos casos, sobrepor-se. Um critério muito relevante para o diagnóstico diferencial.

3. O crescimento fisiológico se caracteriza pela capacidade de: a) ser você mesmo (permitir que os outros sejam eles mesmos); b) ser criativo (superar os próprios limites). Esta última característica é indicada na abordagem humanístico-existencial com o termo *autotranscendência* que será considerado aqui na segunda parte sobre a hipótese do novo humanismo. Por crescimento patológico entendemos como também a patologia pode ser desenvolvida e não intervir em uma direção terapêutica implica inexoravelmente um agravamento, muitas vezes com consequências imprevisíveis.

personalidade. Na verdade, o tipo de prazer com sua finalidade e como buscá-lo, com suas consequências, determina o crescimento saudável ou psicopatológico.

O que é prazer? Do ponto de vista psicológico, o prazer é o resultado da satisfação de uma necessidade desde antes do nascimento. Assim como a necessidade insatisfeita leva ao sofrimento e à frustração, também o processo que leva à satisfação da necessidade leva a um alívio do desconforto e do prazer. O prazer começa a ser um problema psicológico quando é mal-interpretado com bem-estar: assim como o prazer me gratifica, é útil para o meu bem-estar e, portanto, para aumentar ou estabilizar o bem-estar, devo obter prazer. O problema psicológico torna-se mais sério quando o prazer, inicialmente inofensivo, é um passo em direção à dependência desse prazer: o prazer derivado da satisfação de uma necessidade torna-se uma necessidade de ser satisfeito para se ter mais prazer. Esta é a origem de todos os tipos de vícios.

A necessidade de gratificação não tem nada de anormal, exceto o contexto e a medida. Todas as ontologias de sintomas que conhecemos levam a uma redução do prazer ou são o efeito de uma distorção do prazer[4]. O prazer problemático pode ser causa e/ou efeito de um quadro clínico, mas também pode ser um dos maiores *Growth Factor* (GF) (Fator de Crescimento).

Obviamente estamos muito longe de lidar com toda a complexidade do prazer, mas aqui queremos dar apenas uma dica suficiente para orientação em psicoterapia. Por exemplo, em todas as emoções fortes, muitas vezes temos regressões. Se quisermos ter uma ideia de como um dos nossos pacientes ou qualquer um de nós chorava, se alegrava ou se assustava quando criança, basta

---

4. Neste contexto, o prazer é distorcido na medida em que: a) afasta-nos da satisfação das necessidades básicas de sobrevivência; b) afasta-nos da qualidade de nossa própria vida e social; c) aproxima-nos da possibilidade de dependência ou restrição de interesses e criatividade.

observá-lo quando ele tem essas fortes emoções na vida adulta. Isso também acontece quando se quer chorar e não chora, quer rir e não pode.

Do ponto de vista clínico, o prazer pode ser causa e/ou efeito não só de sua busca descontrolada, mas também de sua descontrolada renúncia a ele. As razões para desistir do prazer podem ser tão patogênicas quanto o vício. Toda renúncia ao prazer implica a busca de outro prazer maior do que aquele pelo qual ele é renunciado. Pense na anorexia. A renúncia ao prazer e o controle do impulso implica um prazer maior do que o da própria nutrição. O mesmo vale para a sexualidade e a agressividade. O prazer de controlar uma necessidade torna-se maior do que a satisfação dessa necessidade. Mesmo as renúncias que os místicos fazem não são renúncias de prazer, mas renúncias de gratificação em vista de gratificações subjetivamente superiores. Mesmo nos suicídios, a renúncia da vida é em vista de um estado presumivelmente superior. O mesmo vale para os pacientes com transtornos da algolagnia (sádicos e masoquistas), que também não renunciam ao prazer, mas simplesmente escolhem prazeres subjetivos que são tudo menos prazeres para os outros.

Outra complexidade da psicodinâmica do prazer pode ser observada nos vícios, nos quais o prazer está fortemente presente nos estágios iniciais, mas ausente nos estados crônicos. Por exemplo, os dependentes, seja por álcool ou outras drogas, não sentem prazer com a substância, mas a tomam pela necessidade que, uma vez satisfeita, não dá mais prazer como na fase inicial. Também em outros vícios, como jogo, pornografia, internet, uma vez que o vício se desenvolveu, não há mais prazer como diversão, mas apenas uma necessidade de prazer que permanece insatisfeita e deixa uma sensação de vazio e raiva frustrante.

Muitos de nossos pacientes caem no equívoco do prazer relacionado aos sintomas em termos de vanglória. Muitas vezes eles escolhem, inconscientemente, o sintoma, acreditando que encontram prazer, ou um mal menor, ou ainda uma vantagem e, ao invés disso, sentem-se cada vez mais frustrados. Eles querem sair do círculo vicioso, mas é como se não tivessem alternativa melhor.

Diante disso, podemos nos perguntar: quais são os critérios da Logoterapia desenvolvida por Frankl que ajudam na gestão do prazer na psicoterapia? Mais uma vez temos que lembrar que Frankl foi o primeiro cognitivista; na verdade, tudo o que foi proposto mais tarde pelos cognitivistas nada mais é do que a continuação evolutiva de seus princípios, e por isso temos que delinear a psicopatologia geral para saber onde e como intervir. Todos os sintomas têm o seu próprio sentido derivado: a) predisposições (incluindo as genéticas e as herdadas); b) fatores agravantes (primeiro os fatores familiares e depois os socioambientais); c) fatores precipitantes (traumas ou situações estressantes repetidas); d) reforços (vantagens secundárias e intervenções iatrogênicas); e) automatismo (dinâmica que tende a se tornar crônica).

A menos que se trabalhe especificamente na prevenção e diagnóstico precoce, a maioria dos pacientes chega após um evento precipitante ou após a sintomatologia ter tido muitos reforços. É compreensível como a complexidade de uma intervenção psicoterapêutica aumenta com a hiperestruturação do sintoma até a configuração egossintética, para chegar à situação em que o paciente precisa do sintoma, mesmo que ele nos peça ajuda. É fácil ver como, em todos os níveis do processo psicopatológico, a percepção do prazer e a qualidade de vida decrescem.

A Logoterapia não exclui o condicionamento genético e socioambiental a partir da família. A liberdade do paciente, como a de todos, talvez seja mais limitada do que podemos imaginar, mas nunca é tão limitada a ponto de excluir completamente a responsabilidade. Obviamente ninguém pode ser culpado por sua herança genética, mas o terapeuta pode ajudar a ter consciência da atitude pessoal diante de um evento negativo e inelutável, como uma predisposição patológica da herança genética. O terapeuta deve transmitir sua confiança em uma mudança de atitude do sistema sociofamiliar e de saúde, no qual o paciente vive diante de uma situação que não pode mudar. O terapeuta deve transmitir ao paciente sua expectativa de que o próprio paciente também possa mudar sua atitude. Não escolhemos a condição genética herdada e não temos a liberdade de modificá-la, mas podemos escolher a atitude com a qual enfrentamos nosso condicionamento.

Um ponto crítico é fazer o paciente tomar consciência sem culpá-lo e, onde pode ser possível intervir por mudanças aparentemente impossíveis. Lembremos que uma ilusão pode levar a uma decepção dramática, com consequências na atitude geral do paciente.

A Logoterapia também inclui intervenção farmacológica e comportamental, mas sempre dentro da liberdade-responsabilidade, caso contrário o medicamento e o treinamento comportamental por si sós podem se tornar patologias com senso de responsabilidade. A fuga da responsabilidade pode destacar as dependências do prazer da liberdade-responsabilidade. Mais uma vez, a busca do prazer pode ser mal-interpretada com a busca do bem-estar: para me sentir bem eu preciso do prazer das recompensas. Como o dever e a responsabilidade limitam o prazer, então para meu próprio bem-estar busco mais gratificação, a fim de aumentar o prazer e assim o bem-estar. Desta forma, você vive para buscar cada vez mais gratificação para melhorar a qualidade de sua vida.

Para a Logoterapia é impensável modificar a estrutura dos sintomas com estas características sem reinterpretar a realidade e o sentido da própria vida. Por esta razão Frankl foi o primeiro cognitivista, e é aqui que se funda o cognitivismo existencial e se diferencia do cognitivismo comportamental. Continuar buscando o seu próprio prazer para ter mais gratificação para si, a fim de melhorar a qualidade de sua vida, leva inevitavelmente a reforçar os sintomas, apesar dos medicamentos e do treinamento comportamental. Neste contexto, não se trata nem mesmo de processos cognitivos individuais disfuncionais que precisam ser refutados ou corrigidos.

Uma reinterpretação da própria existência parte da possibilidade ou hipótese de viver não apenas para si mesmo, mas para o bem-estar dos outros, para uma coisa civil ou social, para um propósito que não é apenas a minha autorrealização. Definir a própria vida como uma oportunidade de trazer uma tarefa ou uma missão, um projeto pró-social ou algo útil aos outros.

Seguros de que todos os clínicos puderam experimentar quantos pacientes concordaram em considerar a possibilidade concreta de cuidar dos outros, cuidar do bem-estar dos outros, renunciar ao seu próprio prazer ou sacrificar-se por algo além de si mesmos, esses pacientes também observaram melhorias tanto sintomáticas quanto gerais. Em tudo isso não há nada de trágico ou milagroso. O autodistanciamento do sintoma é terapêutico. Na Logoterapia isto é chamado de autotranscendência e, a partir deste princípio ativo terapêutico, mil outras maneiras e formas de especificar as várias técnicas derivadas. No entanto, todas as técnicas cognitivistas seriam mais eficazes se acompanhadas por uma referência ao sentido da vida.

Não basta dizer que um *por quê* viver aceita qualquer *como* viver. É importante que o *por quê* viver seja pró-social e não egocêntrico. Quem tem um *por quê* pró-social para viver, também tem um *por quê* para sofrer e, se necessário, um *por quê* para morrer. Estas também poderiam ser as premissas para uma psicologia do prazer.

## 3 Autotranscendência e processos terapêuticos

Outro elemento central da Logoterapia – além do sentido da vida (de qualquer natureza) e além do significado que é dado à vida (a própria e a dos outros) – é a autotranscendência. Ao longo deste livro a autotranscendência será explicada nos menores detalhes. Neste capítulo, queremos antecipar uma das muitas possibilidades de torná-la consciente ao paciente, como um fator de modulação dos processos terapêuticos, não para substituir outros métodos, mas como um processo mais interativo entre o psicoterapeuta e o paciente.

Uma das perguntas que muitas vezes os psicoterapeutas se fazem é a seguinte: Qual é o princípio ativo de minha abordagem que torna minha psicoterapia eficaz? Além da relação terapêutica (como afirmou Frankl), o que mais poderia garantir uma mudança terapêutica? Poderíamos responder a essas perguntas com uma única palavra: a consciência. Essa terminologia, em muitas línguas, tem pelo menos dois significados: a) a consciência como percepção no sentido de realizar algo; b) a consciência moral como *órgão* de significado.

Os logoterapeutas abordam a consciência principalmente como cognição, aplicando o processo maiêutico segundo o qual as respostas para nos sentirmos melhor já estão em nós mesmos. Mas às vezes precisamos de ajuda para "dar à luz" (maiêutica socrática) a nossa verdade; isto é, trazer a um nível de consciência mais lúcido para torná-lo parte do processo de tomada de decisão.

Somente com o pedido do paciente o logoterapeuta pode lidar com uma parte da consciência moral como um órgão de significado. Quando os pacientes pedem ajuda com uma questão moral, os logoterapeutas não dão uma resposta (que sempre permanece uma escolha responsável do paciente), mas apenas ajudam no processo de atribuição de significados, a fim de tornar o significado da escolha mais congruente com os rumos que pretende dar à sua vida. A outra parte da consciência moral, a parte maior, é deixada para o sujeito ou para a relação terapeuta/cliente[5].

---

5. A distinção de consciência como consciência e consciência moral é útil e necessária no contexto clínico. Na realidade ontológica, essas duas realidades são uma com uma forte continuidade entre elas. Na verdade, a consciência (como percepção) também implica o conhecimento de si mesmo (quem eu sou, o que quero me tornar e como funciono) e da realidade externa a si mesmo. O conhecimento e a consciência de saber são a base da decisão moral livre e responsável.

## 3.1 Primeira ferramenta para aumentar a conscientização: automonitoramento

Se a consciência cura, como aumentar o nível de consciência ou a percepção do problema? Na psicoterapia, o princípio do monitoramento é uma estratégia útil para elevar o nível de consciência, e é justamente por isso que o chamamos "dever de casa". É engano acreditar que as palavras ditas durante as sessões de psicoterapia são suficientes para fazer as mudanças necessárias na condição vivida pelo paciente. Hoje, é crença comum entre quase todos os psicoterapeutas que, diante dos problemas psicológicos, a consciência (como percepção) deve ser sempre mais elevada (e, portanto, clinicamente mais eficaz) se for considerada de acordo com seus próprios níveis.

De fato, o nível zero poderia ser aquele produzido pelo processo de remoção. O nível um de conscientização é aquele que sabe que tem um problema, mas não quer pensar sobre ele. É o caso daquele paciente que evita refletir sobre determinado problema justamente porque o faz se sentir mal. A consequência é que ele ficará pior quando for forçado a enfrentar esse pensamento. O nível dois da conscientização se caracteriza por aquela pessoa que encara o problema pensando sobre ele e refletindo em busca de uma solução. O nível três da conscientização é o que tira o problema da mente e o compartilha com os outros (melhor se for com um especialista). O desenvolvimento de habilidades metacognitivas resultantes desse compartilhamento aumenta as chances de se ver uma solução. O nível quatro da conscientização é alcançado por quem, além dos níveis anteriores, também consegue anotar seus pensamentos e as indicações do terapeuta sobre seu problema. O nível cinco da conscientização envolve uma releitura pessoal e compartilhada com o terapeuta, enriquecida por elaborações escritas a serem incluídas nas tarefas para serem feitas em casa.

Esse monitoramento aumenta tanto a consciência do problema quanto a perspectiva de uma solução, principalmente quando passa da modalidade mental-verbal para a modalidade mental-escrita[6]. O monitoramento mental-verbal-gráfico auxilia na representação de um problema que passa do abstrato, sem contornos e muitas vezes confuso, para uma percepção mais concreta e, portanto, mais compreensível do mesmo problema. Na verdade, todos nós preferimos lidar com um problema concreto e definível ao invés de um problema quase invisível e abstrato.

Agora, a questão é: como aplicar tudo isso na psicoterapia? Já na primeira ou segunda sessão, o paciente poderia ser convidado a manter um caderno reservado apenas para a psicoterapia, com a sugestão de escrever apenas duas frases por dia: uma para indicar "quando me senti bem e posso dizer que estou feliz comigo mesmo" e a outra frase para indicar o contrário, "quando eu não me senti bem e posso dizer que *não* estou feliz comigo".

Este primeiro exercício de automonitoramento pode durar de três a quatro semanas (prevendo uma cadência semanal), mas já após a primeira semana a dimensão emocional também pode ser adicionada ao monitoramento, que podemos sintetizar na seguinte pergunta: "como me senti quando me senti bem ou quando me senti mal comigo mesmo?"

Antes da segunda estratégia de monitoramento, ou seja, anotar os sentimentos, é necessário apresentar e discutir com o paciente o possível mal-entendido que possa surgir entre *o que ele gosta* e *o que faz bem*. É necessário ter certeza de que o paciente compreende que todos podem cair nesse mal-entendido, sendo fundamental aprender a distinguir o que *gosto* daquilo que *faz bem*. Na verdade, nem tudo o que gostamos é bom para nós e nem tudo que nos faz sentir bem, gostamos. O que realmente nos faz bem é o que nos faz crescer, quer gostemos ou não.

---

6. Tanto do ponto de vista ontogenético quanto filogenético, as crianças que aprenderam a escrever podem aprender e se expressar muito melhor. Igualmente para a evolução das espécies. A invenção da escrita tornou possível desenvolver muito mais a consciência pessoal e social. Escrever e escrever aumentam as possibilidades de aprendizagem e de comunicação dos processos de resolução de problemas.

Uma vez que esse possível mal-entendido seja esclarecido, o terapeuta deve dar alguns exemplos e depois perguntar ao paciente outros exemplos relacionados à sua vida. Feito isso, um segundo monitoramento é proposto: a cada dia descreva resumidamente pelo menos dois episódios, um quando fez algo agradável, mas que não foi bom (porque não ajudou a crescer) e outro episódio para descrever quando conseguiu fazer algo de bom (ou útil para o seu crescimento), mas que não foi agradável.

Este exercício de monitoramento pode durar cerca de 3-4 semanas, sendo que após a primeira semana já se aconselha pedir ao paciente para descrever os sentimentos: "como você se sentiu depois de fazer o que gostou, mas não o fez bem? Como você se sentiu quando conseguiu fazer uma coisa boa (útil para o seu crescimento), mesmo não gostando?"

Ambos os automonitoramentos terão de fazer parte do conhecimento comum e tanto o psicoterapeuta quanto o paciente poderão tomar a iniciativa de comentá-los para aumentar a consciência da resistência à mudança. Para não perder tempo durante as sessões lendo todo o conteúdo desses dois monitores, o terapeuta também pode fazer com que as informações escritas sejam enviadas por e-mail.

## 3.2 Segunda ferramenta para aumentar a conscientização: o Locus of Control[7].

O LOC (*Locus of Control*) é um processo interpretativo usado para identificar a atribuição causal dos eventos. Trata-se de verificar se a causa dos eventos positivos (ou sucessos) e negativos (ou fracassos) é atribuída: a) a um fator interno ou externo à pessoa; b) se é específico a determinada situação ou a todas as situações em geral; c) se é estável ou passageiro; d) se é percebida sob controle ou fora de seu controle.

---

7. Entre as tantas possibilidades de aplicação no contexto clínico, indicamos na psicoterapia para pré-adolescentes, conforme o capítulo 9.

Por exemplo, se um sucesso de um esportista é atribuído ao comprometimento e às suas habilidades, então o LOC deste evento positivo será interno a si mesmo; se, por exemplo, o fracasso escolar de um aluno é atribuído ao professor ou à falta de ajuda de outras pessoas, então esse evento negativo terá um LOC externo a si mesmo. De um modo geral, o LOC interno predispõe mais ao crescimento e o LOC externo predispõe mais à baixa autoestima. A mesma interpretação serve para as outras variáveis do LOC: específicas ou generalizadas; estável ou temporário; sob ou fora de seu controle.

Os estudos sobre o LOC têm se desenvolvido nos últimos anos, e as pesquisas[8] têm indicado que atribuir significados aos eventos causais ajuda a indicar as predisposições a psicopatologias ou até mesmo à identificação de uma patologia mental já instalada. Esses dados levantados pela pesquisa são significativos porque o LOC imediatamente despertou grande interesse dos psicólogos clínicos (LEFCOURT, 1973; LERNER & MILLER, 1978). Porém, foi nos anos de 1980 e de 1990 que houve uma difusão massiva de pesquisas relacionadas ao assunto (BREWIN, 1985; SWEENEY et al., 1986), sendo aplicadas em várias áreas do conhecimento (psicoterapia, escola, esporte, saúde, religiosidade, cotidiano etc.), mostrando que o LOC indica o *Growth Farctor* (GF) presente em cada um.

Portanto, com o aumento das pesquisas e os resultados encontrados, o LOC se estabeleceu entre os psicoterapeutas, principalmente na aceitação que a atribuição pessoal de significados (o resultado de uma interpretação subjetiva) é a base de nosso bem-estar ou mal-estar. Dar sentido à realidade (seja ela qual for) pode determinar a qualidade de vida. Os significados que podemos dar as nossas experiências podem ser avaliados sob a perspectiva dos critérios do LOC, como vemos esquematicamente resumido no

---

8. O primeiro a se dedicar à pesquisa sobre o LOC foi Heider (1958); Ratter (1966) identificou e distinguiu o LOC estável e o instável ao longo do tempo. Finalmente, o próprio Weiner adicionou a variável causal do LOC como global ou específica, controlável ou incontrolável.

quadro 1, aplicado à aprendizagem escolar, podendo ser aplicado a outros contextos de nossa vida pessoal e social, incluindo áreas de intimidade, como religiosidade e vida afetiva.

Quadro 1 – Exemplo LOC aplicado esquematicamente à escola

| LOC →<br>↓ | Locus atributivo |||| 
|---|---|---|---|---|
| | Interno || Externo ||
| | Estável | Instável | Estável | Instável |
| Global<br>(é assim para todos e para sempre) | Não sou inteligente | Estava exausto | Os exames são difíceis para todos | Foi um dia difícil para todos |
| Específica<br>(é assim somente para mim e somente nesta situação) | Não me dou bem com a matemática | Estava saturado de matemática | A prova de matemática é difícil | Desta vez a prova é difícil para todos |

É estranho que os critérios do LOC tenham sido aplicados em muitas áreas, mas não no contexto da psicologia existencial. Sabemos que o bem-estar, assim como o sucesso acadêmico, esportivo e profissional, é caracterizado por um LOC predominantemente interno. Usado na psicoterapia, poderia ajudar a superar vários problemas, visto que é muito importante ajudar o paciente a mudar seu LOC do externo para o interno. Infelizmente não temos pesquisas semelhantes a respeito das correlações entre LOC e a atitude existencial.

Neste contexto, queremos individuar como os critérios do LOC podem ser aplicados: a) aos temas existenciais (o sentido da vida, da morte, do sofrimento e do quotidiano); b) ao funcionamento da personalidade como proposto pelo DSM-5 (identidade, autodireção, empatia e intimidade) (APA, 2003). Queremos propor uma ferramenta psicoterapêutica para ajudar o logoterapeuta a observar a atitude existencial segundo os critérios do LOC: interno ou externo. Em outras palavras, trata-se de observar a que se atribui a causa da orientação existencial. Uma boa orientação existencial – caracterizada por uma clareza de sentido e propósito de vida – é atribuída à hereditariedade, à ajuda de outros, à sorte (LOC externo) ou é atribuído à falta de habilidades e capacidades pessoais, ao pouco esforço individual (LOC interno)?

*Locus of Control Existencial* (LOC-E)9: a percepção da existência

O primeiro instrumento que apresentamos, o LOC-E (*Locus of Control Existential*), pode ajudar o logoterapeuta a responder a perguntas tais como: a vida é percebida como pouco significativa devido à falta de comprometimento pessoal ou devido à falta de habilidade? (LOC-E interno). A vida que é percebida como insignificante é devido à falta de sorte ou à pouca ajuda recebida dos outros? (LOC-E externo). Ou ao contrário, a vida que é percebida com significado é devido à força de vontade, ao compromisso, às habilidades e às competências pessoais específicas (LOC-E interno) ou é, por acaso, por ajuda de terceiros ou por fatores hereditários? (LOC-E externo). Saber o quanto em um paciente seu LOC-E é interno ou externo ajuda a ter um direcionamento na psicoterapia. Os pontos de crescimento podem emergir mais claramente, principalmente onde o LOC-E externo terá que ser gradualmente internalizado.

O questionário que apresentamos em seguida ainda está sendo usado com caráter experimental. Os itens do questionário consideram as cinco áreas da existência humana, através das quais atribuímos sentido e significado aos eventos e as suas causas: o sentido da vida, a morte, o sofrimento, a culpa e o cotidiano. O questionário é composto por 10 itens, sendo 5 sobre sentido e significado (indicados com a letra A) e outros 5 sobre falta (ou pouco) sentido e significado (indicados com a letra B). Cada um dos 10 itens tem cinco possíveis respostas (2 LOC interno [IN], 2 LOC externo [ES] e 1 Outro).

---

9. Para maiores informações sobre a aplicabilidade e correção do LOC-E, assim como orientações para pesquisas, contatar os autores.

*Indicações*: Neste questionário você tem a oportunidade de expressar a sua opinião sobre a causa das atitudes e das opiniões que algumas pessoas têm.

*Como responder*: Para cada questão, você é convidado a dar sua opinião escrevendo (*na coluna N*), na ordem que você é mais de acordo: entre as quatro opções, com o número 1 a mais importante, com o número 2 a menos importante. As outras duas opções, deixe em branco. Na opção e (outro) você podera escrever uma outra motivação que representaria melhor a sua opinião.

| Atitudes e opiniões | Causa ou motivo | N |
|---|---|---|
| 1. (A) **Algumas pessoas** têm problemas (às vezes graves) e, no entanto, acreditam que a vida tem sempre um sentido e que vale a pena ser vivida. **Na sua opinião**, essas pessoas têm essa atitude graças... | a) ao seu esforço e empenho | |
| | b) ao desenvolvimento de alguma sensibilidade | |
| | c) à fatalidade ou ao destino | |
| | d) a um fator genético ou à predisposição | |
| | e) outro: | |
| 2. (A) **Algumas pessoas** estão desesperadas pela perda de um ou mais entes queridos e, no entanto, não cedem a tendências autoagressivas (ou suicidas) e, mais cedo ou mais tarde, encontram o sentido de suas vidas. **Na sua opinião**, essas pessoas têm essa atitude graças... | a) ao seu esforço e empenho | |
| | b) ao desenvolvimento de alguma sensibilidade | |
| | c) à fatalidade ou ao destino | |
| | d) a um fator genético ou à predisposição | |
| | e) outro: | |
| 3. (A) **Algumas pessoas** sofrem muito e, no entanto, estão confiantes de que seu sofrimento também faz sentido. **Na sua opinião**, essas pessoas têm essa atitude graças... | a) ao seu esforço e empenho | |
| | b) ao desenvolvimento de alguma sensibilidade | |
| | c) à fatalidade ou ao destino | |
| | d) a um fator genético ou à predisposição | |
| | e) outro: | |
| 4. (A) **Algumas pessoas** acreditam que é justo que quem comete crimes graves seja punido. No entanto, eles mantêm sua dignidade humana e não é justa a pena de morte. **Na sua opinião**, essas pessoas têm essa atitude graças... | a) ao seu esforço e empenho | |
| | b) ao desenvolvimento de alguma sensibilidade | |
| | c) à fatalidade ou ao destino | |
| | d) a um fator genético ou à predisposição | |
| | e) outro: | |
| 5. (A) **Algumas pessoas** vivem uma vida caracterizada pelo tédio e a monotonia e, ainda assim, sentem que a vida continua a ter sentido. **Na sua opinião**, essas pessoas têm essa atitude graças... | a) ao seu esforço e empenho | |
| | b) ao desenvolvimento de alguma sensibilidade | |
| | c) à fatalidade ou ao destino | |
| | d) a um fator genético ou à predisposição | |
| | e) outro: | |

| | |
|---|---|
| 1. **(B) Algumas pessoas** acreditam que sua vida não tem sentido (ou quase) e não vale a pena sofrer tanto.<br>**Na sua opinião**, a atitude dessas pessoas se deve... | a) ao pouco esforço ou empenho |
| | b) a pouca sensibilidade |
| | c) à fatalidade ou ao destino |
| | d) a um fator genético ou à predisposição |
| | e) outro: |
| 2. **(B) Algumas pessoas** pensam que mais cedo ou mais tarde todos teremos que morrer e, portanto, não faz sentido pensar muito nisso.<br>**Na sua opinião**, a atitude dessas pessoas se deve... | a) ao seu esforço e empenho |
| | b) ao desenvolvimento de alguma sensibilidade |
| | c) à fatalidade ou ao destino |
| | d) a um fator genético ou à predisposição |
| | e) outro: |
| 3. **(B) Algumas pessoas** acreditam que o sofrimento (próprio e dos outros) não faz sentido, a menos que seja estritamente necessário. Portanto, a eutanásia e outros pequenos sacrifícios são ilegítimos.<br>**Na sua opinião**, essas pessoas têm essa atitude graças... | a) ao seu esforço e empenho |
| | b) ao desenvolvimento de alguma sensibilidade |
| | c) à fatalidade ou ao destino |
| | d) a um fator genético ou à predisposição |
| | e) outro: |
| 4. **(B) Algumas pessoas** acreditam que existem pecados imperdoáveis que tiram o direito e a dignidade de viver.<br>**Na sua opinião**, essa atitude dessas pessoas se deve... | a) ao seu esforço e empenho |
| | b) ao desenvolvimento de alguma sensibilidade |
| | c) à fatalidade ou ao destino |
| | d) a um fator genético ou à predisposição |
| | e) outro: |
| 5. **(B) Algumas pessoas** enfrentam o tédio cotidiano com atitude de intolerância e sempre precisam de novas emoções e sensações.<br>**Na sua opinião**, essa atitude dessas pessoas se deve a... | a) ao seu esforço e empenho |
| | b) ao desenvolvimento de alguma sensibilidade |
| | c) à fatalidade ou ao destino |
| | d) a um fator genético ou à predisposição |
| | e) outro: |

*Locus of Control Functioning* (LOC-F): o funcionamento da personalidade

O segundo instrumento que propomos é o *Locus of Control – Functioning* (LOC-F), que tem como base o Funcionamento da Personalidade (Identidade = ID, Autodirecionamento = AD, Empatia = EM e Intimidade = IN) segundo os critérios do DSM-5

(American Psychiatric Association, 2003, p. 770). O LOC-F é composto por 24 itens, dos quais 12 itens indicam o bom funcionamento da personalidade (funcionamento A) e 12 itens para indicar um primeiro nível de prejuízo no funcionamento da personalidade (funcionamento B). A modalidade de resposta e pontuação segue os critérios do questionário LOC-E.

| Funcionamento A | Causa ou motivo | N |
|---|---|---|
| 1) Uma pessoa com estas características: "Tem consciência contínua de um *self* único; mantém fronteiras apropriadas ao papel". Para você, isto é devido a que causa ou a qual motivo? | a) a pouca vontade e empenho | |
| | b) a pouca sensibilidade pessoal | |
| | c) ao fato ou ao destino | |
| | d) ao fator genético ou à predestinação | |
| | e) outro: | |
| 2) Uma pessoa com estas características: "Tem autoestima positiva consistente e autorregulada, com autoapreciação precisa". Para você, isto é devido a que causa ou a qual motivo? | a) a pouca vontade e empenho | |
| | b) a pouca sensibilidade pessoal | |
| | c) ao fato ou ao destino | |
| | d) ao fator genético ou à predestinação | |
| | e) outro: | |
| 3) Uma pessoa com estas características: "É capaz de experimentar, tolerar e regular toda uma gama de emoções". Para você, isto é devido a que causa ou a qual motivo? | a) a pouca vontade e empenho | |
| | b) a pouca sensibilidade pessoal | |
| | c) ao fato ou ao destino | |
| | d) ao fator genético ou à predestinação | |
| | e) outro: | |
| 4) Uma pessoa com estas características: "Define e aspira a objetivos razoáveis baseados em uma avaliação realista das capacidades pessoais". Para você, isto é devido a que causa ou a qual motivo? | a) a pouca vontade e empenho | |
| | b) a pouca sensibilidade pessoal | |
| | c) ao fato ou ao destino | |
| | d) ao fator genético ou à predestinação | |
| | e) outro: | |
| 5) Uma pessoa com estas características: "Utiliza padrões de comportamento apropriados, alcançando satisfação em múltiplas esferas". Para você, isto é devido a que causa ou a qual motivo? | a) a pouca vontade e empenho | |
| | b) a pouca sensibilidade pessoal | |
| | c) ao fato ou ao destino | |
| | d) ao fator genético ou à predestinação | |
| | e) outro: | |

| | |
|---|---|
| 6) Uma pessoa com estas características: "Consegue refletir sobre e dar um significado construtivo à experiência interna". Para você, isto é devido a que causa ou a qual motivo? | a) a pouca vontade e empenho |
| | b) a pouca sensibilidade pessoal |
| | c) ao fato ou ao destino |
| | d) ao fator genético ou à predestinação |
| | e) outro: |
| 7) Uma pessoa com estas características: "É capaz de entender corretamente as experiências e motivações das outras pessoas na maioria das situações". Para você, isto é devido a que causa ou a qual motivo? | a) a pouca vontade e empenho |
| | b) a pouca sensibilidade pessoal |
| | c) ao fato ou ao destino |
| | d) ao fator genético ou à predestinação |
| | e) outro: |
| 8) Uma pessoa com estas características: "Compreende e leva em consideração as perspectivas das outras pessoas, mesmo que discorde". Para você, isto é devido a que causa ou a qual motivo? | a) a pouca vontade e empenho |
| | b) a pouca sensibilidade pessoal |
| | c) ao fato ou ao destino |
| | d) ao fator genético ou à predestinação |
| | e) outro: |
| 9) Uma pessoa com estas características: "Está consciente do efeito das próprias ações sobre os outros". Para você, isto é devido a que causa ou a qual motivo? | a) a pouca vontade e empenho |
| | b) a pouca sensibilidade pessoal |
| | c) ao fato ou ao destino |
| | d) ao fator genético ou à predestinação |
| | e) outro: |
| 10) Uma pessoa com estas características: "Mantém múltiplos relacionamentos satisfatórios e duradouros na vida pessoal e comunitária". Para você, isto é devido a que causa ou a qual motivo? | a) a pouca vontade e empenho |
| | b) a pouca sensibilidade pessoal |
| | c) ao fato ou ao destino |
| | d) ao fator genético ou à predestinação |
| | e) outro: |
| 11) Uma pessoa com estas características: "Deseja e envolve-se em inúmeros relacionamentos afetivos, íntimos e recíprocos". Para você, isto é devido a que causa ou a qual motivo? | a) a pouca vontade e empenho |
| | b) a pouca sensibilidade pessoal |
| | c) ao fato ou ao destino |
| | d) ao fator genético ou à predestinação |
| | e) outro: |
| 12) Uma pessoa com estas características: "Esforça-se pela cooperação e benefícios mútuos e responde com flexibilidade a uma variedade de ideias, emoções e comportamentos das outras pessoas". Para você, isto é devido a que causa ou a qual motivo? | a) a pouca vontade e empenho |
| | b) a pouca sensibilidade pessoal |
| | c) ao fato ou ao destino |
| | d) ao fator genético ou à predestinação |
| | e) outro: |

| Funcionamento B | Causa ou motivo | N |
|---|---|---|
| 13) Uma pessoa com estas características: "Tem percepção de si mesmo relativamente intacta, com algum decréscimo na clareza das fronteiras quando são experimentadas fortes emoções e sofrimento mental". Para você, isto é devido a que causa ou a qual motivo? | a) à vontade e ao compromisso de alguém | |
| | b) ao desenvolvimento de algumas sensibilidades | |
| | c) ao fato ou ao destino | |
| | d) ao fator genético ou à predestinação | |
| | e) outro: | |
| 14) Uma pessoa com estas características: "Autoestima diminuída ocasionalmente, com autoapreciação excessivamente crítica ou um tanto distorcida". Para você, isto é devido a que causa ou a qual motivo? | a) à vontade e ao compromisso de alguém | |
| | b) ao desenvolvimento de algumas sensibilidades | |
| | c) ao fato ou ao destino | |
| | d) ao fator genético ou à predestinação | |
| | e) outro: | |
| 15) Uma pessoa com estas características: "Emoções fortes podem ser angustiantes, associadas à restrição na variação da experiência emocional". Para você, isto é devido a que causa ou a qual motivo? | a) à vontade e ao compromisso de alguém | |
| | b) ao desenvolvimento de algumas sensibilidades | |
| | c) ao fato ou ao destino | |
| | d) ao fator genético ou à predestinação | |
| | e) outro: | |
| 16) Uma pessoa com estas características: "É excessivamente direcionada para os objetivos, um pouco inibida quanto aos objetivos ou conflituada quanto aos objetivos". Para você, isto é devido a que causa ou a qual motivo? | a) à vontade e ao compromisso de alguém | |
| | b) ao desenvolvimento de algumas sensibilidades | |
| | c) ao fato ou ao destino | |
| | d) ao fator genético ou à predestinação | |
| | e) outro: | |
| 17) Uma pessoa com estas características: "Pode ter um conjunto de padrões pessoais irrealistas ou socialmente inapropriados, limitando alguns aspectos da satisfação". Para você, isto é devido a que causa ou a qual motivo? | a) à vontade e ao compromisso de alguém | |
| | b) ao desenvolvimento de algumas sensibilidades | |
| | c) ao fato ou ao destino | |
| | d) ao fator genético ou à predestinação | |
| | e) outro: | |
| 18) Uma pessoa com estas características: "É capaz de refletir sobre experiências internas, mas pode enfatizar excessivamente um único tipo de autoconhecimento (p. ex., intelectual, emocional)". Para você, isto é devido a que causa ou a qual motivo? | a) à vontade e ao compromisso de alguém | |
| | b) ao desenvolvimento de algumas sensibilidades | |
| | c) ao fato ou ao destino | |
| | d) ao fator genético ou à predestinação | |
| | e) outro: | |

| | |
|---|---|
| 19) Uma pessoa com estas características: "Apresenta certo comprometimento da capacidade de levar em consideração e compreender as experiências das outras pessoas; pode tender a ver os outros como tendo expectativas irracionais ou um desejo de controle". Para você, isto é devido a que causa ou a qual motivo? | a) à vontade e ao compromisso de alguém |
| | b) ao desenvolvimento de algumas sensibilidades |
| | c) ao fato ou ao destino |
| | d) ao fator genético ou à predestinação |
| | e) outro: |
| 20) Uma pessoa com estas características: "Embora capaz de considerar e compreender diferentes perspectivas, resiste em fazer isso". Para você, isto é devido a que causa ou a qual motivo? | a) à vontade e ao compromisso de alguém |
| | b) ao desenvolvimento de algumas sensibilidades |
| | c) ao fato ou ao destino |
| | d) ao fator genético ou à predestinação |
| | e) outro: |
| 21) Uma pessoa com estas características: "Tem consciência inconsistente do efeito do próprio comportamento nos outros". Para você, isto é devido a que causa ou a qual motivo? | a) à vontade e ao compromisso de alguém |
| | b) ao desenvolvimento de algumas sensibilidades |
| | c) ao fato ou ao destino |
| | d) ao fator genético ou à predestinação |
| | e) outro: |
| 22) Uma pessoa com estas características: "É capaz de estabelecer relacionamentos duradouros na vida pessoal e comunitária, com algumas limitações no grau de profundidade e satisfação". Para você, isto é devido a que causa ou a qual motivo? | a) à vontade e ao compromisso de alguém |
| | b) ao desenvolvimento de algumas sensibilidades |
| | c) ao fato ou ao destino |
| | d) ao fator genético ou à predestinação |
| | e) outro: |
| 23) Uma pessoa com estas características: "É capaz de formar e deseja formar relacionamentos íntimos e recíprocos, mas pode ser inibido na expressão significativa e por vezes restrito se surgem emoções intensas ou conflitos". Para você, isto é devido a que causa ou a qual motivo? | a) à vontade e ao compromisso de alguém |
| | b) ao desenvolvimento de algumas sensibilidades |
| | c) ao fato ou ao destino |
| | d) ao fator genético ou à predestinação |
| | e) outro: |
| 24) Uma pessoa com estas características: "A cooperação pode ser inibida por padrões irrealistas; um pouco limitado na capacidade de respeitar ou responder às ideias, às emoções e aos comportamentos das outras pessoas". Para você, isto é devido a que causa ou a qual motivo? | a) à vontade e ao compromisso de alguém |
| | b) ao desenvolvimento de algumas sensibilidades |
| | c) ao fato ou ao destino |
| | d) ao fator genético ou à predestinação |
| | e) outro: |

| Funcionamento de personalidade A (1-12) ||| Funcionamento de personalidade B (13-24) |||
|----|------------------|------|----|------------------|-------|
| ID | Identidade       | 1-3  | ID | Identidade       | 13-15 |
| AD | Autodirecionamento | 4-6 | AD | Autodirecionamento | 16-18 |
| EM | Empatia          | 7-9  | EM | Empatia          | 19-21 |
| IN | Intimidade       | 10-12| IN | Intimidade       | 22-24 |

Reiteramos a possível utilidade dessas duas ferramentas para avaliar o LOC-E (Existencial) e o LOC-F (*Functioning*). Em primeiro lugar, de muitas pesquisas sabemos que o LOC externo em todas as faixas estudadas indica um maior controle e responsabilidade pessoal da realidade e, portanto, um objetivo a almejar na psicoterapia e na pedagogia. Uma segunda utilidade vem da possibilidade de identificar mais especificamente os pontos de crescimento do paciente: os itens que indicam um LOC externo. Ajudar o paciente a tornar o LOC externo em LOC interno significa ajudá-lo a ser mais responsável pela sua vida e a manter mais a realidade sob controle, tanto em termos de funcionamento da personalidade quanto em termos de atitudes existenciais.

## 4 Considerações finais

Partimos de uma referência histórica como dado essencial da Logoterapia nos anos de 1960 e de 1970 (prazer, sentido e significado) para chegarmos aos critérios de aplicação da Logoterapia na clínica (autotranscendência, e o *Locus of Control*) com o objetivo de verificar a atribuição causal e motivacional da orientação existencial (LOC-E) do funcionamento da sua personalidade (LOC-F). São ferramentas que todo logoterapeuta (psicólogo, pedagogo ou educador) pode aplicar após uma formação adequada.

Após quase 40 anos, a Logoterapia passou de uma abordagem desconhecida para uma das mais eficazes na psicologia clínica, psicopedagogia e psicossociologia. No entanto, isto não é suficiente.

Temos de continuar a conceber aplicações cada vez mais eficazes, como estamos fazendo neste capítulo.

Os três fundamentos da Logoterapia apresentados por nós no início deste capítulo nos leva a pensar que a Logoterapia é mais uma metateoria da Psicologia, pois apresenta características aceitáveis em todas as abordagens. Podemos também pensar, por que não, que Logoterapia poderia aparecer como a mãe de todas as psicoterapias; seja pela precedência cronológica ou pelas suas premissas básicas aceitáveis entre os psicoterapeutas clínicos[10].

Já em 1982 (PACCIOLLA, 1982) muitos haviam expressado certa insatisfação tanto sobre a abordagem da psicologia da época quanto sobre as abordagens psicoterapêuticas que consideravam o homem, a humanidade e o humanismo restritos em suas dimensões cognitivas, emocionais e comportamentais. Trinta anos depois, no primeiro Congresso Internacional de Logoterapia (PACCIOLLA, 2012), percebe-se uma continuidade e uma coragem reforçada ao denunciar mais uma vez o papel marginal que foi dado ao significado; ao significado da vida e ao papel da autotranscendência no crescimento e na psicopatologia. Nesses dois contextos internacionais e em muitos outros contextos senti a necessidade de mudar e fazer propostas, não só dos logoterapeutas.

A atual crise da Covid-19[11] tem sido considerada por muitos como uma boa oportunidade para nos organizarmos em torno do núcleo clínico central da Logoterapia, fazer propostas para todos aqueles que estão interessados em uma abordagem que vá além do

---

10. Eu gostaria de lembrar a contemporaneidade de Frankl com S. Freud, G. Jung e A. Adler. Seria interessante estudar, à luz da psicologia contemporânea, a compatibilidade entre V. Frankl e S. Freud, G. Jung, A. Adler e as abordagens psicoterapêuticas atuais.

11. Para a noção de *crise* no sentido da Logoterapia, cf. o capítulo de Vagner Sanagiotto.

cognitivismo clássico. Esta crise foi mais uma oportunidade para lançar mais uma vez uma hipótese de mudança: a proposta de um novo humanismo[12].

## Referências

AMERICAN PSYCHIATRIC ASSOCIATION (2003). *Manual diagnóstico e estatístico de transtornos mentais: DSM-5.* Artmed.

BREWIN, C.R. (1985). Depression and causal attributions: What is their relation? *Psychological Bulletin, 98*(2): 297-309.

FRANKL, V. (2001). *Logoterapia e analisi esistenziale.* Morcelliana.

HEIDER, F. (1958). *The psychology of interpersonal relations* (pp. ix, 326). Wiley & Sons. Https://doi.org/10.1037/10628-000

LEFCOURT, H. (1973). The function of the illusions of control and freedom. *The American Psychologist, 28*(5): 417-425. Https://doi.org/10.1037/h0034639

LERNER, M., & MILLER, D. (1978). Just world research and the attribution process: Looking back and ahead. *Psychological Bulletin, 85*(5): 1.030-1.051. Https://doi.org/10.1037/0033-2909.85.5.1030

PACCIOLLA, A. (1982, 25 de abril de). Logoterapia: sua visão ética e implicações morais. *Conferência.* Segundo Congresso Mundial de Logoterapia. Hartford.

PACCIOLLA, A. (2012). O futuro da Logoterapia. Congresso Internacional celebrado em Viena de 16 a 18 de março. *Ricerca di Senso, 3*(10): 373-391.

---

12. Uma primeira menção (em português) foi feita em duas longas entrevistas em duas videoconferências com o Dr. Alisson Pontes (Brasil) nos dias 15 e 22 de maio de 2020. A mesma menção foi repetida (em espanhol) na Conferência Internacional Virtual em 28-30 de maio de 2020 organizada pelo Dr. J.P. Diaz Castillo e pelo Prof. Efrén Martinez Ortiz (Colômbia) com um artigo intitulado "A crise da Covid-19 como oportunidade"; 21 de junho e 18 de julho de 2020: Curso de pós-graduação em Logoterapia (Porto Alegre, por Paulo Kroeff). Entrevista no *Boletim Informativo de Ablae 2020*, 15 de janeiro de 2021, p. 4-9.

ROTTER, J. (1966). Generalized expectancies for internal versus external control of reinforcement. *Psychological Monographs: General and Applied, 80*(1): 1-28. Https://doi.org/10.1037/h0092976

SWEENEY, P., ANDERSON, K., & BAILEY, S. (1986). Attributional style in depression: A meta-analytic review. *Journal of Personality and Social Psychology, 50*(5): 974-991. Https://doi.org/10.1037/0022-3514.50.5.974

WEINER, B., FRIEZE, I., KUKLA, A., REED, L., REST, S., & ROSENBAUM, R. (1971). Perceiving the causes of success and failure. In *Attribution: Perceiving the causes of behavior* (pp. 95-120). Lawrence Erlbaum.

# 5
# A autotranscendência como base para o sentido do amor nas vocações católicas

*Ana Clara de Andrade Patrício*
*Thiago Antonio Avellar de Aquino*
*Lorena Bandeira Melo de Sá*

## 1 Introdução

A Logoterapia e Análise Existencial, terceira escola vienense de psicoterapia, foi fundada por Viktor E. Frankl, com o objetivo de enxergar o homem em sua totalidade. Desse modo, ela percebe o ser humano como aquele que anseia, fundamentalmente, por encontrar um sentido em sua vida, pois é direcionado por uma vontade de sentido. Todavia, esse sentido, apesar de existir objetivamente, só pode ser encontrado fora do homem, ou seja, no mundo, em algo que ele serve ou no outro (FRANKL, 2011; 2017a).

Assim sendo, o ser humano precisa sair em busca de preencher essa vontade, por isso mobiliza em si o que há de mais elevado e autotranscende, superando a si mesmo para encontrar um sentido, algo que tenha valor, e realizá-lo. Logo, é necessária uma abertura ao mundo e um despojamento de si para extrair um sentido da existência, que pode ser descoberto independentemente da circunstância em que o homem se encontre (FRANKL, 2016).

Nesse contexto, dentre as formas possíveis para extrair um sentido da vida, destaca-se a vivência do amor, mais precisamente a capacidade de amar, pois essa inclinação é inerente ao ser humano, que possui seu núcleo na pessoa espiritual, e está enraizada na sua essência (FRANKL, 2016; SCHELER, 2002). Entretanto, a ideia de amor variou bastante através das épocas e das culturas. Inclusive, na própria Pós-modernidade, ela pode ter vários significados; porém a maioria, infelizmente, encontra-se relacionada a vínculos desumanizados e a laços sociais líquidos (BAUMAN, 2014).

Dessa maneira, é fundamental uma visão que promova uma reumanização das relações e que auxilie a sociedade atual na compreensão do real sentido do amor. Além disso, que possa ajudar a retirar a cegueira existencial do ser humano e o relembre da sua possibilidade de autotranscender em direção ao sentido encontrado na vivência autêntica do amor. Por isso, a Logoterapia e Análise Existencial fora escolhida como base teórica e prática para o desenvolvimento desta pesquisa, uma vez que se propõe a ser uma linha centrada no sentido.

Diante desse contexto, esta pesquisa teve como objetivo geral investigar o fenômeno da autotranscendência no sentido do amor para as vocações católicas. Por fim, é de grande importância que haja estudos como este, que se propõe a ampliar as discussões a respeito do sentido do amor nos diversos estados de vida, pois muitos deles ainda se delimitam apenas na perspectiva do amor nos relacionamentos entre parceiros. Em seguida, será delineada a fundamentação teórica do presente estudo através da explanação dos construtos autotranscendência, sentido do amor e vocação.

## 2 Desenvolvimento
### 2.1 *Autotranscendência*

O termo autotranscendência é composto por duas palavras: *auto* e *transcendência*. A primeira deriva do termo em latim *actu* que quer dizer *ação, ato*. Além do mais, a palavra *auto*, no grego, é um prefixo que vem do vocábulo *autós*, que equivale ao próprio eu (ANDRADE & HENZ, 2018). Já a segunda, respectivamente, tem raiz etimológica na palavra latina *transcendens*, que significa *subir, ultrapassar, ir além de* (ZAMULAK, 2015). Dessa maneira, neste trabalho, o conceito de autotranscendência, introduzido na Logoterapia por Viktor Frankl em 1949, exprime o ato de o homem ultrapassar a si mesmo em direção a um "para que coisa" ou um "para quem" (FRANKL, 2017a).

Nesse contexto, a autotranscendência, na Logoterapia e Análise Existencial, denomina esta capacidade, originariamente humana, de transcender a si mesma em direção de um outro ser humano a encontrar ou de uma causa para servir e, assim, descobrir e realizar sentido, além de criar e de concretizar valores. É na vivência desse fato antropológico fundamental que alguém é, de forma autêntica, humano e si próprio (FRANKL, 1966; 2017a; GUBERMAN & SOTO, 2005).

Mas de onde partem as raízes dessa capacidade? Para saber disso é necessário conhecer que o homem é um ser aberto ao mundo, que busca por um propósito, pois é um ser consciente da sua finitude e que possui uma *noodinâmica* (tensão entre o ser e o dever ser). Assim, ele possui uma vontade de sentido, fundamento básico da Logoterapia, por isso orienta-se a procurar um sentido para sua existência no mundo e a preenchê-la. Desse modo, essa mesma vontade, deve ficar claro, não é impulsionada para o sentido ou é uma espécie de voluntarismo, mas é o interesse primeiro e último do homem, uma motivação primária inerente à existência, que funciona como uma bússola, orientando e apontando para o sentido, que, após ser concretizado, permanece na eternidade (FRANKL, 2011).

Por isso, a vontade de sentido, germinada da dimensão espiritual, só pode ser apreendida com o êxodo de si em direção ao mundo com seres humanos a encontrar e com sentidos a realizar. Não obstante, é necessário que o ser humano tome a decisão de concretizá-los ou não, pois essa vontade aponta para que o homem descubra-o; mas somente cabe-lhe realizá-lo, já que o sentido é intransferível (FRANKL, 2011; 2017b).

Logo, é necessário que o homem movimente-se livremente no desapego aos seus próprios interesses, esquecendo do eu e esvaziando-se nesse processo de doação de um pouco de si em favor do próximo para trilhar o caminho do sentido. De maneira semelhante, ele se comporta como uma mola que armazena energia potencial elástica, mas que só consegue atingir distâncias maiores quando abre mão da energia acumulada e a transforma em cinética.

Ademais, quando a autotranscedência acontece, ela leva a ocorrência da manifestação de dois fenômenos intuitivos: o amor e a consciência. O amor constitui uma capacidade especificamente humana, um ato coexistencial que alcança o outro em seu caráter de algo único e na sua irrepetibilidade. Já a consciência, por sua vez, refere-se a uma compreensão que o sentido de uma situação é sempre algo único (FRANKL, 2011; 2016).

Há ainda uma consequência espontânea dessa transcendência do homem para além de si próprio que não se constitui como intenção primeira do ser humano e nem procura última. A esse efeito da realização de um sentido, que foi impulsionado pela capacidade de autotranscendência, dá-se o nome de autorrealização. Por sua vez, ela não deve ser buscada de forma intencional, pois não possui um fim em si mesma (FRANKL, 2011).

Diante disso, pode-se fazer uma comparação com o bumerangue, que era um objeto utilizado originalmente como instrumento de caça e foi projetado de uma forma que, em todas as vezes que o alvo não era alcançado, ele retornava para as mãos do lançador. Assim, quando o homem não supera a si mesmo e não se orienta para algo ou para alguém diferente de si próprio, a existência dele não tende para o sentido. Logo, isso faz com que ele, ao retornar para si mesmo, tendo como alvo, por exemplo, o prazer ou o poder, frustre-se existencialmente (FRANKL, 2011).

Desse modo, como a autotranscendência configura o indivíduo como homem e si próprio, quando ela é negada ocorre uma despersonalização e uma objetificação do ser humano; pois, quando não há a transcendência para além de si, em direção a algo ou a alguém, não tem como o homem nem buscar e nem encontrar sentido. Assim sendo, a vontade inerente é preenchida e substituída por condicionamentos que irão manipular o homem (FRANKL, 2017a).

Em vista disso, nota-se que são nas experiências cotidianas, presentes no mundo objetivo, que existem as possibilidades de o *Homo sapiens* se lançar na busca por sentido. Logo, é nessa busca que o homem pode encontrar uma razão para ser feliz e, ao realizá-la, ele obtém, de forma espontânea, a felicidade. Assim sendo, não se deve perseguir o prazer, o poder ou o sucesso, pois, quanto menos atenção lhes é dada, mais eles acontecem; pois, na verdade, são um meio para o fim. Ademais, a seguir, será feita uma reflexão sobre o sentido encontrado na vivência do amor.

## 2.2 Sentido do amor

O vocábulo *sentido* possui raiz etimológica no termo em latim *sentire*, que significa *finalidade, fim* (como sentido último), *objetivo* (BOFF, 2014). Assim sendo, a expressão *sentido do amor* denominaria uma finalidade descoberta no amor. Para Viktor Frankl (2016), o sentido do amor é uma das três vias pela qual o homem pode encontrar o direcionamento da sua existência, transcendendo a si próprio para alcançar o outro e realizando os seus valores.

O homem, ao transcender a si mesmo, manifesta a capacidade de amar, que é essencialmente humana, possui seu núcleo na dimensão espiritual e representa um *locus*, em que acontece a realização dos valores vivenciais que se orientam para a comunidade de duas ou mais pessoas. Dessa forma, ao fixar-se no caminho do amor, o ser-amado experimenta, sem um mérito, por pura graça, o reconhecimento dele como ser humano (igualdade) e o acolhimento da sua singularidade (originalidade) como pessoa (FRANKL, 2016; 2019a).

Nesse contexto, o amor faz com que o ser humano capte a pessoa amada em toda a sua irrepetibilidade no seu ser-aí *(Dasein)* e na unicidade do seu ser-assim *(So-sein)*, enxergando-a como insubstituível e tendo consciência da sua essência. De maneira análoga, pode-se fazer uma ponte com o livro *O pequeno príncipe* (Antoine de Saint-Exupéry), no qual a personagem raposa apreende o principezinho na sua singularidade, dizendo: "Mas, se tu me cativas, nós teremos necessidade um do outro. Serás para mim único no mundo. E eu serei para ti única no mundo..." (FRANKL, 2016; SAINT-EXUPÉRY, 1994, p. 66).

Além disso, por conta do amor, o enamorado se encanta com o mundo descobrindo-o em seus valores, isso faz com que ele auxilie o ser-amado a realizar as suas potencialidades, pois consegue enxergar além, e, assim, pode conscientizá-lo do que ele é e do que ele poderia vir a ser (FRANKL, 2016). Desse modo, a comunidade, seja de duas ou mais pessoas, ao ser um direcionamento para a vivência humana, faz com que o homem enxergue a unidade da humanidade (monantropismo) e sua responsabilidade perante ela (FRANKL, 2016; SANTOS, 2012).

Ademais, para compreender melhor essa vivência do amor, é importante ressaltar que o ser humano é constituído por três dimensões: biológica, psíquica e espiritual *(nous)*. A dimensão biológica abrange fenômenos corporais, estrutura vital fisiológica e processos químicos e físicos. Já a dimensão psíquica compreende os aspectos afetivos – por exemplo, emoções, sensações e impulsos – e os aspectos mentais – tais como, concentração, inteligência e comportamento (FRANKL, 2016; PEREIRA, 2015).

Quanto à dimensão espiritual, é onde se situa aquilo que permite o homem confrontar-se; assim, encontra-se a capacidade do ser humano de se questionar sobre o sentido da vida e de se decidir por algo ou por alguém. Portanto, o homem não é livre de seus condicionantes (bio-psico-social), mas possui liberdade para decidir-se frente a eles (FRANKL, 2016).

Então, a partir da constituição humana, citada anteriormente, é cabível dizer que, diante do fenômeno do amor, o homem o vive em sua totalidade. Assim, a estrutura tridimensional corresponde às três possibilidades de atitudes: a *atitude sexual* (corpo), a *atitude erótica* (psíquica) e a *atitude de amor* (espírito) (FRANKL, 2016; 2019b).

Nesse sentido, a *atitude sexual* caracteriza-se por ancorar na camada mais externa do homem, o corpo. Assim, quem permanece, exclusivamente, neste extrato, enxerga o outro apenas como objeto para satisfazer seus desejos. Logo, isso desumaniza a sexualidade, que deveria ser a *encarnação* do amor, sua expressão (FRANKL, 2016; 2017a).

Ademais, a *atitude erótica* compreende o que se conhece por *paixão dos namorados*. Dessa forma, ela está inserida no nível psíquico e o outro é desejado não por seu corpo, mas por suas qualidades anímicas. Entretanto, o risco de permanência nessa camada é a ocorrência do *apaixonamento*, não pela pessoa em si, mas pelo tipo que ela se apresenta, por sua vez, podendo ser facilmente trocada ou substituída (FRANKL, 2016).

Em contrapartida, na *atitude de amor* a pessoa humana ama o outro pelo que ele tem de caráter único e na sua irrepetibilidade, ou seja, o ser é amado pelo que ele *é* e não pelo que ele *tem*. Dessa maneira, a vivência do amor é experimentada na sua forma mais plena. Obviamente, ela não é desligada do corporal e do psíquico, porém, diferentemente das anteriores, quem vive essa atitude tem como centro a pessoa espiritual. Por conseguinte, quem ama se sente tocado pelo portador noético do corpo e do tecido anímico e não apenas pelo biológico ou pelo psíquico. Há uma relação de humano a humano, que ama o outro com toda a sua integralidade (bio-psico-*nous*) (FRANKL, 2016; 2017a).

Em vista disso, é justamente no cerne espiritual da outra pessoa que a *atitude do amor* do amado busca avançar e atingir para, assim, enxergar além e descobrir a singularidade do outro enquanto indivíduo único e irrepetível (FRANKL, 2016; 2017a). Assim, o ser humano, independentemente da sua vocação, tema que será tratado a seguir, deve vivenciar o sentido encontrado no amor em suas três dimensões e, consequentemente, não pode estacionar em nenhum estrato externo ao seu *nous*.

## 2.3 Vocação católica

A etimologia do vocábulo *vocação* origina-se do verbo em latim *vocare*, que exprime o significado de *chamar* e do termo latino *vocatione* que quer dizer *chamado, apelo*. Fora isso, a expressão possui uma constituição enraizada na palavra *vox*, ou seja, *voz*. Sendo assim, o seu contexto é compreendido de forma passiva e ativa, como alguém que é chamado e que, ao escutar a voz de quem o chama, retribui com uma resposta, que pode ser afirmativa ou negativa (NOÉ, 2010; OLIVEIRA, 1999).

Ademais, o vocábulo hebraico que remete à expressão de vocação é *qara*, aparece no Antigo Testamento das Sagradas Escrituras e refere-se ao *chamado para fora, para ser algo*. Além disso, no Novo Testamento, a palavra vocação deriva do termo grego *kaleo* e tem duas variações: uma na classe de substantivo – *klênis* – e outra na de adjetivo – *kletós*. Apesar das ramificações, todos os vocábulos possuem um significado de apelo de Deus para com o homem (GRANDO, 2017).

Dessa maneira, é possível delinear que a vocação brota a partir do ato do chamado, da convocação. Por sua vez, esse chamado possui sua origem na relação trinitária (Pai, Filho e Espírito), que convida o homem à comunhão (ser *em* Deus) e à participação (ser filho de Deus através do seu Filho Único). Assim, a vocação compreende um encontro da Trindade com a humanidade, que se realiza através de Jesus, isto é, por aquele que autocomunica o amor do Pai para com os seres humanos, e que se torna passível de resposta (livre e responsável) graças à capacidade de compreensão e de vivência da Palavra, dada através do Espírito Santo (MARTINI, 1994; OLIVEIRA, 1999).

Nesse contexto, revela-se a vocação primária do ser humano: comunhão e participação com a Trindade, e é ela quem dá sentido e significado à existência humana, podendo se manifestar em três estados de vida – leigo, religioso e sacerdotal – que são distintos entre si, mas que formam uma unidade, referindo-se ao modo como será realizado o chamado angular advindo do alto (MARTINI, 1994; NOÉ, 2010).

Todavia, esse chamado não se fecha só na relação Deus-indivíduo, mas se abre para um despojamento em favor do outro, que é animado pela caridade, porém sem medi-la, como diz Severo em uma carta a Santo Agostinho (2020): "a medida do amor é amar sem medidas". Em vista disso, ele deve ser preenchido na vivência da santidade, porém cada homem e mulher possui uma forma única de vivê-lo, a partir dos seus dons próprios. A seguir, será abordada a perspectiva de Viktor Frankl sobre o tema religiosidade, com o objetivo de compreender melhor como esse fenômeno é visto em sua visão de homem.

## 2.4 A religiosidade na perspectiva de Viktor Frankl

O fenômeno da religiosidade está enraizado na história da humanidade. Desde os primórdios da existência humana é possível observar expressões de crenças religiosas que revelam a relação entre o homem religioso e o divino; por exemplo, nas pinturas das cavernas, nos ritos fúnebres e nos mitos. Dessa forma, esse fenômeno é visto como algo universal, já que não existe qualquer sinal histórico de uma sociedade que não tenha praticado a religiosidade (AQUINO, 2013; NERY, 2014; RIES, 2008).

Nesse contexto, é cabível dizer que o ser humano é essencialmente um homem religioso, mesmo quando não é consciente disso. O pensamento do historiador Eliade (2018) corrobora com esse achado, ao afirmar que mesmo os homens a-religiosos, indivíduos que não possuem uma religião, possuem resquícios de um comportamento religioso, apesar de ser destituído de significado sagrado.

Além desse, outro autor que converge para essa concepção é o fundador da Logoterapia e Análise Existencial: Viktor Frankl. Segundo o autor, o ser humano possui um inconsciente espiritual que o direciona, mesmo que inconscientemente, para Deus. A hipótese desse inconsciente transcendente surgiu a partir das experiências com pacientes não religiosos, que apresentaram sonhos com uma manifestação religiosa. Em vista disso, ele denominou uma presença ignorada de Deus, a qual compreende-se em uma relação com o divino que estaria velada para o homem (AQUINO, 2013; 2014; FRANKL, 2017b; 2019c).

Ademais, segundo Frankl (2017b), esse inconsciente espiritual diferencia-se do instintivo e do coletivo propostos, respectivamente, por Freud e por Jung, pois ele não determina o ser humano. A religiosidade é algo existencial, cabendo ao homem se decidir, mesmo que inconscientemente. Desse modo, é um potencial que surge de forma espontânea e que, apesar das tradições culturais religiosas, precisa da decisão livre e responsável da pessoa humana por ela.

Por fim, Frankl concebe a religiosidade como sendo uma manifestação da dimensão noética que promove no ser humano, se for vivenciada de forma verdadeira, uma sensação de proteção, a qual revela-se como sendo positiva para a saúde mental. Além disso, ela faz com que haja, para o homem religioso, um suprassentido capaz de dar sentido a todos os outros da sua existência, como uma espécie de som que ressoa por várias ondas, atingindo grandes distâncias (AQUINO, 2014; FRANKL, 2017b). A seguir, será apresentada a amálgama dos construtos principais desta pesquisa: *autotranscendência, sentido do amor e vocação.*

## 2.5 A autotranscendência como base para o sentido do amor das vocações católicas

O psiquiatra Viktor Frankl (2017a), fundador da Logoterapia e Análise Existencial, em sua visão de homem e de mundo, afirma que o ser humano é convocado pela sua própria existência finita a respondê-la com responsabilidade. Sendo assim, a partir da sua liberdade da vontade, ele se decide conscientemente, apesar dos seus condicionantes bio-psico-sociais, e assume as escolhas que tomou.

De maneira análoga, pode-se dizer que a vocação – leiga, religiosa e sacerdotal – no âmbito cristão católico, também é vista como sendo uma convocação a responder com responsabilidade o chamado individual do Supra-ser (Deus – Autor da vida). Dessa forma, o vocacionado realiza-se plenamente em sua existência quando oferta livremente os seus dons para transformar a comunidade.

Nessa perspectiva, a convocação a responder as exigências da existência conduz o ser humano em uma busca com a finalidade de descobrir um sentido para sua vida e, assim, orienta-o para algo ou para alguém diferente de si próprio. Em outras palavras, a pessoa humana transcende a si mesma, transbordando-se em uma direção para além de si e, portanto, colocando-se em relação com os seus semelhantes.

Para Fizzotti (2012), essa abertura em direção ao mundo participa da natureza humana. Logo, não seria forçado ou falso por parte do homem a decisão de seguir livremente essa disposição. Entretanto, nem sempre essa tendência natural à abertura é adotada pelo ser humano, pois, por muitas vezes, o foco concentra-se na autorrealização e na felicidade como meta final, o que termina por frustrá-lo existencialmente.

Os indivíduos de vida consagrada – leiga, religiosa e sacerdotal – testemunham na prática que essa autorrealização e felicidade só podem ser alcançadas verdadeiramente quando tornam-se uma consequência do movimento de saída de si em direção ao outro, ou seja, quando há o esquecimento de si mesmo e a ocupação com o próximo (FIZZOTTI, 2012). Diante disso, o ser humano só consegue extrair sentido da sua vida e realizar seus valores quando autotranscende e oferta os seus atos diários (FRANKL, 2017a).

Em vista disso, por meio da autotranscendência, o homem pode encontrar o sentido de vida através do trabalho, do amor e do sofrimento. Nesta pesquisa, destaca-se o sentido de existência encontrado na experiência de amar o próximo, não em um contexto romântico, mas em um âmbito de caridade.

Todavia, é importante ressaltar que o ser humano experimenta essa vivência do amor não romântico também em sua totalidade (biológica, psíquica e espiritual), pois limitar o homem a uma única dimensão o reduziria (FRANKL, 2017a). Por sua vez, essa visão de Viktor Frankl sobre a pessoa humana vai de encontro com o ensinamento da Igreja acerca do amor, uma vez que o eros e o ágape são duas faces do amor humano e cristão (CANTALAMESSA, 2017).

Nesse contexto, para o vocacionado católico, esse movimento de saída de si, que o orienta na busca de sentido e na descoberta desse sentido no amor, relaciona-se com o anúncio principal da fé católica: "Deus é amor" (1Jo 4,16). É nesse querigma central da fé cristã que se descobre, também, o dever do católico em amar o próximo, pois ambos estão interligados em uma união que não se pode dissociar: *"Se Deus tanto nos amou, também nós devemos amar-nos uns aos outros"* (1Jo 4,11; cf. CANTALAMESSA, 2017).

Sendo assim, o sentido do amor na vocação católica – leiga, religiosa e sacerdotal – deve ser revestido por duas qualidades: sinceridade (*anhypòkritos*) e efetividade. O amor deve ser verdadeiro, vivido de forma autêntica e partindo do coração, ou seja, deve ser sincero. Além disso, deve ser concreto, experimentado através de atos que visam ao bem comum da comunidade (CANTALAMESSA, 2017).

Diante do exposto, finaliza-se, assim, a fundamentação teórica desta pesquisa. Destarte, inicia-se, na seção a seguir, a segunda parte da pesquisa, composta por um estudo empírico de abordagem qualitativa, com a finalidade de investigar o fenômeno da autotranscendência no sentido do amor para as vocações católicas.

## 3 Método

### 3.1 Participantes

A amostra desta pesquisa foi definida por conveniência (não probabilística) e contou com a participação de 30 vocacionados católicos de instituições da Região Nordeste do Brasil (Nova Comunidade Católica de Vida e Aliança, Mosteiro Clariano e Seminário Diocesano), 10 de cada vocação analisada (leiga, religiosa e sacerdotal), sendo majoritariamente do sexo feminino (60%). A média de idade encontrada foi de 31,9 anos (EP = 7,78; Amplitude = 23 a 67 anos), com a maioria se denominando solteira (83,33%) e com um grau de escolaridade de superior completo (53,33%). O nível de importância da permanência na instituição foi de 4,9, variando em uma escala de 1 a 5, com um tempo médio de participação de 7,9 anos.

### 3.2 Instrumentos de coleta de dados

A coleta de dados foi realizada em duas partes descritas a seguir:

*Questionário bio-sócio-demográfico:* o Questionário bio-sócio-demográfico foi aplicado com o objetivo de coletar informações do âmbito biológico, social e demográfico. Dessa forma, perguntas sobre idade, sobre sexo, sobre nível escolar e sobre tempo na instituição foram indagadas.

*Entrevista estruturada:* a entrevista estruturada foi preparada com 3 perguntas que envolviam o tema da autotranscendência no sentido do amor, com a finalidade de fazer com que o indivíduo refletisse e externasse, de forma livre e individual, a sua percepção sobre o assunto, no contexto do seu chamado. Assim, buscaram-se compreender, principalmente, a raiz do sentido do amor através do discurso dos indivíduos e como os construtos supracitados se envolviam nesse processo.

## 3.3 *Procedimento de coleta de dados*

Inicialmente, foi realizada a seleção de 10 pessoas de cada instituição, seguindo alguns critérios. Para a vocação leiga, foi pedido que o representante da comunidade indicasse, desta, 5 pessoas de aliança e 5 de vida. Quanto à vocação sacerdotal, a pesquisadora escolheu 9 seminaristas a partir de uma lista fornecida pela coordenação do seminário, levando em consideração a fase de ensino na qual eles se encontravam (propedêutico, filosofia ou teologia), com a finalidade de ter presente seminaristas das três etapas. Além disso, foi convidado um diácono transitório. Já para vocação religiosa foi solicitada à madre a indicação de 10 irmãs das fases junioriato, temporária e perpétua.

Outrossim, a coleta das entrevistas sofreu uma mudança de estratégia devido aos cuidados necessários com relação à Covid-19. Dessa forma, o contato com os participantes, após autorização do local, foi dada através do WhatsApp, no qual um responsável pela comunidade e um pelo seminário entraram em contato antecipado com as pessoas para informá-las da pesquisa. Em seguida, a pesquisadora entrava em contato e explanava sobre o estudo, dando-lhes detalhes. Após o aceite, as questões eram enviadas, podendo ser respondidas por áudio ou por texto. Para as religiosas, a dinâmica ocorreu diferentemente, já que elas não possuem acesso a essa rede social. Assim, a vice-madre repassou as perguntas e, posteriormente, a pesquisadora foi ao local para receber os papéis com as respostas escritas. Diante disso, não foi possível estimar o tempo necessário para que os entrevistados concluíssem sua participação no estudo.

## 3.4 Processamento e análise dos dados

Em sequência à coleta de dados e à transcrição integral das entrevistas, iniciou-se a análise de conteúdo dos relatos dos participantes. A análise de conteúdo, que é uma técnica metodológica de tratamento de dados com abordagem qualitativa configurada por Bardin (2011), consiste em procedimentos objetivos e sistemáticos de descrição do conteúdo dos relatos. Para utilização dessa metodologia foram seguidas as três etapas propostas: pré-análise, exploração dos resultados e tratamento dos resultados (inferência e interpretação).

O primeiro procedimento, pré-análise, foi uma fase de organização do banco de dados a fim de fazer um levantamento sobre o que seria relevante para a pesquisa (BARDIN, 2011). Para a ocorrência disso foi necessário realizar várias leituras do material. Vale ressaltar que, durante essa etapa, foram criados os nomes fictícios para preservar a identidade dos participantes com base em dois eixos: o nome da virtude pela qual eles seriam chamados na eternidade e o nome do santo de que eles eram devotos. Dessa forma, foram criados nomes compostos pelas duas respostas; por exemplo, Alegria (= a virtude) de Clara (= a santa).

A segunda etapa consistiu em categorizar as falas dos entrevistados em 2 (dois) grupos temáticos, a saber: *autotranscendência e sentido do amor*. A terceira fase, tratamento dos resultados (inferência e interpretação), baseou-se em criar unidade de registros (categorias de significado) e em interpretar os dados textuais categorizados tendo como embasamento a perspectiva teórica sobre esses construtos que a Logoterapia e Análise Existencial de Viktor Frankl possui (BARDIN, 2011).

*3.5 Aspectos éticos*

Todo processo de obtenção dos dados para esta pesquisa obedeceu à resolução 510/16 do Conselho Nacional de Saúde (CNS) (BRASIL, 2016), que regulamenta a prática de pesquisa com seres humanos. Desse modo, buscou-se seguir os princípios de bioética: não maleficência e justiça, de caráter deontológico (obrigação, dever); e beneficência e autonomia, de caráter teleológico (finalidade) (BEAUCHAMP & CHILDRESS, 2013; BRASIL, 2009).

Em decorrência disso, o estudo só foi iniciado após a autorização dos locais escolhidos e a aprovação do comitê de ética da Universidade Estadual da Paraíba, sob o parecer de número: 3.935.067 e o Caae: 29517620.0.0000.5187. Após esse processo, os indivíduos foram convidados para participar da pesquisa, tendo em vista a explanação prévia dos objetivos, da confidencialidade dos dados coletados e da possibilidade de abandonar a resolução dos questionários a qualquer momento. Em seguida, serão destrinçados os resultados obtidos a partir da análise de conteúdo.

**4 Resultados**

Os resultados deste estudo apresentam, de forma mais detalhada, a análise realizada nos relatos dos participantes da pesquisa. Na análise de conteúdo foram investigadas as categorias que emergiram a partir das respostas dos vocacionados católicos aos questionamentos efetivados.

De acordo com a análise de conteúdo é possível observar, na *tabela 1*, que o sentido do amor para a maioria dos vocacionados católicos é a *autotranscendência*. Tal resultado pode ser verificado nos seguintes recortes: "Amar é se dar ao ponto de esquecer de si mesmo" (Fortaleza de Teresa D'Ávila); "O sentido do amor é sair de si e ir ao encontro do outro" (Dedicação de Escrivá); e "O sentido do amor é o desejo de doação..." (Perseverança de Faustina). Em relação à categoria *Supra-ser*, notam-se respostas como: "O amor para mim é uma pessoa: Jesus" (Paciência de Néri); e "O sentido do amor é Deus" (Temperança de Agostinho).

Tabela 1 – Categorias e frequências das respostas ao primeiro questionamento

| 1) Qual é o sentido do amor para você? ||||
|---|---|---|---|
| Sentido do amor (SA) ||||
| Categoria | Definição | Fi | Fr% |
| Autotranscendência | Corresponde às respostas nas quais foi dito que o SA é a autotranscendência | 23 | 76,6% |
| Supra-ser | Corresponde às respostas nas quais o SA foi atribuído ao Supra-ser | 9 | 30% |

Fonte: dados da pesquisa (2020).
Nota: Fi = frequência absoluta; Fr = frequência relativa.

Na *tabela 2*, verifica-se que todos os entrevistados designaram que o sentido do amor está no Supra-ser: "O sentido do amor está em Deus" (Fraternidade de Teresinha); "Claramente o sentido maior de amor se encontra na pessoa de Jesus" (Doação de João Paulo II); e "O sentido do amor está no meu belíssimo esposo Jesus" (Serenidade de Clara). Além dessas respostas, a referida questão apresenta como categoria a *autotranscendência*, que teve respostas como: "Hoje, o sentido do amor para mim está na entrega generosa de minha vida a Cristo" (Perseverança de Vianney); e "Para mim o sentido do amor está na gratuidade" (Felicidade de Francisco). Por última, apresenta-se a categoria *família*, expressa nos seguintes fragmentos: "Esse sentido de amor está nos meus filhos, no meu esposo, na minha família!" (Ternura de Calcutá); e "Está em amar a Deus sobre todas as coisas e amar a família" (Serviço de Teresinha).

Tabela 2 – Categorias e frequências das respostas ao segundo questionamento

| 2) Em quem ou em que está o sentido do amor para você? ||||
|---|---|---|---|
| Sentido do amor (SA) ||||
| Categoria | Definição | Fi | Fr% |
| Supra-ser | Corresponde aos relatos em que os participantes atribuíram que o SA está no Supra-ser | 30 | 100% |
| Autotranscendência | Corresponde às respostas nas quais o SA está na autotranscendência | 6 | 30% |
| Família | Corresponde às respostas que apontam que o SA está na família | 3 | 10% |

Fonte: dados da pesquisa (2020).
Nota: Fi = frequência absoluta; Fr = frequência relativa.

Por fim, na *tabela 3*, pode-se observar que os participantes da pesquisa enxergam a sua vocação como um ato de *autotranscendência* em relação ao mundo. As respostas dessa categoria podem ser observadas nas seguintes falas: "Faz diferença no mundo *à* medida que me esqueço de mim e me entrego aliviando a dor do outro e, consequentemente, deixando o mundo menos sofrido" (Fortaleza de Teresa D'Ávila); "Porque a minha vocação não se refere a qualquer amor, mas a um amor caridade, capaz de dar a vida pelo outro" (Ternura de Teresinha); e "Minha vocação é completa no meu próximo, não seria possível ser padre para mim mesmo, nem haveria sentido" (Perseverança de Aquino).

Tabela 3 – Categorias e frequências das respostas ao terceiro questionamento

| 3) Como você enxerga a sua vocação no mundo? ||||
|---|---|---|---|
| Autotranscendência ||||
| Categoria | Definição | Fi | Fr% |
| Autotranscendência | Equivale às respostas em que a vocação é vista como transcender de si mesmo em direção ao mundo | 30 | 100% |

Fonte: dados da pesquisa (2020).
Nota: Fi = frequência absoluta; Fr = frequência relativa.

# 5 Discussão

O presente estudo teve como escopo principal investigar o fenômeno da autotranscendência no sentido do amor para as vocações católicas. Em vista disso, acredita-se que esse objetivo tenha sido alcançado, embora a amostra investigada não corresponda à população total, o que impede a generalização das conclusões obtidas.

A discussão dos dados da análise de conteúdo ocorreu de forma separada com os dois construtos principais da pesquisa: autotranscendência e sentido do amor. A pesquisadora optou por tomar essa decisão, apesar de ser um tema interligado, por compreender que seria mais parcimonioso e de melhor entendimento para o leitor. A partir disso, serão apresentados os fragmentos das falas coletadas dos participantes para que se possa discuti-las, com embasamento na Logoterapia e Análise Existencial de Viktor Frankl.

## 5.1 Autotranscendência

Em relação à terceira pergunta – *De que forma a sua vocação faz diferença no mundo?* – é possível observar que, em todos os relatos dos participantes, emergiu a categoria da *autotranscendência*. Assim, foi verificado que, para eles, a vocação só impactava no mundo à medida que eles esqueciam de si e direcionavam-se ao outro, através do serviço e da decisão de amar. Por sua vez, esse achado corrobora com o pensamento Frankl (2017a) acerca dessa capacidade especificamente humana, a qual revela que o homem sempre aponta para algo ou para alguém diferente de si e que se torna verdadeiramente ele mesmo durante esse processo.

Em vista disso, pode-se valer, também, do pensamento de Fizzotti (2012), no qual ele afirma que a vida consagrada testemunha que a autorrealização só pode ser, de fato, aprendida quando o homem esquece de si mesmo em função do próximo. Nesse contexto, o abandonar das próprias vontades e a expansão para o mundo externo contribuem para que os indivíduos desenvolvam suas potencialidades e tornem-se mais humanos.

## 5.2 Sentido do amor

O construto sentido do amor foi abordado em dois questionamentos, que visavam à extração de qual era o sentido do amor para os vocacionados católicos e no que se firmava este. Desse modo, tanto da primeira pergunta (*Qual é o sentido do amor para você?*) quanto da segunda (*Em quem ou em que está o sentido do amor para você?*) emergiram as categorias *autotranscendência* e *Supraser*. Além disso, apareceu, também, nos relatos referentes a essa última indagação, a categoria *família*.

A partir disso, em relação à categoria *autotranscendência*, observa-se que, para os participantes da pesquisa, o sentido do amor é e/ou está na decisão livre e responsável de doar-se ao próximo sem esperar nada em troca. Assim, a capacidade de transcender para além de si em direção a alguém estaria fundamentada na liberdade e na responsabilidade do vocacionado católico em decidir ofertar a sua vida em favor da comunidade humana, por amor a Deus e ao seu próximo.

Nessa perspectiva, Frankl (2016; 2019a) aborda que o amor é um ato intencional, que intenta para a essência do outro e é um dos aspectos da autotranscendência da vida humana. O homem (ser aberto ao mundo) sempre se direciona para um sentido a preencher ou para uma pessoa humana a encontrar. Desse modo, à medida que o vocacionado católico autotranscende e concretiza um sentido, dentre as possibilidades, no amor, ele se realiza na sua existência e, consequentemente, na sua vocação.

Todavia, é importante ressaltar que a autorrealização não é, em si, o objetivo do transcender, mas uma consequência de não bloquear esta capacidade originariamente humana. Dessa forma, o sentido do amor para eles encontra-se justamente na realização dessa tendência natural em favor do próximo.

De acordo com a segunda categoria, para os vocacionados católicos, o sentido do amor é e/ou está no Supra-ser (Deus), naquele que, para eles, é o próprio amor e é quem daria sentido a sua existência. Nessa perspectiva, pode-se referir ao pensamento de Frankl (2016) acerca do suprassentido, ou seja, um sentido que daria sentido a todos os outros e que seria alcançado através da fé.

Nesse contexto, segundo Frankl (2016), a entrada do homem religioso nesse supramundo seria radicada no amor e concretizada na fé e, a partir dessa abertura, o ser humano enxergaria no Supra-ser (Deus) um suprassentido que daria sentido a todos os demais de sua vida. Dessa maneira, para o autor, a fé nesse suprassentido tornaria o homem mais forte e faria com que nada fosse sem sentido para ele.

Sendo assim, o vocacionado católico se lançaria, através da fé, em direção ao supramundo onde enxergaria – após um encontro pessoal – um chamado do Supra-ser. Em decorrência disso, ao responder por amor ao autor desta convocação, se orientaria em direção ao mundo cheio de sentidos a concretizarem-se e de valores a realizarem-se.

Por fim, em vista da terceira categoria emergente, para parte dos participantes da pesquisa, o sentido do amor está na família, por exemplo, no(a) esposo(a) e nos filhos. Para Frankl (2016), é no campo do amor que o amado é concebido como Tu – no seu ser único e irrepetível – e acolhido como outro Eu, tornando-se insubstituível para quem o ama. Além disso, para o autor, os filhos apresentam-se como os milagres do amor, visto que são a consumação de uma pessoa nova que adentra na vida do casal, trazendo sua unicidade humana.

## 6. Considerações finais

Diante das investigações e das análises de dados relatadas anteriormente, considera-se que este trabalho tenha alcançado o seu objetivo geral, investigando o fenômeno da autotranscendência no sentido do amor para as vocações católicas. Nessa perspectiva, foi possível enxergar a importância da capacidade humana de transcender para além de si, na direção de um mundo cheio de possibilidades a serem realizadas. É a partir da decisão do homem em se lançar na busca de concretizar sentidos e no encontro desses sentidos na vivência autêntica do amor que se torna possível o florescimento das potencialidades do ser amado.

Em vista disso, espera-se que os resultados apresentados e discutidos possam contribuir com o âmbito acadêmico, principalmente na área da Logoterapia e Análise Existencial. Conta-se, também, que, através deste estudo, haja um interesse maior em investigar o sentido do amor na direção de doação ao próximo, sem estar relacionado ao fator romântico.

Por fim, acredita-se que a visão de homem de Viktor Frankl pode auxiliar na formação humana dos vocacionados católicos, pois existe, na concepção antropológica frankliana, o reconhecimento do fenômeno religioso como sendo uma manifestação da dimensão espiritual. Além disso, é notório em seus escritos o cuidado constante de enxergar o ser humano em sua totalidade; ou seja, sem reduzi-lo a um *nada mais quê*.

## Referências

*A Bíblia de Jerusalém*. São Paulo: Paulus, 2013.

AGOSTINHO. *Cartas: carta 109* (2020). Disponível em http://www.augustinus.it/spagnolo/lettere/index2.htm (acesso em 19/03/2020).

ANDRADE, J.M.S., & HENZ, C.I. Auto(trans)formação permanente com professores: em busca de uma compreensão político-epistemológica. *Revista Educação e Cultura Contemporânea*, 15(39): 304-324, 2018.

AQUINO, T.A.A. *Logoterapia e Análise Existencial: uma introdução ao pensamento de Viktor Frankl*. São Paulo: Paulus, 2013.

AQUINO, T.A.A. *A presença não ignorada de Deus na obra de Viktor Frankl*. São Paulo: Paulus, 2014.

BARDIN, L. *Análise de conteúdo*. São Paulo: Almedina, 2011.

BAUMAN, Z. *Amor líquido*. São Paulo: Zahar, 2014.

BEAUCHAMP, T., & CHILDRESS, J.F. *Principles of Biomedical Ethics*. Oxônia: Oxford University Press, 2013.

BOFF, C. *O livro do sentido: crise e busca de sentido hoje (parte crítico-analítica)*. São Paulo: Paulus, 2014.

BRASIL. *Princípios da biótica* (2009). Disponível em http://bvsms.saude.gov.br/bvs/palestras/cancer/principios_bioeticas.pdf (acesso em 04/05/2020).

BRASIL. *Resolução n. 510, de 7 de abril de 2016*. Disponível em https://bvsms.saude.gov.br/bvs/saudelegis/cns/2016/res0510_07_04_2016.html (acesso em 04/05/2020).

CANTALAMESSA, R. *Éros e ágape: as duas faces do amor humano e cristão*. Petrópolis: Vozes, 2017.

ELIADE, M. *O sagrado e o profano: a essência das religiões*. São Paulo: WMF Martins Fontes, 2018.

FIZZOTTI, E. *Psicologia e maturidade na vida consagrada*. São Paulo: Paulus, 2012.

FRANKL, V.E. Self-Transcendence as a Human Phenomenon. *Journal of Humanistic Psychology*, 6(2): 9-106, 1966.

FRANKL, V.E. *A vontade de sentido: fundamentos e aplicações da Logoterapia*. São Paulo: Paulus, 2011.

FRANKL, V.E. *Psicoterapia e sentido da vida*. São Paulo: Quadrante, 2016.

FRANKL, V.E. *Um sentido para a vida: psicoterapia e humanismo*. São Paulo: Ideias e Letras, 2017a.

FRANKL, V.E. *A presença ignorada de Deus*. Petrópolis/São Leopoldo: Vozes/Sinodal, 2017b.

FRANKL, V.E. *O sofrimento humano: fundamentos antropológicos da psicoterapia*. São Paulo: É Realizações, 2019a.

FRANKL, V.E. *The doctor and the soul: from Psychotherapy to Logotherapy*. Nova York: Vintage, 2019b.

FRANKL, V.E. *A psicoterapia na prática*. Petrópolis: Vozes, 2019c.

GRANDO, D.G. As perspectivas bíblicas e históricas sobre vocação. *Revista de Estudos Teológicos*, 3(1): 123-147, 2017.

GUBERMAN, M., & SOTO, E.P. *Diccionario de Logoterapia*. México: Lumen, 2005.

MARTINI, C.M. *Onde está teu Deus? O caminho do leigo na Igreja*. São Paulo: Loyola, 1994.

NERY, A.D. *Adesão à marca como busca de sentido: um estudo comparativo entre experiência de consumo e experiência religiosa*. Dissertação (Mestrado em Psicologia). Departamento de Psicologia, Universidade de São Paulo. São Paulo, 2014.

NOÉ, S.V. A vocação sublime: da relação entre religião e sublimação na definição da vocação religiosa. *Psicologia USP, 21*(1): 165-182, 2010.

OLIVEIRA, J.L.M. *Teologia da vocação*. São Paulo: Loyola, 1999.

PEREIRA, I.S. A ontologia dimensional de Viktor Frankl: O humano entre corpo, psiquismo e espírito. *Revista Logos & Existência, 4*(1): 2-13, 2015.

RIES, J. *O sentido do sagrado: nas culturas e nas religiões*. Aparecida: Ideias & Letras, 2008.

SAINT-EXUPÉRY, A. *O pequeno príncipe*. Rio de Janeiro: Agir, 1994.

SANTOS, É. *Em busca do amor – O sentido do amor em Viktor Frankl*. Curitiba: Amazon, 2012. E-book.

SCHELER, M. *A essência da filosofia*. São Paulo: Lusosofia, 2002.

ZAMULAK, J. Autotranscendência: caminho para superar o individualismo. *Revista da Associação Brasileira de Logoterapia e Análise Existencial, 4*(2): 130-142, 2015.

# 6
## Autotranscendência, propósito de vida e a prevenção do comportamento suicida

*Raisa Fernandes Mariz Simões*
*Lorena Bandeira Melo de Sá*

## 1 Introdução

O presente capítulo tem por objetivo refletir sobre a relação da autotranscendência e o propósito de vida, e a importância de trabalhar estes aspectos como caminho na prevenção ao comportamento suicida.

O suicídio é considerado uma questão crítica de saúde pública mundial, uma vez que cerca de 800 mil pessoas se suicidam por ano, no mundo todo. No Brasil, as taxas têm acrescido a cada ano, em que mais de 11 mil mortes são registradas, causadas por suicídio. Em decorrência desses dados, o Brasil está entre os países que assinou o Plano de Ação em Saúde Mental 2013-2020 lançado pela OMS com objetivo de acompanhar o número anual de mortes e o desenvolvimento de programas de prevenção (WHO, 2013), mas considerando o cenário da pandemia da Covid-19 que assolou o mundo em março de 2020, os índices de suicídio continuam a assustar.

Mais do que estudar e acompanhar esta escala de números, é importante compreender os fatores protetivos que podem auxiliar o enfrentamento desta problemática. Este trabalho afirma, portanto, que a partir da Logoterapia, abordagem psicológica criada pelo psiquiatra, neurologista e filósofo Viktor Emil Frankl, e dos conceitos de autotranscendência e propósito de vida, pode-se trabalhar a prevenção ao suicídio e contribuir com a redução das taxas alarmantes e preocupantes no cenário nacional e mundial.

## 2 Sobre o suicídio

Entende-se comportamento suicida a partir de três situações: a ideação suicida, a tentativa de suicídio e o suicídio consumado. Partindo da raiz etimológica, a palavra suicídio vem do latim e deriva da união entre as expressões *sui* (si mesmo) e *caederes* (ação de matar). Este conceito pode ser definido como o ato de morte voluntária, intencional e autoinflingida. Oliveira (2011) aponta que o suicídio é uma forma de violência que envolve diversos aspectos relacionados entre si.

Segundo a APA (2013), ideação suicida compreende presença de pensamentos recorrentes em que o indivíduo é o agente de sua própria morte. Segundo Botega (2015), as taxas referentes à ideação suicida são, em geral, superiores às de tentativas de suicídio e suicídio consumado, demonstrando um caráter progressivo no tocante a esses comportamentos, de forma que, antes de um suicídio consumado, existe a presença da ideação suicida. Botega define essa relação através de uma analogia a um *iceberg* em que a ponta seria o suicídio consumado, mas nas camadas inferiores, estariam a tentativa e a ideação suicida compreendendo a maior camada desse *iceberg*.

Dentre os fatores de risco para o suicídio está a associação a transtornos mentais e estima-se que mais de 90% dos casos de suicídio estão relacionados a algum tipo de desordem mental. No entanto, outros fatores de risco podem estar associados ao comportamento suicida; dentre eles, aspectos sociais, vivências traumatizantes, dentre outros.

No tocante aos aspectos cognitivos adjuntos à ideação suicida, Coronel e Werlang (2011) apontam que os tentadores de suicídio possuem inflexibilidade cognitiva no que diz respeito à tomada de decisão e resolução de problemas e, quando acometido por algum transtorno depressivo, as estratégias de enfrentamento diante de uma situação-problema também são afetadas, contribuindo para que o desejo intencional da própria morte se manifeste. A tomada de decisão e a resolução de problemas correspondem às habilidades cognitivas denominadas funções executivas.

Numa perspectiva psicológica alinhada com a abordagem logoterapêutica, o suicídio caracteriza uma expressão de vazio existencial e que, segundo Frankl, aponta para uma sensação de que a vida não possui sentido (FRANKL, 1989). Em suas obras, o autor aponta três manifestações de vazio existencial, a saber: agressividade, dependência e o suicídio, apontando essa última como uma negação do valor da vida, geralmente por pessoas que não tem propósitos de vida.

A experiência de Frankl no tocante ao suicídio acompanha o próprio desenvolvimento da Logoterapia. Ao atuar com jovens que apresentavam comportamento suicida e frequentavam o Centro de Aconselhamento Juvenil de Viena, trouxe contribuições significativas no que diz respeito às taxas suicidas da época, reduzindo drasticamente os dados de suicídio, evidenciando a contribuição da Logoterapia nesses casos.

No próprio campo de concentração, essa questão baliza a compreensão sobre o caráter direcionado do homem a pensar e buscar um sentido para a vida ao ver que muitos homens não se jogaram nas cercas eletrificadas, mesmo num contexto de profunda descrença ao fato de serem soltos ou conseguirem manter-se vivos: eles tinham um propósito!

Frankl (1989) aponta, nesse contexto, quatro causas fundamentais que podem levar ao suicídio, a saber: a consequência de um estado físico, corporal; pessoas que tomam a decisão de suicidar-se levando em consideração os efeitos que isso tem ao seu entorno; pessoas cansadas de viver; e pessoas que não podem crer no sentido de seguir vivendo. Por isso, Frankl aponta que considerar o suicídio deve ser um sentimento e nunca um argumento.

Outros autores também estudaram essa relação entre o propósito de vida e o vazio, corroborando as ideias de Frankl. Carvalho (1993) aponta outras características específicas da manifestação do vazio existencial, como a angústia, um desmedido temor ao sofrimento, renúncia dos próprios projetos, niilismo que pode, em última instância, culminar na desistência da própria vida.

## 3 Autotranscendência e propósito de vida como fatores protetivos

Diante deste percurso, fica claro que os sentimentos de vazio existencial e falta de propósito de vida estão interligados. Mas, afinal, o que a autotranscendência tem a ver com tudo isso? A partir dos dados apresentados e da compreensão do impacto existencial que o comportamento suicida apresenta, pensar estratégias preventivas torna-se crucial. Sendo assim, numa perspectiva frankliana, o propósito de vida e a autotranscendência são aspectos que podem auxiliar como caráter preventor ao suicídio na medida em que o sujeito percebe seu propósito de vida, motivado pela vontade de sentido com um objeto intencional externo a si mesmo, quer seja na vivência de valores vivenciais, criativos e atitudinais.

Sabe-se que, segundo Frankl (1987), podemos descobrir o sentido na vida através de três formas: seja criando um trabalho ou praticando um ato (valores criativos), experimentando algo ou encontrando alguém (valores experienciais), e pela atitude que tomamos frente a um sofrimento inevitável (valores atitudinais).

A vontade de sentido corresponde à motivação básica, que parte da dimensão noética e direciona o homem a intencionar suas ações a fim de descobrir estes valores e encontrar sentido. Frankl, aqui, contrapõe a ideia de que o homem é motivado por prazer ou poder, conforme atribuído por Freud ou Adler. Frankl (2011), portanto, parte da premissa de que o homem busca encontrar um sentido, um propósito para sua existência.

Já a autotranscendência corresponde a uma potencialidade humana que capacita o homem a se dirigir "para algo ou alguém diferente de si mesmo – seja um sentido a realizar ou outro ser humano a encontrar" (FRANKL, 2008, p. 135). Dessa forma, o autor compreende que o homem não encontra sentido em si mesmo, mas o encontra na concretude do mundo através de suas ações. Para além disso, a autotranscendência também capacita o homem a ir além de condicionantes biológicos, psicológicos e sociais, vivenciando o que Frankl chama de "força desafiadora do espírito" para encontrar um sentido. Muitos dos casos de comportamento suicida podem estar associados a esses condicionantes, reforçando a ideia de que a vivência autotranscendente a partir de um propósito de vida atua de forma preventiva a esses comportamentos expressivos de vazio existencial.

Martínez (2011) aponta que a autotranscendência abarca outras três potencialidades humanas, que favorecem sua manifestação, a saber: diferenciação, afetação e entrega. A diferenciação corresponde à possibilidade de estabelecer vínculos autênticos com os demais, reconhecendo aquilo que é próprio e o que é do outro, percebendo, portanto, o outro em sua individualidade e caráter único. A afetação corresponde ao impacto emocional atrelado a um valor ou sentido, sendo, portanto, uma percepção afetiva de algo que se caracteriza como aspecto positivo para si, o que sequencia a entrega, que corresponde à realização, propriamente, do sentido.

A autotranscendência se manifesta como consequência de um ato de sentido realizado através de valores vivenciais, criativos ou atitudinais, que são, segundo Frankl, caminhos para encontrar um propósito nas situações e na vida. A vivência desses valores, a partir do propósito de vida, concretiza a autotranscendência. Quando o próprio Frankl aponta aos homens ter os meios, mas não uma razão para viver, ele alerta sobre o risco de não ter ou perceber um propósito, um sentido para sua existência, que pode culminar numa frustração existencial e, posteriormente, na vivência de um vazio.

Já que sabemos os caminhos para encontrar sentido, através dos valores e exercendo a autotranscendência, tomemos como exemplo uma pessoa que pratica um voluntariado, vivenciando, portanto, valores experienciais. Decerto esta pessoa pensa no bem-estar do próximo e da comunidade, esquecendo um pouco de si e dedicando-se a auxiliar o outro, numa relação autêntica (SOUZA & MEDEIROS, 2012). Inclusive há estudos que comparam voluntários com não voluntários, obtendo como resultado que os primeiros apresentaram maior vontade de viver, maior satisfação com a vida e menos sintomas de ansiedade e depressão comparado ao grupo que não praticava este ato (KOENING, 2012).

A própria Organização Mundial de Saúde (OMS, 2005) entende o trabalho voluntário como uma alternativa benéfica para a vida, importante para a manutenção do bem-estar e da qualidade de vida, principalmente se realizado por pessoas da terceira idade, uma fase muitas vezes considerada sem perspectivas de vida pelo natural fim do ciclo. E sobre isso Frankl nos diz:

> Quanto mais a pessoa esquecer de si mesma – dedicando-se a servir uma causa ou amar outra pessoa –, mais humana será e mais se realizará. O que se chama de autorrealização não é de modo algum um objetivo atingível, pela simples razão de que, quanto mais a pessoa se esforçar, tanto mais deixará de atingi-lo. Em outras palavras, autorrealização só é possível como efeito colateral da autotranscendência (FRANKL, 1987).

A experiência de constituir uma família também é algo que se pode destacar, pois para algumas pessoas este é o seu maior propósito de vida. Frankl afirma que o fenômeno humano do amor é uma das maneiras de que a pessoa dispõe para encontrar sentido, não de maneira isolada, mas inserido no conjunto de vivências da pessoa. Sobre o amor, nos diz:

> a atitude que relaciona diretamente com a pessoa espiritual do ser amado, com a sua pessoa precisamente no que ela tem de exclusivo "caráter de algo único" e de irrepetibilidade. [...] o amor só existe para uma pessoa enquanto tal. [...] o amor é, afinal, a vivência em que, pouco a pouco, se vive a vida de outro ser humano, em todo o seu "caráter de algo único" e irrepetível (FRANKL, 2010).

Através da maternidade, por exemplo, uma mãe dedica esforço e trabalho aos filhos, numa longa jornada desde a gestação, seguida das dores do parto, e os percalços do estado de puerpério, com as dificuldades na amamentação, noites maldormidas e inseguranças. Porém, pelo sentido do amor que se orienta ao filho, autotranscende e vivencia este valor cheia de propósito.

Pode-se destacar também a experiência de uma pessoa que encontra seu propósito de vida no trabalho, como um professor, por exemplo. Embora, em alguns países, esta profissão possa ser menos valorizada e cheia de percalços, tais quais a alta demanda de trabalho, baixa autonomia, baixo salário, desprestígio social, dentre outras, há uma mola propulsora que impulsiona o ser humano que abraça esta missão a ir mais longe. Esta vontade de sentido é única para cada um, porém pode-se sugerir que talvez o encontro existencial entre aluno e professor perpasse muitos obstáculos. O caráter de missão, responsabilidade e cuidado com o próximo eleva este professor a seguir em frente, ao realizar seus valores criativos e deixar algo no mundo: o seu conhecimento, a sua maneira de ver o mundo, o seu potencial humano.

Porém, não é tão simples quando as dificuldades são muitas e contínuas, muitas vezes gerando sentimentos de dúvida quanto às escolhas pessoais e profissionais, e culminando num vazio existencial que pode ocasionar um comportamento suicida. Uma parcela importante dos docentes apresentou índices negativos em todos os construtos avaliados numa pesquisa (DAMÁSIO et al., 2013) sobre satisfação, bem-estar e sentido de vida, e estes dados vêm sendo replicados há pelo menos duas décadas em muitos estados do Brasil, reforçando a necessidade de se pensar em políticas públicas de atenção à saúde destes profissionais e a urgência em resgatar o propósito de vida.

Com relação aos valores atitudinais, em geral eles se manifestam a partir de situações imutáveis, das quais o sujeito é chamado a um posicionamento, associado à tríade trágica (vivência de dor, culpa ou morte). Tomemos como exemplo um jovem que, após lidar com a perda de seu pai por uma doença neurodegenerativa, dedica-se aos estudos para auxiliar na descoberta de uma cura para tal doença. Ele não poderia evitar a morte do pai, mas assume um posicionamento como uma forma de ressignificar a vivência da finitude.

Dessa forma, pode-se perceber que a vivência de valores atitudinais promove ao homem a capacidade de superar a si mesmo, amadurecer em situações das quais não tem condição de evitar e responder à vida, encontrando, assim, um sentido no sofrimento, não por apreciá-lo, mas por compreender que ele capacita o homem a um aprendizado.

Estes pequenos exemplos buscam explicar que os propósitos na vida estão no cotidiano, nas vivências e atitudes de cada pessoa, mas ela precisa estar aberta a descobrir. Ainda que a pessoa pense que não tem um trabalho ou uma família, ela pode experimentar e encontrar sentido autotranscendendo em sua vida num simples momento, numa contemplação de algo que lhe faz sentido, como expõe a ideia do filme recém-lançado da Disney Pixar: *Soul*. O *slogan* do filme consiste justamente na ideia de que *o sentido está aí, basta saber onde encontrar*, como em vários momentos em que os personagens do filme refletem sobre as missões que lhes cabem, buscando muitas vezes algo que está nos outros ou em algo superfantástico, quando na verdade são as simples vivências que dão sentido à existência da pessoa, corroborando com o que propõe Frankl:

> [...] os valores se dão através de uma boa ação; ou na experiência da bondade, da verdade e da beleza, na natureza e na cultura; ou, por último, mas não menos importante, no encontro de outro ser humano, em sua genuína unicidade – em outras palavras, no amor a outro ser humano (FRANKL, 2011).

Complementando:

> [...] "pela grandeza de um momento já se pode medir a grandeza de uma vida", pois, continua, "o que na vida decide do seu caráter de sentido são os pontos altos; e um simples momento pode dar sentido, retrospectivamente, à vida inteira" (FRANKL, 2010, p. 82).

Quando a pessoa encontra o seu sentido único, encontra algo de sua singularidade, ou seja, uma missão para a vida. E poder desempenhar o que se configura como sentido exclusivo faz com que a pessoa se realize plenamente como ser humano (FRANKL, 1989). Ao longo da vida podemos, então, descobrir propósitos, seja pelos estudos, pelas relações familiares, pelo amor, por um trabalho, um voluntariado, e nas próprias mudanças de atitude frente ao inevitável. Mas, quando o ser humano depara com a frustração existencial, ou a falta destes propósitos, perde sua força motivadora e a capacidade de autotranscender pode ficar adormecida, o que pode levar ao vazio existencial e ao comportamento suicida. Então como prevenir isto?

Uma forma de trabalhar com as pessoas é informar e propagar a temática, realizando pesquisas sobre o sentido da vida e a autotranscendência e colocando em prática os resultados encontrados, criando centros de aconselhamento como os que Frankl atuou, e sendo mediadores no descobrimento de sentidos do outro. Alguns estudos utilizam testes e escalas psicométricas no intuito de relacionar questões referentes a isto, consolidando cada vez mais a teoria da Logoterapia e Análise Existencial no campo científico.

O Teste de Propósito de Vida (Pil-Teste) foi o pioneiro, e hoje é amplamente utilizado no mundo. Proposto por James C. Crumbaugh e Leonard T. Maholick em 1964, tem o objetivo de validar os pressupostos teóricos da Logoterapia e Análise Existencial. Posteriormente Harlow e outros autores, em 1987, elaboraram uma versão revisada denominada PIL-R. São contemplados nestas escalas os seguintes constructos: propósito na vida, satisfação com a própria vida, liberdade, medo da morte, ideias suicidas e o sentimento de que a vida vale a pena ser vivida (AQUINO et al., 2015).

O teste é constituído por uma escala de atitudes composta por 22 itens, em que o participante responde através de uma escala do tipo Likert de sete pontos. A pontuação total é obtida pela soma das pontuações de cada item. A primeira aplicação contou com a análise das respostas de uma amostra de 225 pessoas, com resultados indicando que o PIL-Test foi capaz de avaliar os aspectos da frustração existencial proposta por Frankl, relacionados com a falta de propósito de vida.

Além destes, há o Teste de Busca de Objetivos Noogênicos (Seeking of Noetic Goals Test – Song), o Logo-Teste (LUKAS, 1988, apud AQUINO et al., 2015), o Meaning in Life Questionnaire (STEGER, FRAZIER, OISHI, & KALER, 2006), o Life Engagement Test (SCHEIER et al., 2006), o Schedule for Meaning in Life Evaluation – SMiLE (FEGG, KRAMER, L'HOSTE, & BORASIO, 2008), o Sources of Meaning and Meaning in Life Questionnaire – SoMe (SCHNELL, 2009) e a Escala Dimensional del Sentido de Vida (MARTINEZ ORTIZ, TRUJILLO, & DIAZ DEL CASTILLO, 2011). Porém, o PIL-Test destaca-se pela relevância, pois busca mensurar o nível de sentido de vida alcançado por um indivíduo, quantificando o conceito de *propósito* ou *sentido na vida*, caracterizado pelos autores como o significado ontológico da vida do ponto de vista da experiência individual (NASCIMENTO & DIAS, 2019).

Assim, no processo de auxiliar o sujeito a encontrar um sentido para sua vida, o uso de testes associado a metodologias qualitativas, como o processo de aconselhamento e a entrevista, podem ser uma alternativa para auxiliar o processo de autocompreensão e autodistanciamento e, assim, que a pessoa possa direcionar-se a um propósito de vida, intencionando a autotranscendência. Torna-se papel do profissional que atue nessa perspectiva o processo de mediação existencial, a fim de favorecer ao que Frankl denomina "afinar a consciência".

## 4 Considerações finais

Percebe-se que, quando o ser humano desenvolve a autotranscendência e vivencia valores, está trilhando os caminhos para o seu propósito de vida, tornando estes conceitos extremamente relacionados. Quando, ao contrário, isto não ocorre, pode-se incumbir num vazio existencial que pode gerar um comportamento suicida.

É necessário, portanto, cada vez mais, que os sujeitos direcionem à sua busca um sentido nas situações, para assim prevenir processos adoecedores para si mesmos. E que os profissionais de saúde revistam-se do caráter de missão como *mediadores de sentido*, contribuindo para a prevenção do suicídio e, consequentemente, para o despertar de autotranscendência na pessoa que busca auxílio.

Sugere-se que outros estudos possam ser realizados com o objetivo de aferir a relação causal entre as variáveis citadas neste capítulo, fomentando a importância de se trabalhar com as pessoas e em diversos contextos a prevenção do suicídio a partir do reconhecimento de propósito de vida e expressão da autotranscendência.

# Referências

AMERICAN PSYCHIATRY ASSOCIATION (2013). *Diagnostic and Statistical Manual of Mental disorders – DSM-5* (5. ed.). Washington: American Psychiatric Association.

AQUINO, et al. (2015). Questionário de sentido de vida: evidências de sua validade fatorial e consistência interna. *Psicologia, Ciência e Profissão*, 35(1).

BOTEGA N.J. (2015). *Crise suicida: avaliação e manejo*. Porto Alegre: Artmed.

CARVALHO. J.M.R. (1993). O vazio existencial e o sentido de vida. *Inform. Psique*, 12(3): 111-115.

CORONEL, M.K., & WERLANG, B.S.G. (2011). Resolução de problemas em homicidas e tentadores de suicídio. *Bol. Psicol.*, 61(134).

DAMÁSIO, B.F., MELO, R.L.P., & SILVA, J.P. (2013). Sentido de vida, bem-estar psicológico e qualidade de vida em professores escolares. *Paideia*, 23(54): 73-82. Doi: http://dx.doi.org/10.1590/1982-43272354201309

FRANKL, V.E. (1987). *Em busca de sentido – Um psicólogo no campo de concentração* (12. ed.). Petrópolis: Vozes.

FRANKL, V.E. (1989). *Psicoterapia e sentido da vida* (Trad. A.M. Castro). São Paulo: Quadrante.

FRANKL, V.E. (2011). *A vontade de sentido: fundamentos e aplicações da Logoterapia*. São Paulo: Paulus.

KOENIG, H.G. (2012). Medicina, religião e saúde: o encontro da ciência e da espiritualidade (Trad. Iuri Abreu). Porto Alegre: L&PM.

MARTÍNEZ, E.M. (2011). *Los modos de ser inautenticos: psicoterapia centrada en el sentido de los transtornos de la personalidad*. Colômbia: Saps.

NASCIMENTO, R.B.T., & DIAS, T.L. (2019). Teste propósito de vida: propriedades psicométricas e evidências de validade. *Avaliação Psicológica*.

OLIVEIRA, V.M.D. (2011). Competência em saúde mental (Mental Health Literacy): do conceito às estratégias na questão do suicídio no Brasil (Tese de doutorado).

ORGANIZAÇÃO MUNDIAL DE SAÚDE (2005). Organização Pan-Americana de Saúde (Opas) (Trad. Suzana Gontijo). In *Envelhecimento ativo: uma política de saúde*. Disponível em http: bvsms.saude.gov.br/bvs/publicacoes/envelhecimento_ativo.pdf (acesso em 23/09/2016).

SOUZA, W., & MEDEIROS, J.P. (2012). Trabalho voluntário: motivos para sua realização. *Revista de Ciências da Administração, 33*(14).

WORLD HEALTH ORGANIZATION (WHO) (2013). *Mental Health Action Plan 2013-2020.*

# 7
# Estudos e pesquisas sobre o impacto educacional da autotranscendência

*Giuseppe Crea*

## 1 Introdução

A abordagem logoterapêutica desenvolvida por Viktor Frankl, coloca a motivação para encontrar o significado pessoal no centro da intervenção psicológica, ou seja, entender que a vida é significativa, importante, útil e com propósito. Frankl (1993, p. 33), ao fazer referência à vida significativa, lembra que

> em cada situação, o homem é chamado a um comportamento diferente. As situações concretas da vida algumas vezes exigem que ele aja, que busque moldar ativamente seu destino; outras vezes que explore as oportunidades, experimentando (ou desfrutando) valores possíveis de serem alcançados. Muitas vezes espera-se que o homem carregue seu destino, *sua cruz* com simplicidade. No entanto, toda situação é sempre caracterizada por uma singularidade e originalidade que, de vez em quando, permite apenas *uma* resposta, e apenas essa; precisamente, a *resposta correta* à questão inerente à situação concreta.

Nesta perspectiva de abertura ao sentido da vida é necessário incluir a centralidade do valor da alteridade, da relacionalidade, que se refere não a qualquer relação, mas às relações mais significativas e profundas (LE, 2011; LEVENSON et al., 2005). Segundo esta visão, a capacidade de colaboração com os outros representa um núcleo emocional com o qual o indivíduo vivencia o poder contar com o outro nos diversos contextos relacionais em que se encontra. Essa capacidade não é unilateral, mas envolve uma reciprocidade necessária. Seria dizer que, somente quando se entra em uma relação cheia de confiança e tem a certeza da aceitação total de si pelo outro, podemos falar de relacionalidade.

Essa disponibilidade de relacionalidade é entendida como parte integrante do processo de crescimento de cada indivíduo, dentro do contexto grupal onde as pessoas compartilham relações significativas. Tal atitude de abertura ao outro assume um caráter educativo especial, pois, se por um lado é nas relações recíprocas que a identidade se consolida nas diferentes fases da vida (ERIKSON, 1999), é por outro lado nas relações que as pessoas aprendem a fazer parte de algo que vai além do próprio individualismo e de si mesmas (FRANKL, 2003), em que a relação se torna uma tarefa de desenvolvimento e amadurecimento que caracteriza os próprios objetivos de abertura ao outro. É assim que "todos se envolvem na mudança de si mesmos através do conhecimento e da integração da riqueza do outro, num contexto relacional onde cada membro do grupo/comunidade é convidado a redefinir-se ou a construir-se na sua identidade específica" (CREA, 2007, p. 80).

## 2 O valor existencial dos relacionamentos

"Ser pessoa significa ser absolutamente diferente de qualquer outro homem" (FRANKL, 2001, p. 114), pois cada um possui características únicas que lhe permite estabelecer uma relação com os outros e descobrir nas relações mútuas os valores que todos partilham para o mesmo ideal de vida. Esta relação de abertura e *transcendência* para com o outro tem um significado especial no diálogo interpessoal, porque só quando o indivíduo é capaz de se autotranscender poderá redescobrir o sentido profundo do encontro que introduz ao objetivo comum de desenvolvimento que caracteriza cada indivíduo.

Com essa perspectiva de crescimento as pessoas são chamadas a se transcenderem para se orientarem sobre algo que está além de seus próprios pontos de vista, de suas próprias certezas, de seus interesses culturais. Só na medida em que se pode viver esta autotranscendência da existência humana, é autenticamente homem e autenticamente ele mesmo. Assim o homem se realiza, não se preocupando em se realizar, mas esquecendo-se de si mesmo e se doando, negligenciando-se e concentrando todos os seus pensamentos para fora (FRANKL, 2011). Deste modo, no encontro com o *tu* do outro, as pessoas aprendem a colocar-se perguntas de sentido para explorar as diferenças mútuas num espaço de diálogo comum.

Integrar as diferentes características de valor, para chegar a um perfil de identidade comum que inclua os aspectos importantes da convivência, significa abrir-se com uma atitude de diálogo a partir do caminho do crescimento comum, que leva à identificação de novos significados para serem realizados nas relações mútuas.

Diversos estudos mostram como essa busca de sentido, centrada na construção de relações autênticas, é uma dimensão que caracteriza cada pessoa. Por exemplo, em sua pesquisa Prager (1996; 1998) descobriu que, quando questionados sobre o que faz mais sentido na vida de uma pessoa, indivíduos de diferentes nacionalidades colocam os relacionamentos com os outros em primeiro lugar. Os estudos de Cloninger (1993) e Reed (2003) confirmam que a abertura ao outro faz com que todos participem do projeto de crescimento comum e, sobretudo, permite-nos redescobrir as raízes profundas da busca de sentido que vai além das fronteiras, da identidade e se abre para a perspectiva do bem comum.

## 3. Os riscos de uma transcendência sufocada pelo tédio relacional

Quando falta a motivação para se abrir ao outro, ou quando são distorcidas por relações superficiais e aparentes, que não deixam espaço para um processo de crescimento ou reciprocidade autêntica, a pessoa corre o risco de se encerrar em um estilo de vida apático e repetitivo, no qual o desconforto do *tédio* encontra terreno fértil.

Esta perda de ideais reflete-se na forma como se estabelece relações com os outros: se não for movido por motivações genuínas, corre o risco de bloquear as suas próprias energias vitais num estado de estagnação em que a realização pessoal, a preocupação exclusiva e excessiva com a autoimagem, os diferentes interesses egocêntricos prevalecem sobre uma alteridade centrada na autotranscendência (YEAGER et al., 2014).

Quando o indivíduo perde de vista o objetivo de um altruísmo sem sentido, corre o risco de ficar preso em sua própria autorreferencialidade e, com o passar do tempo, tenderá a dobrar-se sobre si mesmo, *secando* emocionalmente para se proteger da inquietação de uma desorientação interior que o deixa sem pontos de referência.

Nessas condições, o indivíduo perde o entusiasmo criativo que caracteriza a relação, e se sente desmotivado em relação às questões existenciais que emergem do estilo de vida que influencia várias áreas do cotidiano: "Por que trabalho tanto? Por que corro o risco de ficar exausto sem encontrar tempo para mim? Por que, por que, com que propósito, para quê, para quem?" (GRÜN, 2008, p. 10). Nesse ponto, o tédio existencial não será tanto uma doença repentina ou resultado de excesso de trabalho, nem a soma de imaturidades individuais ou esquisitices de caráter, mas sim um mal-estar generalizado que afeta progressivamente a própria base da existência entendida como um processo de autotranscendência e se revela na incongruência entre o que a pessoa vivencia e os ideais relacionais que a caracterizam como ser humano.

Onde há falta de aceitação e respeito pela autonomia do outro, a qualidade da relação diminui e a relação torna-se superficial, insegura e contingente. Esse aspecto é muito importante do ponto de vista logoterapêutico, pois evidencia como a falta de sentido afeta negativamente os relacionamentos.

Pessoas que têm dificuldade de se relacionar com outras pessoas tendem a associar seu mal-estar a uma condição interna estável que pode ser definida em termos de vazio existencial ou tédio que afeta o modo de ser do indivíduo (YEAGER et al., 2014). A presença do "tédio existencial", entendida como um profundo desconforto em que a pessoa tende a se fechar em si mesma, muitas vezes foi correlacionada a dificuldades psicológicas que minam a capacidade do sujeito de se relacionar com os outros.

Este tipo de tédio, em uma primeira descrição sumária, é aquilo em que estamos imersos e não para onde direcionamos nossos atos conscientes. Em muitos casos, envolve um bloqueio das funções cognitivas, afetivas ou motivacionais normais do indivíduo. Também em seu dicionário, Galimberti (1992, p. 613) fala dessa ligação com o sentido de vazio, ao defini-lo como um "estado existencial e psicológico que surge quando a experiência de um sujeito é projetual e afetivamente desmotivada".

A vivência do tédio, no entanto, não está ligada apenas às vivências individuais, mas muitas vezes também afeta a forma de se relacionar com o meio privado ou social em que se vive. Mesmo nos relacionamentos mais significativos, em que as pessoas estão envolvidas em comportamentos frequentemente habituais, é possível ficar entediado ao perder o sentido e o *sabor* de construir relacionamentos frutíferos. Nesses contextos, já não se aborrecerá com o que se faz, mas com a maneira de estar com o outro e com as suas diferenças, a ponto de transformar a riqueza da vida numa monótona série de hábitos a seguir.

Às vezes, pensa-se que o tédio é um momento acidental da experiência relacional, por exemplo, porque as coisas não foram bem ou porque os outros não corresponderam às suas expectativas. Na verdade, é um fator desmotivador que afeta o indivíduo e reduz sua capacidade de causar um impacto significativo no ambiente que está inserido.

## 3.1 Aspectos psicológicos do tédio relacional

Mas o que nos atormenta quando estamos no meio do tédio relacional? Por que isso acontece e como é vencido? Elusivo, indescritível em muitos aspectos, o tédio é uma camada de nossa psique que carece de sua qualidade resolutiva. O tédio é adequado para aqueles que agem sem motivo, para aqueles que não conseguem encontrar a chave motivadora para as coisas que fazem. Não porque haja perguntas cruciais que não são respondidas, mas porque se constata que faltam perguntas essenciais que se traduzem em uma redução progressiva do interesse, do envolvimento e do entusiasmo.

Segundo uma convicção amplamente difundida, o tédio pode ser atribuído à falta de estímulos sensoriais, mas infelizmente o tédio também surge em contextos em que se encontram estímulos de um ideal comum e de compromisso com a vitalidade social. O tédio é feito de sensações, de emoções e de pensamentos que não são facilmente analisados. É impenetrável ao sentido, ou pelo menos não se abre a um possível sentido de existência, estando destituído dele.

Sendo difícil equipará-lo a um desconforto cotidiano, o tédio desperta pouca atenção entre os estudiosos de problemas psiquiátricos e psicopatológicos. Seria errado simplesmente defini-lo como um sintoma ou um distúrbio, ou como uma doença no sentido amplo da palavra, pois é algo a mais e inclui diversos fatores. Aparentemente assintomático, sem efeitos negativos atribuíveis a uma patologia específica, o tédio se infiltra nos acontecimentos relacionais das pessoas, principalmente na rotina das relações cotidianas, onde pode ser definido como um tom emocional penetrante que afeta a forma como a pessoa se relaciona com o mundo circundante.

Ao mesmo tempo, o tédio se difere da apatia e do desinteresse mútuo, porque constitui um fardo para o indivíduo, especialmente nos contextos grupais caracterizados por relações significativas, como nas famílias ou nos grupos sociais em que as pessoas têm relações afetivas importantes. Basta pensar nos comportamentos relacionais usuais de uma família, como comer juntos, divertir-se juntos, assistir televisão, conversar sobre coisas comuns, suportar um ao outro etc. Nessas circunstâncias, quando os relacionamentos são vividos de forma estéril e monótona, as pessoas tematizam o tédio por meio de um processo de introspecção contínua, que as leva a questionar o significado do que fazem (CREA, 2007).

Algumas vezes o tédio se apresenta como uma experiência relacional muitas vezes dolorosa, com implicações incômodas, que pode levar a um curvar-se sobre si mesmo, podendo muitas vezes conduzir a um quadro depressivo, do qual a pessoa se defende refugiando-se nas mil ocupações e deveres da vida ou na atividade laboral externa, com o risco de *naufragar* em algo que não é mais reconhecido como estimulante e valioso.

Haynal (1980, p. 99) propõe o tédio como um humor organizado e defensivo contra um possível estado depressivo: "o sujeito fica entediado quando sente o seu ambiente como pobre de estímulos. Esta pobreza pode ser um real, ou é o sujeito que se mostra incapaz de encontrar estímulos no mundo exterior ou na riqueza do seu mundo interior; ou ainda, ele desvaloriza os estímulos que lhe são oferecidos".

Quando nos relacionamentos as pessoas ficam entediadas, sem perceber elas sentem o peso de não serem capazes de ativar suas habilidades relacionais para sair do estado de passividade e experimentar algo diferente. Em outras palavras, é como se o tédio relacional reduzisse a possibilidade de encontrar energia e redescobrir novos potenciais.

O resultado é um desejo por algo indefinível, acompanhado por uma sensação de vazio interior e da privação de novas oportunidades de interação. É por isso que o tédio não é apenas uma questão de fragilidade psíquica ou imaturidade relacional do sujeito. A gênese do tédio deve ser buscada em outro lugar, na relação com o meio e, portanto, nas relações em que é possível verificar quais as oportunidades que o sujeito reserva para se orientar de maneira diferente no tempo e no espaço da existência habitual.

## 3.2 Do tédio relacional à riqueza relacional da autotranscendência

Pode-se pensar que o tédio é a ausência de emoção, mas não acho que isso possa ser dito, porque mesmo a pessoa entediada se sente emocionalmente desligada dos outros e se fecha em seu próprio mundo interior. É uma experiência emocional que não é específica, mas afeta a maneira de nos relacionarmos com as coisas comuns. Basicamente, ao ficar entediado, o indivíduo protege seu próprio mundo interior, preservando a esfera emocional do risco de encontrar um motivo para ser infeliz e, ao mesmo tempo, continuar fazendo as coisas sem gosto e sem entusiasmo.

Perceber esse processo protetor inconsciente indicará uma oportunidade de não mais ficar satisfeito com esse estado de entorpecimento emocional, ao mesmo tempo em que começa a buscar novas condições interativas que facilitam a redescoberta do significado das coisas que se faz. É importante acentuar que não há cura para o tédio e não basta boas intenções para iniciar uma recuperação motivacional.

Livrar-se do risco do tédio relacional pode ser, ao contrário, uma oportunidade para despertar da resignação, da inatividade, do esvaziamento interior diante das *coisas usuais* e de voltar ao fundamento do valor dos relacionamentos e da abertura para os outros, uma oportunidade para sair de indiferença para se maravilhar com a diversidade do outro.

Essa sensibilidade pode se tornar uma oportunidade, não de se contentar com o cotidiano monótono, mas de apreender os recursos e talentos presentes em cada um, para que se tornem um estímulo para o projeto comum de relações autênticas. Desse modo, o tédio relacional torna-se uma provocação para se abrir para o que dá sentido ao caminho de crescimento do indivíduo.

## 4 Autotranscendência como tarefa educacional a ser buscada

Segundo Yalom (1980), a falta de sentido está associada às disfunções psíquicas da pessoa, ao passo que, pelo contrário, uma vida cheia de sentido está ligada a valores positivos que se referem a um sentido de abertura aos outros e de autotranscendência, ao sentido de identidade e pertencimento e, enfim, a objetivos claros a serem perseguidos na perspectiva futura de sua existência: "o homem por essência é aberto, é *aberto ao mundo* [...]. Ser homem significa ir além de si mesmo. A essência da existência humana é encontrada em sua própria autotranscendência" (FRANKL, 2001, p. 57).

Em vez disso, Viktor Frankl enfatiza como, para um autêntico desenvolvimento integral, é necessário redescobrir a vocação transcendente da natureza humana, que permite ao indivíduo crescer em direção aos valores subjacentes e buscar o sentido que todos precisam dar à existência.

Na interpretação da Logoterapia, a dimensão espiritual, baseada na liberdade e na responsabilidade, é realizada em três aspectos constitutivos: *personalidade, existencialidade* e *transcendentalidade*. Conforme acentua Franta (1982, p. 143), "à luz desses aspectos existenciais, o indivíduo se realiza apenas na transcendência, isto é, na luta contínua para viver o sentido, que deve ser verificado não segundo as categorias ontológicas, mas segundo a própria consciência".

## 4.1 Autotranscendência: ir além de si mesmo

Frankl observou em sua experiência terapêutica que as pessoas estavam mais centradas "naquilo que precisa ser feito" do que "aquilo que se é". Ao se opor à ideia de que a autorrealização poderia dar sentido pleno à vida humana, ele destaca a diferença entre a autorrealização e a autotranscendência. Por um lado, o homem que visa apenas a realização de si mesmo corre o risco de sofrer o que Frankl chama de efeito *boomerang*, ou seja, corre o risco de dobrar-se sobre si mesmo e se perder diante dos fracassos e da fadiga do crescimento humano. A capacidade de autotranscendência, por outro lado, ativa na pessoa suas aspirações profundas especialmente nos momentos difíceis, porque é justamente então que ela, guiada pela própria consciência, é chamada a sair de si mesma para se dedicar com amor a algo ou a alguém, realizando a verdadeira natureza de seu ser.

> Se é verdade que a realização e a autorrealização têm seu lugar na vida humana, elas não podem ser alcançadas exceto *per effectum*, e não *per intendem*. Só na medida em que nos doamos, damo-nos, nos colocamos à disposição do mundo, das tarefas e necessidades que, a partir dele, nos desafiam na nossa vida, na medida em que aquilo que nos interessa é o mundo exterior e os seus objetos, e não nós mesmos ou nossas próprias necessidades, na medida em que realizamos tarefas e respondemos às necessidades, na medida em que implementamos valores e percebemos um significado, somente nesta medida nós nos satisfaremos e nos realizaremos igualmente eles próprios (FRANKL, 1990, p. 120).

Desta forma, Frankl enfatiza que para um amadurecimento integral o homem deve transcender a si mesmo, focando em algo ou alguém que não ele mesmo:

> Somente na medida em que ele é capaz de viver esta autotranscendência da existência humana, é autenticamente homem e ele é autenticamente ele mesmo. Assim o homem se realiza, não se preocupando em se realizar, mas esquecendo-se de si mesmo e se doando, negligenciando-se e concentrando todos os seus pensamentos para fora [...]. O que é chamado de autorrealização é, e deve permanecer, o efeito não intencional da autotranscendência; é prejudicial e também frustrante torná-lo objeto de uma intenção específica. E o que é verdadeiro para a autorrealização também é verdadeiro para a identidade e a felicidade (FRANKL, 1983, p. 36-37).

## 4.2 Autotranscendência: a intencionalidade aberta aos valores

O indivíduo é apresentado por Frankl numa dimensão eminentemente vertical e, portanto, intencional, aberta a horizontes onde os valores do espírito, os conteúdos religiosos, as realidades sobrenaturais são essenciais para uma autêntica realização de si mesmo. Ele sai de si mesmo atraído por valores e significados que estão fora e acima de si mesmo; essa perspectiva o afasta do egocentrismo e destaca a natureza de seu crescimento em direção aos significados universais, por meio de processos de tomada de decisão que o envolvem pessoalmente: "não só ajo conforme o que sou, mas também me conformo com a forma como ajo. O homem *sim* decide [...]. Cada decisão é uma autodecisão, e a autodecisão é sempre uma autoconfiguração. E enquanto configuro o destino, a pessoa para quem sou forma o caráter que tenho: assim se *forma* a personalidade que me torno" (FRANKL, 1998, p. 78). O homem, portanto, não propõe a autorrealização, mas sabe buscá-la como uma consequência da autotranscendência.

A autotranscendência faz parte do processo de crescimento da pessoa. Ela passa pelo amor e pela consciência, ambas expressões da intencionalidade da natureza humana. O amor é a capacidade de encontrar a singularidade do outro, e sublinha o aspecto de *ser capaz de ser*, pois centra-se nos valores potenciais presentes no encontro com o outro; na verdade, com o amor, a pessoa entra em contato com o mundo das relações, se sintoniza com o *tu* e identifica o potencial presente no outro. A consciência é a capacidade de apreender o sentido preciso de uma determinada situação e, por isso, tem um valor predominantemente pedagógico, pois evidencia a tensão entre o que a pessoa é e o que ela deve ser.

Portanto, se o amor sente e percebe a possibilidade de valor no "tu" amado, ao se sintonizar com ele, a consciência identifica o seu potencial (FRANKL, 1990, p. 39). Mas o amor e a consciência sublinham a singularidade da pessoa que se relaciona com o outro, com a capacidade fundamental de transcender-se para *apreender* a sua diversidade profunda e acolhê-la como mistério e como dom.

## 5 Dimensões de alteridade e significado existencial

Sobre o sentido da vida como uma tarefa a ser realizada, nos escritos de Frankl ressoam três frases do Rabino Hillel, que viveu no final do século I a.C.: "Se eu não fizer, quem o fará? Se eu não fizer isso agora, quando terei a oportunidade de fazer novamente? E se o faço só para mim, quem sou eu então?" (FIZZOTTI, 2001, p. 152). Estas expressões sublinham os três aspectos centrais do seu pensamento: à singularidade da pessoa, entendida como insubstituível; à irrepetibilidade do aqui e agora onde todos são desafiados a cumprir uma tarefa; e, enfim, à orientação para o mundo dos valores compreendidos como uma força motivacional primária.

Mas também sublinham o sentido transcendente que tem o encontro autêntico com o outro, entendido como a redescoberta de sua singularidade em sua história pessoal e distinta. Encontrar e amar o outro na perspectiva do amadurecimento frankliano significa saber apreender "a dimensão imediatamente superior, aquela na qual o homem é transcendido na direção de um sentido e na qual a existência é colocada em confronto direto com o *logos*" (FRANKL, 2001, p. 255). Quando o encontro com o outro não está aberto ao sentido e à autotranscendência, permanece fechado à satisfação das próprias necessidades, nos conflitos interpessoais e na arrogância, onde se perde de vista os objetivos existenciais de caráter evocativo, que exigem uma realização plena e envolvente.

É claro que, quando falta essa dimensão da alteridade autêntica, não basta referir-se a aspectos superficiais ou regras externas para redescobrir a verdadeira relacionalidade. As pessoas precisam entrar em uma perspectiva de relação autêntica entre si a partir do apelo à transcendência contido em cada encontro verdadeiro. Para chegar ao sentido de alteridade segundo a abordagem de Frankl é necessário referir-se à função da consciência, que já mencionamos.

A consciência moral abre para a pessoa o que é possível, o que deve ser alcançado, e antecipa intuitivamente a compreensão dos valores dos quais ela terá plena consciência quando forem valores vividos. A mesma coisa acontece com o amor que sente que ainda não existe na relação com o outro; mesmo assim, abre-se para as inúmeras possibilidades de valores presentes na vida relacional. É um ato de autotranscendência mútua que torna a pessoa capaz de superar a relação superficial baseada na simpatia ou antipatia, ou na atração sentimental, para se basear na autêntica identidade espiritual do outro, onde a mais profunda dignidade e sua singularidade são insubstituíveis. Só que, para amar o outro, deve haver uma decisão de redescobrir o sentido profundo da alteridade: "o verdadeiro encontro é baseado na autotranscendência, ao invés da mera autoexpressão. Ele se transcende em direção ao *logos*, enquanto o pseudoencontro é fundado em um 'diálogo sem *logos*' [...] e representa apenas uma plataforma de autoexpressão mútua" (FRANKL, 1999, p. 58).

Assim, no campo das relações, não são as necessidades ou expectativas que regulam a relação com os outros, mas sim a capacidade de decidir, de dar uma resposta única e responsável que permite abandonar-se e doar-se ao outro no conhecimento e no amor: "na verdade, o amor, e só o amor, é capaz de ver a pessoa em sua singularidade, como pessoa absoluta. Nesse sentido, tem uma função cognitiva significativa" (FRANKL, 1990, p. 42).

Em última análise, amar os outros de forma autêntica significa participar da transcendência que une as pessoas, direcionando-as ao sentido da própria existência, facilitando assim o amadurecimento integral por meio de uma autêntica capacidade de diálogo interpessoal. Com a interpretação da autenticidade relacional, entendida em seu sentido apelativo, a Logoterapia enriquece a perspectiva do processo de maturação interpessoal, abrindo-o para o sentido do infinito.

## 6 Autotranscendência educacional

Como a autotranscendência pode contribuir para o bem-estar, que ajude a valorizar as próprias características psicológicas na perspectiva de uma melhor busca de sentido? Como recuperar uma perspectiva de sentido que contribua para a melhoria da saúde mental e do bem-estar psicológico, que leve em consideração a capacidade de relacionalidade mútua?

Muitos estudos confirmam que, em condições de desconforto, a busca de sentido – entendida como dimensão *vital* para seguir avançando, se relacionar, ter sucesso, enfrentar a dor e a frustração (FRANKL, 1963; MADDI, 1967) – permite diferenciar a adaptabilidade da pessoa e está correlacionada com condições de bem-estar psicológico e melhor gestão da saúde mental (FRANKL, 1969; JIM et al., 2006).

Assim como a abertura e a autotranscendência – entendida como um "critério para julgar maturidade e saúde psicológica" (BRUZZONE, 2001, p. 266) – podem estar associadas a objetivos significativos que favorecem aspirações para uma melhor adaptação (ZHANG et al., 2016).

Partindo dessas premissas teóricas, para aprofundar os vínculos entre traços de personalidade e bom funcionamento psicológico em termos de autotranscendência, é possível explorar a relação entre as dimensões da personalidade e a capacidade da pessoa de autotranscender, entendida como uma dimensão única e específica em seu caráter relacional e de abertura para os outros. O perfil resultante permite detectar intuitivamente quais são os aspectos de si que mais se relacionam com o sentido da vida no seu aspecto prospectivo, interpretando assim a autotranscendência como uma dimensão que tem um efeito educativo no modo de ser.

## 7 Em direção a um protocolo de "personalidade transcendente"

Como os traços de personalidade se movem em relação à capacidade da pessoa de agir para autotranscender? Ou melhor, como a autotranscendência pode facilitar o uso construtivo das características da personalidade de alguém?

A teoria dos tipos psicológicos de Jung (1971) conceitua diferenças individuais em termos de dois tipos de *orientamento* (introversão e extroversão), dois tipos de *percepção* (sensação e intuição), dois tipos de *julgamento* (pensamento e emoção) e dois tipos de *atitude* (julgamento e percepção) (cf. tabela 1).

Tabela 1 – Esquema de preferências básicas que estruturam a personalidade
(SAGGINO, 1991, P. 116)

| Resumo das preferências individuais ||
|---|---|
| **Extroversão** | **Introversão** |
| Provavelmente, alguém com esse tipo de *orientamento* psicológico, acha mais fácil estabelecer relações com o mundo externo das coisas e pessoas do que com o mundo interno das ideias. | Provavelmente, alguém com esse tipo de *orientamento* psicológico, acha mais fácil estabelecer relações com o mundo interno das ideias do que com o mundo externo das pessoas e das coisas. |
| **Sensação** | **Intuição** |
| Provavelmente, alguém com esse tipo de *percepção* psicológica tende a lidar com fatos que conhece bem ao invés de tentar identificar novas possibilidades nas relações. | Provavelmente, alguém com esse tipo de *percepção* psicológica, tende a identificar novas possibilidades nas relações ao invés de lidar com fatos bem conhecidos. |
| **Pensamento** | **Emoções** |
| Provavelmente, alguém com esse tipo de *julgamento* psicológico tende a basear seus julgamentos mais em uma análise lógica impessoal do que em valores pessoais. | Provavelmente, alguém com esse tipo de *julgamento* psicológico tende a basear seus julgamentos mais em experiências emocionais em como se sente, ao invés de análise e lógica impessoais. |
| **Julgamento** | **Percepção** |
| Provavelmente, alguém com esse tipo de *atitude* psicológica prefere um estilo de vida planejado, decidido e ordenado, em vez de flexível e espontâneo. | Provavelmente, alguém com esse tipo de *atitude* psicológica prefere um estilo de vida flexível e espontâneo ao invés de planejado, decidido e ordenado. |

A *introversão* e a *extroversão* descrevem os dois *orientamentos* preferidos pelo sujeito com respeito ao mundo interno e externo. Os introvertidos preferem prestar atenção ao seu mundo interno, e dele buscam a energia necessária para agir e confirmar a si mesmos. Quando os introvertidos experimentam condições de vazio ou fadiga existencial e precisam de estímulo, eles entram em seu mundo interno. Os extrovertidos, preferem prestar atenção ao mundo exterior, onde carregam as energias que usarão para estabelecer relações. Quando os extrovertidos vivem em condições de fadiga existencial e precisam se reanimar, direcionam sua atenção de forma intuitiva e criativa para o mundo exterior.

Segundo os critérios do modelo junguiano, os dois *orientamentos* e os dois tipos de *percepção* dizem respeito à maneira como as pessoas tendem a coletar e processar informações do mundo circundante, em particular do mundo das relações interpessoais. Os tipos psicológicos centrados na *sensação* tendem a processar a realidade e os acontecimentos da vida a partir dos sentidos e da possibilidade de entrar em contato com a realidade. São sujeitos que enxergam os detalhes das coisas em vez de focar no significado geral. Os tipos psicológicos centrados na intuição tendem a focalizar mais nas possibilidades, nas conexões e nas relações, para as quais tendem a privilegiar a visão global das coisas, que vai além das informações e dos detalhes individuais.

*Pensar* e *sentir* representam as duas preferências psicológicas que caracterizam o processo de avaliação e *julgamento*. Além disso, descrevem como as pessoas preferem chegar às decisões e a fazer escolhas. Aqueles que preferem o *pensamento* tendem a tomar decisões com base na análise objetiva e lógica das coisas. Aqueles que preferem as *emoções* tomam as suas decisões com base em como se sentem; portanto, em como se sentem envolvidos no processo decisional.

*Julgar* e *perceber* são as duas atitudes que diferenciam o indivíduo no que diz respeito à relação com o mundo exterior. Pessoas que usam uma atitude baseada no *julgamento* apresentam uma abordagem planejada e sistemática da vida. O julgamento é o modo como eles chegam a conclusões, com base naquilo que perceberam. As pessoas que usam o julgamento para estabelecer relação com o mundo exterior preferem ter um sistema de avaliação fixo e tendem a privilegiar atitudes fechadas em um sistema de respostas previamente estabelecidos através de experiências anteriores. Pessoas que preferem uma atitude baseada na *percepção* encaram o ambiente externo com uma abordagem flexível e espontânea. A *percepção* é a maneira pela qual eles entram em contato e se tornam conscientes da realidade externa. Embora tendam a favorecer níveis mínimos de planejamento e organização, são mais abertos – por meio de seu próprio sistema de percepção – para compreender a realidade.

| Qual preferência de personalidade mais lhe caracteriza? |
|---|
| Abaixo você encontrará alguns pares de características. Para cada par, marque um **X** na característica que melhor descreve você. |

| Você tende a ser mais propício... | à ação ☐ ou ☐ à reflexão |
|---|---|
| Você é acima de tudo... | introverso ☐ ou ☐ extrovertido |
| Você tende a ser mais interessado... | aos fatos ☐ ou ☐ às teorias |
| Você é mais... | prático ☐ ou ☐ intuitivo |
| Você tende a ser mais interessado... | na harmonia ☐ ou ☐ na justiça |
| Você é... | cordial ☐ ou ☐ objetivo |
| Você prefere agir... | impulsivamente ☐ ou ☐ racionalmente |
| Você é mais... | espontâneo ☐ ou ☐ reservado |

**Note:** entrar em contato com os autores para receber os critérios para correção.

### Mini *Self-Transcendence Scale*

Avalie as seguintes afirmações circulando o valor que parece mais apropriado para você de 0 (nada correspondendo ao que eu acredito) a 4 (corresponde às minhas características ou ao que eu acredito).

| | | | | |
|---|---|---|---|---|
| 1) Minha vida tem sentido porque vivo para algo que é maior do que eu mesmo. | 1 | 2 | 3 | 4 |
| 2) Para ser válida, uma meta deve ter um valor intrínseco, algo que seja bom em si. | 1 | 2 | 3 | 4 |
| 3) Nas coisas que me importam, gosto de procurar o que é melhor. | 1 | 2 | 3 | 4 |
| 4) Em todas as situações me concentro em compreender o significado das coisas. | 1 | 2 | 3 | 4 |

## 8 Formação da "personalidade autotranscendente": entre liberdade e responsabilidade

No processo de formação para o amadurecimento integral da pessoa na perspectiva logoterapêutica temos repetidamente mencionado os termos *liberdade* e *responsabilidade*. Ao especificá-los como critérios metodológicos do método de formação integral da pessoa, pretendemos sublinhar o seu valor noético e existencial (BRUZZONE, 2001).

Existe uma perspectiva dupla para a liberdade humana: uma negativa e uma proativa. Quanto à primeira, a liberdade serve para estancar as influências negativas da vida e da sociedade: estar livre de qualquer solicitude e preocupação, livre de opressão, de perturbações ou de inconsistências psíquicas ou físicas. Parar apenas em uma liberdade entendida como ausência, quando se foca apenas em uma "liberdade de" estruturas, ou de elementos externos ou internos, seria muito limitante para a pessoa. Na segunda perspectiva, a proativa, "a liberdade é antes de tudo *para* algo, para uma atitude, para uma decisão, para a realização de valores. E nessa abordagem positiva, isto é, do que a liberdade traz ao homem, as diretrizes fundamentais da existência humana são delineadas" (FIZZOTTI, 2001, p. 82). Nas palavras de Frankl (1990, p. 59), "a liberdade da vontade humana consiste, portanto, em estar livre *de* impulsos *para* ser responsável, para ter consciência".

Se a liberdade enfatiza a dinâmica de tomar uma atitude, de se determinar, de ter uma direção, essa liberdade está essencialmente ligada à responsabilidade. O indivíduo é responsável por algo, no que diz respeito à realização dos valores que o ajudam a crescer fora de si mesmo, para ir em direção à realização de um sentido. Esses valores devem ser descobertos e vividos pessoalmente, porque somente na encarnação pessoal seu *valor* real pode ser testemunhado. A proposta do compromisso pessoal com a busca da verdade constitui a melhor plataforma para descobrir os significados de hoje que podem ser os valores de amanhã no processo de crescimento e amadurecimento da pessoa humana.

Questionado pela vida, o indivíduo é chamado a dar uma resposta que o ajude a transcender a si mesmo, vivendo e amadurecendo uma tarefa única que lhe é confiada:

> ser indispensável e insubstituível, típico de cada indivíduo, faz com que a responsabilidade que um homem tem pela sua vida apareça na medida certa; logo que surja na consciência, o incentiva a conti-

nuar vivendo. Um homem plenamente consciente desta responsabilidade para com o trabalho que o espera ou com a pessoa que o ama e espera nunca poderá jogar fora a sua existência. Ele conhece bem o *porquê* de sua vida e, portanto, será capaz de suportar quase todo o *como* (FRANKL, 1987, p. 134).

Por isso, quem se sente responsável pelo seu sentido existencial se coloca livremente em busca da tarefa a cumprir na sua vida. Se deve ou não empreender a realização desta tarefa está em seu poder, e o processo de responsabilidade educativa e amadurecedora está justamente na resposta certa que a pessoa dá à pergunta que a vida coloca.

Ver e viver a vida como tarefa a cumprir no dia a dia é crescer nesta perspectiva existencial, assumindo a própria realidade como oportunidade contínua de redescobrir o sentido do amadurecimento ao longo do tempo da existência humana. "Na verdade, são várias as possibilidades que surgem: as de fazer uma obra de arte, as de fazer um trabalho, as de viver um acontecimento, as de amar, as de sofrer. Cada uma dessas possibilidades é irrepetível, pois está ligada a uma situação específica e a um tempo e lugar circunscritos" (FIZZOTTI, 2003, p. 38).

Quando o homem retorna à sua própria existência, percebe as muitas possibilidades à sua disposição que ele pode realizar. Tudo isso constitui um desafio, uma tarefa que é chamado a cumprir, uma tarefa a ser realizada de acordo com o potencial real. Esta dimensão nos remete ao sentido direcional e finalista do crescimento humano segundo a abordagem da Logoterapia, na qual o indivíduo está, sim, empenhado em se libertar *do* que o bloqueia, mas – sobretudo – é chamado a ser livre *para* algo que faz sentido e vale a pena se comprometer.

O fato de ser livre e responsável por algo se traduz em uma tarefa autotranscendente específica a ser realizada, que corresponde à singularidade e individualidade de cada um. Ao mesmo tempo, é uma tarefa que varia de situação para situação,

> porque a singularidade das situações traz consigo uma caracterização diferente, com necessidades e condições próprias que de modo algum se repetem. Todo homem deve, portanto, ter o cuidado de observar a situação em que se encontra e que não tem comparação com seus próprios eventos e os de outros que já ocorreram anteriormente. A singularidade e a unicidade constituem os momentos da existência humana (FIZZOTTI, 2001, p. 149).

Como diz o próprio Frankl, "para cada um de nós existe apenas um caminho fixado para cada situação em que nos deparamos: só seguindo é possível percebermos nossas possibilidades" (FRANKL, 2001, p. 93), realizando assim um crescimento do eu que não é fragmentado ou ocasional ou, pior ainda, apassivante, mas que realmente é compreensivo da totalidade da natureza humana.

Neste envolvimento pessoal contínuo, na procura de sentido e na realização da tarefa a que todos são chamados a responder, esclarece-se o sentido permanente do amadurecimento do sentido do ser humano.

## 9 Considerações finais: o suporte relacional como recurso para o desenvolvimento da autotranscendência

Qual é o processo que facilita a estruturação de comportamentos proativos na autotranscendência? Vários estudos confirmam que o suporte obtido no contexto relacional em que as pessoas vivem ajuda a abrir-se a novas perspectivas de sentido. Nesse caso, o fator sociorrelacional, que no momento do tédio pode ser visto como uma razão para o vazio interior, passa a ser uma oportunidade de suporte diferenciado de acordo com os recursos reais presentes no novo ambiente (BERG et al., 1998).

Por isso deve haver um caminho de envolvimento progressivo, tanto por parte da pessoa que se insere quanto por parte dos demais integrantes do grupo, aqueles que recebem. É precisamente no encontro mútuo entre pessoas pertencentes a diferentes hábitos, diferentes personagens, diferentes culturas, que todos podem redescobrir o sentido do vínculo a partir de objetivos comuns. Esta perspectiva comum torna-se um forte elemento de coesão no grupo, mas também uma oportunidade para um diálogo confiante, necessário para reler as diferenças culturais em termos de enriquecimento mútuo.

Portanto, quando os objetivos comuns são fortemente motivadores para a regulação dos comportamentos interpessoais, por estarem centrados na relacionalidade que ajuda a autotranscender, as relações que se entrelaçam podem ser um grande recurso para enfrentar as condições de desconforto e encontrar estratégias de adaptação.

É claro, portanto, que o suporte social de que estamos falando não pode se reduzir a tentativas de adaptação acomodatícia ou a esforços episódicos de resistência mútua, mas é um trabalho contínuo de amadurecimento interpessoal no qual a atenção dialógica às diferentes oportunidades contextuais, bem como as características psicológicas de cada um, podem constituir uma oportunidade útil para nos abrirmos a novas estratégias de valorização mútua que nos permitam avançar no crescimento rumo aos valores que unem as pessoas.

## Referências

BERG, C., MEEGAN, S., & DEVINEY, F. (1998). A social-contextual model of coping with everyday problems across the lifespan. *International Journal of Behavioral Development, 22*(2): 239-261. Https://doi.org/10.1080/016502598384360

BRUZZONE, D. (2001). *Autotrascendenza e formazione. Esperienza esistenziale, prospettive pedagogiche e sollecitazioni educative nel pensiero di Viktor E. Frankl*. Vita e Pensiero.

CLONINGER, R., SVRAKIC, D., & PRZYBECK, T. (1993). A psychobiological model of temperament and character. *Archives of General Psychiatry*, 50(12): 975-990. Https://doi.org/10.1001/archpsyc.1993.01820240059008

CREA, G. (2007). *Patologia e speranza nella Vita Consacrata*. Dehoniane.

ERIKSON, E.H. (1999). *Gioventù e crisi d'identità*. Armando.

FIZZOTTI, E. (2001). *Logoterapia per tutti: Guida teorico-pratica per chi cerca il senso della vita*. Rubbettino.

FIZZOTTI, E. (2003). *Alla ricerca del senso*. Lussografica.

FRANKL, V. (1963). *Man's search for meaning*. Washington Square Press.

FRANKL, V. (1969). *The will to meaning: Foundations and applications of Logotherapy*. New American Library.

FRANKL, V. (1983). *Un significato per l'esistenza: Psicoterapia e umanismo*. Città Nuova.

FRANKL, V. (1990). *Dio nell'inconscio: Psicoterapia e religione*. Morcelliana.

FRANKL, V. (1993). *Presença ignorada de Deus*. Vozes.

FRANKL, V. (1998). *Homo patiens: Soffrire con dignità*. Queriniana.

FRANKL, V. (1999). Una co-esistenza aperta al logos. *Attualità in Logoterapia*, 1(1): 53-62.

FRANKL, V. (2001). *Logoterapia e analisi esistenziale*. Morcelliana.

FRANKL, V. (2003). *Sede de sentido*. Quadrante.

FRANKL, V. (2011). *A vontade de sentido: fundamentos e aplicações da Logoterapia*. Paulus.

FRANTA, H. (1982). *Psicologia della personalità: Individualità e formazione integrale*. LAS.

GALIMBERTI, U. (1992). *Dizionario di Psicologia*. Utet.

GRÜN, A. (2008). *40 anni età di crisi o tempo di grazia?* Messaggero.

HAYNAL, A. (1980). *Il senso della disperazione*. Feltrinelli.

JIM, H., PURNELL, J., RICHARDSON, S., GOLDEN-KREUTZ, D., & ANDERSEN, B. (2006). Measuring meaning in life following cancer. *Quality of Life Research*, 15(8): 1.355-1.371.

JUNG, C. (1971). *Psychological Types*. Routledge.

LE, T.N. (2011). Life satisfaction, openness value, self-transcendence, and wisdom. *Journal of Happiness Studies*, 12(2): 171-182. Https://doi.org/10.1007/s10902-010-9182-1

LEVENSON, M., JENNINGS, P., ALDWIN, C., & SHIRAISHI, R. (2005). Self-transcendence: Conceptualization and measurement. *International Journal of Aging & Human Development*, 60(2): 127-143. Https://doi.org/10.2190/XRXM-FYRA-7U0X-GRC0

MADDI, S. (1967). The existential neurosis. *Research Gate*, 72(4), 311–325. http://dx.doi.org/10.1037/h0020103

REED (2003). The theory of self-transcendence. In *Middle range theory for nursing* (pp. 145-165). Springer.

SAGGINO, A. (1991). *Myers Briggs Type Indicator. Manuale*. Organizzazioni Speciali.

YALOM, I. (1980). *Existential Psychotherapy*. Basic.

YEAGER, D., HENDERSON, M., PAUNESKU, D., WALTON, G., D'MELLO, S., SPITZER, B., & DUCKWORTH, A. (2014). Boring but important: A self-transcendent purpose for learning fosters academic self--regulation. *Journal of Personality and Social Psychology*, 107(4): 559-580.

ZHANG, H., SANG, Z., CHAN, D.K.-S., TENG, F., LIU, M., YU, S., & TIAN, Y. (2016). Sources of meaning in life among Chinese University students. *Journal of Happiness Studies*, 17: 1.473-1.492.

# 8
# Autotranscendência e adicções a substâncias psicoativas

*José Arturo Luna Vargas*

## 1 Introdução

Entre as tantas possibilidades de abordar a temática da autotranscendência e a adicção em substâncias psicoativas, gostaria de compartilhar neste capítulo as experiências do meu trabalho de 34 anos com pessoas adictas em substâncias psicoativas. Posso dizer que esta minha experiência me permitiu verificar a importância do conceito e da experiência frankliana de autotranscendência, bem como sua relação com os conceitos de vazio existencial e adicção.

Começaremos este capítulo com uma revisão do conceito de drogadição noogênica. Em seguida será abordada a questão da autotranscendência (liberdade – responsabilidade) e sua relação com as toxicodependências. Posteriormente será indicada a importância de uma antropologia relacional no tratamento de dependentes químicos. Por fim, será feito um resumo do programa de tratamento da Escuela Filosófica Viktor Frankl, um programa criado pelo Instituto Colombiano de Análisis Existencial y Logoterapia Viktor Frankl frente à adicção. Desde já salientamos que é um dos poucos tratamentos no mundo que oferece garantia de cinco anos; ou seja, se uma pessoa realizar o programa de dois anos e continuar as indicações, se posteriormente recair no uso de substâncias psicoativas será atendida sem nenhum custo adicional.

## 2 As drogadições noogênicas

Antes de apresentar uma definição de drogadição noogênica, convém definir o conceito de neurose noogênica segundo a perspectiva frankliana. A antropologia frankliana pressupõe três dimensões na pessoa, que se relacionam entre si, mas que mantém autonomia: a dimensão biológica, a dimensão psicológica e a dimensão noética ou espiritual. Fizzotti, referindo-se a Frankl, diz que:

> também nesta dimensão (espiritual) as neuroses podem criar raízes, e é aí que falamos de neuroses noogênicas (i. é, nascidas do húmus espiritual); isto quer dizer que a tensão causada por um conflito de consciência, ou a opressão causada por um problema espiritual, ou seja, uma crise existencial, pode provocar uma neurose (FIZZOTTI, 1993, p. 141).

Assim, a neurose noogênica tem sua origem na dimensão noética ou espiritual e pode estender suas repercussões psicofisiológicas ao nível da correlação psico-neuro-imuno-endocrinológica. A neurose noogênica está associada ao vazio existencial e caracterizada como a falta de sentido na vida; é uma frustração existencial, na qual a vontade de dar sentido à própria existência permanece frustrada. Nesse sentido, os conflitos entre valores diferentes ou opostos podem levar a um problema noogênico.

Na minha perspectiva (LUNA, 2015), no que diz respeito à etiologia das dependências de substâncias psicoativas, não existe um ponto de partida, mas compreende-se como fenômeno multifatorial. O ideal é descobrir e propor, pelo menos em nível das hipóteses, se a dependência do cliente é de tipo psicológica, biológica, social, noética ou espiritual. Essas hipóteses são as que irão, posteriormente, nortear grande parte do tratamento.

A drogadição do tipo noogênica é aquela em que, coloquialmente, podemos dizer: "a pessoa já tem uma vida estável, casa, carro e se pergunta: e agora?" Nesses momentos, com frequência, o sujeito acaba por *descobrir* a droga e, através do uso frequente, acaba se tornando em um adicto. Em termos gerais, podemos dizer que encontrou uma falsa razão para viver, e com o passar do tempo, após a "lua de mel" com a droga, pode criar sofrimento desnecessário para si e para seu meio social. De acordo com a minha experiência clínica com adictos, e também nos vários cursos e conferências internacionais ministrados, as drogadições noogênicas tendem a se apresentar mais em países mais desenvolvidos e em classes sociais economicamente favorecidas.

A drogadição noogênica tende a afetar toda a pessoa na sua integridade: abrange o biológico, o psicológico e o social. A dependência de drogas de tipo psicológica é uma dependência mais individualizada, que nasce em uma parte mais localizada da estrutura psicológica da pessoa. A dimensão noogênica, por sua vez, é difusa em toda a pessoa, é menos particular e mais holística.

No caso das drogadições noogênicas, um tratamento que também leve em conta a perspectiva logoterapêutica é essencial, pois a Logoterapia é uma terapia que nasce e usa a dimensão noética, na qual percebemos que as drogadições noogênicas têm as suas raízes. A maiêutica ou o diálogo socrático são duas das ferramentas indicadas para enfrentar esse tipo de adicção.

É importante ter em mente que há inúmeros autores (FIZZOTTI, 1993; FORSTMEYER, 1968; FROGGIO, 1987; SHEAN & FECHTMANN, 1971; TOLER, 1975) que têm pesquisado a questão da relação entre as adicções e o vazio existencial, que de alguma forma tem a ver com a autotranscendência, pois na Logoterapia, como uma terapia que busca desenvolver a vontade de sentido, é claro que esse desenvolvimento pode ocorrer na medida em que a pessoa descobre significados por meio de valores (criação, experiência, atitude) que, por sua vez, implicam uma forma de autotranscendência, pois olham para além da pessoa "procuram uma pessoa a quem amar, uma ideia pela qual lutar, um motivo para". Levando em conta o exposto, citamos um texto do italiano Giacinto Froggio:

> A drogadição e o alcoolismo, do ponto de vista da Logoterapia, têm em parte uma causa, que é o chamado vazio existencial. Estudos que tentaram identificar uma relação entre a dependência das drogas e o vazio existencial concluíram que tal relação existe. Mas não é uma relação de causa e efeito. Em vez disso, verificou-se que existe uma espécie de processo circular onde, embora não haja causalidade direta, o vazio existencial intervém na manutenção da dependência. Da mesma forma, há tratamentos como o do Centro Internacional de Tratamento Italiano (Ceis) que propõem o modelo: a dependência às drogas é sintoma de um profundo mal-estar existencial (LUNA, 2015, p. 26-27).

Analisando diferentes e numerosas pesquisas feitas por Froggio (1987), percebemos que o autor evidencia uma ligação entre a dependência às drogas e vazio existencial, principalmente nos últimos anos. Entre as pesquisas, citamos um estudo feito entre estudantes universitários que, usando como instrumento psicológico o Teste Propósito de Vida (PIL) de Crumbaugh (1964), demonstrou que altos índices de frustração existencial estão correlacionados ao uso habitual de algum tipo de substância psicoativa. As pesquisas também (CRUMBAUGH, 1980; FORSTMEYER, 1968) indicam bons resultados alcançados com o uso da Logoterapia no tratamento da dependência, especificamente do álcool, mas também de outros tipos de substâncias psicoativas.

O Centro Internacional de Tratamento Italiano (Ceis), referência metodológica para a maioria dos tratamentos desenvolvidos na América Latina, iniciou desde 1980 um uso sistemático da Logoterapia como abordagem teórica para o acompanhamento psicológico de pessoas adictas. Indicamos como ponto propulsor, o congresso mundial de comunidades terapêuticas realizado em

Roma em 1978 (ARNAU, 1988) para o qual foi convidada a psicóloga Elisabeth Lukas, austro-alemã e aluna de Viktor Frankl, uma das pioneiras na área. O Ceis também relata pesquisas (BIANCHI, 1986) em que, após um acompanhamento de dois anos a clientes que terminaram o tratamento, o percentual daqueles que mantêm a abstinência após dois anos varia de 40 a 80%.

## 3 Autotranscendência, liberdade, responsabilidade e adicções

Uma das definições que Frankl usa para definir a pessoa humana é a de que o ser humano é livre e responsável. Essas são duas características da dimensão noética ou espiritual, em que a **liberdade** está associada à capacidade de **autodistanciamento**, enquanto a **autotranscendência** está associada à **responsabilidade**. No acompanhamento psicoterapêutico da pessoa adicta, um dos objetivos que se desenvolve é "acompanhá-la para dar o passo doloroso de assumir sua liberdade e responsabilidade" (onde a autotranscendência está na base de sua responsabilidade). Desde a primeira consulta a pessoa adicta é lembrada de que pode escolher entre continuar usando drogas ou optar por entrar em tratamento para parar de usá-las. Da mesma forma, ela é informada de que qualquer escolha que faça implica responsabilidades e consequências: "liberdade, escolha e angústia". Essa tríade pressupõe que qualquer escolha é uma perda, mas nessa perda se pode encontrar um sentido e um significado, assim como descobrir a serenidade.

Outro aspecto importante no tratamento das pessoas adictas diz respeito à ajuda que se dá na busca de sentido ou significado às múltiplas vivências ou experiências. Também aqui se percebe a questão da autotranscendência em termos da busca de valores, através dos quais o sentido ou significado é encontrado, o que implica uma busca que está fora, além de si mesmo. Se tivermos em mente os três tipos de valores (a criação, a experiência e a atitude), pode-se concluir que todo valor está fora da pessoa. Há uma tensão dinâmica em relação aos valores: um trabalho, uma profissão, uma habilidade para transformar, criar algo, amar alguém ou algo, a arte, a busca pela experiência religiosa ou uma mudança de atitude. São todas as nuanças de valores que precisam da capacidade de autotranscendência.

## 4 Uma base antropológica relacional para a autotranscendência no trabalho com pessoas adictas

O neoliberalismo econômico tem provocado a existência de mais individualismo e com ele grandes tragédias para a humanidade: guerras, desigualdades etc. Daqui podemos deduzir a necessidade de continuar reforçando uma antropologia relacional, isto é, construir um espaço fora de mim para construir relações com um *outro*, com o objetivo de se chegar a um *nós*. Os pontos da antropologia relacional, trabalhados no programa de tratamento de pessoas adictas do Instituto Colombiano de Análisis Existencial y Logoterapia, estão de acordo com a autotranscendência e são os seguintes:

4.1. *Se é pessoa na medida em que a alteridade é aceita.* Cicchese (1999) argumenta que esse fato é um fenômeno original, com um fundamento antropológico e ontológico. Sempre está diante de mim um acontecimento (pessoa, coisa, circunstância etc.) que é diferente de mim. Não há nem mesmo um ato da minha existência como pessoa em que se possa estar totalmente só, há sempre uma alteridade diante de mim. Eu sou porque há uma alteridade diante de mim. Na mesma linha, Buber (1984) dirá: "quando eu digo eu, eu digo você; quando eu digo você, eu digo eu". Se é uma pessoa na medida em que são construídos consensos, acordos de diálogo, conciliações.

Em suma, como Cicchese (1999) escreverá, há um nós original e significativo sem o qual o eu e o você seriam apenas mônadas perdidas no universo do efêmero. A esse respeito, Entralgo argumentará que: "o outro como tal pertence indubitavelmente à esfera do que não é meu; mas, antes de ser para mim *outro*, antes, portanto, de ser você antes do meu *eu*, ele e eu passamos a ser nós" (p. 19).

4.2. *Se é pessoa na medida em que se tem uma mente relacional*: a pesquisa dos últimos 30 anos reafirma esse fato (SIEGEL, 2013); a mente, o pensamento não se desenvolvem isoladamente. Desde o nascimento (e mesmo antes?) a mente do recém-nascido se relaciona com as pessoas que assistirão o parto e com sua mãe e seu pai. A mente do recém-nascido se desenvolve assim que surge um *você*. A mente da criança ou do adolescente existe na medida em que é relacional. Para a pessoa adicta em tratamento, esses postulados gradualmente o movem para fora, em um movimento de autotranscendência.

4.3 *Se é pessoa na medida em que se tem uma base neuronal compartilhada*: referimo-nos aos chamados "neurônios-espelho" (RIZZOLATTI & SINIGAGLIA, 2014). Esta é uma das bases para desenvolver a empatia: "poder me colocar no lugar do outro", ou seja, ser autotranscendente.

4.4 *Se é pessoa na medida em que se aceita que todo ser humano sempre tem uma história anterior, um contexto sociocultural, econômico, existencial, espiritual, ecológico que o influencia*. Na pessoa adicta é de suma importância a apreensão desse contexto sociocultural.

4.5 *Se é pessoa na medida em que se aceita que existe o conflito, o mistério da dor, do sofrimento, do nada, do absurdo*. Também ao lado do sofrimento pode-se acessar ou construir um "otimismo trágico", não um masoquismo. A ideia é que a pessoa adicta, aos poucos, vai se esforçando para ver o positivo no absurdo, no sofrimento, no nada, para encontrar sentido em todos esses fatos. Na medida em que um **sentido** é descoberto, **um para quê** do sofrimento, desespero, o desconforto é diminuído ou eliminado. Como forma de autotranscendência, trabalha-se a frase de Ésquilo: "Somente quem sofreu tem a alegria de compreender o outro" (LUNA, 2015, p. 254).

4.6 *Se é pessoa na medida em que aos poucos vai-se aprendendo a dialogar a partir da escuta, de uma "atitude mais fenomenológica" possível.* Klaus Hemmerle (MARCO, 2012), também estudioso da fenomenologia de Husserl, sugere que para estabelecer um diálogo é necessário partir da **escuta**, no sentido mais fenomenológico possível. Recordamos o famoso *epoché* de Husserl que nos convida a "suspender o julgamento" contra o que o meu interlocutor diz, pelo menos nos momentos em que a pessoa fala, se expressa. Da mesma forma, meu interlocutor pode se esforçar para ter diante de mim a escuta mais fenomenológica possível, estabelecendo assim uma **reciprocidade empática**. Aqui, uma autotranscendência recíproca é estabelecida. Este é um dos pontos mais difíceis de lidar com pessoas adictas.

Continuando na linha da escuta profunda, Giuseppe Zanghi (2008) dirá que expressar meu pensar, meu pensamento pode ser antes de tudo um dom, um presente para os outros, e a isso podemos acrescentar que por sua vez o pensamento do outro é percebido para mim como um presente, onde posso me perguntar: O que o outro quer me dar? O que a pessoa quer me dar quando fala comigo?

4.7 *Se é pessoa quando faz-se um esforço recíproco para aceitar que, em cada pessoa, há algo em comum que pode ser descoberto no diálogo, portanto, é preciso se esforçar para primeiro encontrar o que "nos une".* No tratamento de pessoas adictas em grupos de discussão, oficinas, a autotranscendência é trabalhada nesse sentido, na medida em que implica prestar muita atenção ao discurso de outras pessoas.

4.8 *Se é pessoa ao se esforçar para gerar um diálogo mais genuíno e partir de uma "ontologia do amor",* um valor muito importante dentre os valores da experiência. A pedagoga e filósofa italiana Chiara Lubich diz: "Sinto que fui criada como um presente de amor para aqueles que estão perto de mim... e quem está perto de mim também foi criado como um presente de amor para mim... na terra tudo está em relação de amor com tudo... tudo com tudo..."

(VOCE, 2014). Se tivermos em mente este texto, o diálogo entre as pessoas adictas, a equipe de tratamento e a comunidade, também pode ser visto como um presente de amor que pode ser recíproco. O amor pode ser considerado a "lei do ser, a lei da vida" (VOCE, 2014). O amor, como o abordamos, também pode ser concebido como um ato de autotranscendência na perspectiva frankliana.

4.9 *Ser pessoa parte do fato de que não é necessário apenas um pensamento dualista cartesiano linear, mas também um pensamento complexo e dinâmico.* O tratamento da pessoa dependente e o passo sucessivo, isto é, a permanência na abstinência do consumo, exige um olhar a partir da complexidade que implica viver a **humildade ontológica**, reconhecendo a nossa pequenez, a complexidade do cosmos, da convivência humana e ecológica.

Para encerrar este resumo da antropologia relacional e sua semelhança ou pontos de convergência com a autotranscendência, pode-se argumentar que a antropologia relacional e a autotranscendência são "dois lados da mesma moeda".

Perto do final do tratamento das pessoas adictas, sugere-se que além da **tríade trágica**: morte, sofrimento e culpa, haja também a **tríade positiva** (LUNA, 2005): fraternidade, coragem e esperança, onde é preciso se esforçar para sair de si para e se dirigir à pessoa que está próxima, que ela sente a nossa irmandade, coragem ("aperte os dentes, chore, se for o caso, mas continue lutando") e esperança ("porque pude, poderei").

# 5 As doze variáveis do tratamento de pessoas adictas na Escuela Filosófica Viktor Frankl

A seguir definiremos resumidamente as doze variáveis do programa terapêutico para pessoas adictas que o *Instituto* Colombiano de Análisis Existencial y Logoterapia Viktor Frankl propõe. Este programa é definido como Escuela Filosófica Viktor Frankl, uma vez que concordamos com os postulados de Frankl que vê na pessoa adicta, acima de tudo, uma crise existencial, e com Elizabeth Lukas, discípula de Frankl, que fala que "a verdadeira cura é filosófica". Iremos relacionar cada variável à autotranscendência. As variáveis ou disciplinas teórico-práticas são as seguintes:

*5.1 Matéria: Análise Existencial e Logoterapia*

**Objetivo:** Conscientizar o estudante sobre a abordagem filosófica do tratamento para ajudá-lo a encontrar o seu próprio significado na vida e a assumir uma filosofia de vida saudável. Se insiste em um tema central da Análise Existencial de Frankl, no que diz respeito à equação antropológica fundamental: "ser pessoa é igual a ser livre e ser responsável". Nessa equação, a questão da autotranscendência é básica.

*5.2 Matéria: Noções básicas sobre vícios*

**Objetivo:** Ensinar ao cliente qual é a doença ou vulnerabilidade da adicção para controlar seus sintomas. Trabalha-se com as responsabilidades que a pessoa tem de assumir e as consequências de suas ações, pois também afetam outras pessoas (autotranscendência).

*5.3 Matéria: Doze Passos de Narcóticos Anônimos (NA)*

**Objetivo:** Conhecer e apropriar-se do conteúdo de cada um dos 12 passos do NA. O estudante que tem dificuldades com a concepção religiosa de algum dos passos possui a alternativa de ver os doze passos segundo a Análise Existencial e a Logoterapia. O estudante deve responder a cada uma das questões de cada passo em um caderno. As conexões de cada passo com a autotranscendência são analisadas em detalhes.

## 5.4 Matéria: Projeto de vida

**Objetivo:** Descrever as metas e os objetivos de curto, médio e longo prazos que o estudante deseja desenvolver em sua vida. Nesse sentido, a autotranscendência está muito presente como forma de descobrir o sentido e evitar recaídas na adicção ativa.

## 5.5 Matéria: Autobiografia

**Objetivo:** Fazer uma análise da vida passada, presente e futura possível, encontrando sentidos e significados para as experiências vividas. A autobiografia segue as linhas do que foi proposto por Elizabeth Lukas, onde cada uma das nove fases em que a autobiografia se divide também é confrontada com a autotranscendência.

## 5.6 Matéria: Autodiagnóstico de vulnerabilidade e pontos fortes

**Objetivo:** Cada estudante deve aprender a autodiagnosticar suas vulnerabilidades ou limites, mas também seus pontos fortes. Insiste-se na liberdade e na responsabilidade de assumir seus limites e forças. O risco de **hiperreflexão** é enfatizado como uma correlação para recaídas e o desenvolvimento de patologias ou disfunções e, pelo contrário, a vantagem da **derreflexão** (autotranscendência).

## 5.7 Matéria: Treinamento autógeno

**Objetivo:** Aprender o método de autossugestão do fisiologista alemão Shultz e, assim, neutralizar algumas vulnerabilidades do cliente (BAZZI, 1981).

## 5.8 Matéria: Tolerância à frustração

**Objetivo:** Aprender exercícios que ajudem a aumentar a tolerância à frustração; quanto mais a gente desejar, mais sofre. O exercício da autotranscendência é fortalecido, a derreflexão como forma de aumentar a saúde e a tolerância à frustração. Frases como "Chorei porque não tinha sapatos até ver sorrir alguém que não tinha pés", que explicam como metáfora a desvantagem da hiperreflexão e a vantagem da derreflexão – autotranscendência.

### 5.9 Matéria: Desenvolvimento corporal

**Objetivo:** Fazer pelo menos uma hora de exercícios físicos diariamente para conseguir uma desintoxicação e reduzir a depressão.

### 5.10 Matéria: Evolução bio-psico-sócio-noética-ecológica

**Objetivo:** O profissional psicólogo fará um acompanhamento individual de cada estudante na parte bio-psico-sócio--noética-ecológica. O objetivo é desenvolver comportamentos de autotranscendência.

### 5.11 Matéria: Grupo de terapia e autoajuda familiar

**Objetivo:** O profissional psicólogo acompanhará a família de cada estudante na parte bio-psico-sócio-noética-ecológica. Será criado um grupo de autoajuda familiar liderado por pais ou parentes de pessoas já reabilitadas. Deve haver um diálogo entre as duas estruturas: terapia familiar e grupo de autoajuda familiar. O princípio da unidade na diversidade deve ser o guia.

### 5.12 Matéria: Técnicas terapêuticas

**Objetivo:** O psicólogo profissional implementará as propostas filosóficas ou científicas, individuais ou coletivas pertinentes para cada consultor e sua família.

## 6 Do *homo darwinianus* ao *homo doador* e ao *homo reciprocus*

Agora tentaremos fazer uma analogia da autotranscendência com alguns neologismos propostos pelo autor, em que se coloca um desafio a ser alcançado por um programa para pessoas adictas e também fora deste programa: Buscar otimizar os níveis de monantropismo (Frankl) ou de fraternidade universal.

O *homo darwinianus* é aquele que domina grande parte da humanidade: é a luta implacável pelo poder, no qual aproximadamente 80% da humanidade está em níveis de pobreza e vive com 20% da riqueza, enquanto outros 20% da humanidade ficam com 80% da riqueza. As guerras continuam, milhões de pessoas deslocadas vagam de um país para outro.

Da mesma forma, já existem alguns milhões de pessoas no mundo que apostam e vivem o homo *donator*, doam-se e lutam para doar bem-estar e humanidade a determinadas pessoas em situação de sofrimento; vivem a autotranscendência.

O ponto de chegada que se propõe é viver o *homo reciprocus*, aquele que se alcança quando se supera o risco do assistencialismo, que de alguma forma ocorre quando um dá e o outro recebe. Isso pode indicar dependência, inferioridade, e a dignidade humana pode ser prejudicada por não favorecer a autonomia de quem apenas recebe e não está em condições de dar.

Lembramos também uma frase de Karl Marx sobre reciprocidade: "Quando o teu amor não produz amor recíproco e a expressão de tua vida como homem que ama, não te torna um homem amado, o teu amor é impotente, é uma desgraça" (VOCE, 2014).

A prática da **reciprocidade** pode dar lugar ao **encontro** com outra(s) pessoa(s), algo que desde as psicologias mais humanísticas, existenciais e fenomenológicas é a vivência de um ambiente que possui características de serenidade, alegria e como encontro cria uma realidade que, conforme afirmam as abordagens sistêmicas: "é algo mais do que a soma dos participantes".

# 7 Pesquisa sobre um acompanhamento de pessoas adictas recuperadas

Finalizamos com uma *sondagem* ou pesquisa inicial (MARIÑO & ROA, 2010) na qual se faz um resumo e se estudam nove histórias de pessoas que fizeram tratamento na Escuela Filosófica Viktor Frankl, pesquisa que de alguma forma pode refletir o componente da autotranscendência que se trabalha nas 12 variáveis do tratamento. A pesquisa parte de uma questão que em algum momento nós colocamos na Escuela Filosófica Viktor Frankl: Como ficarão as pessoas que passaram pelo nosso tratamento das dependências de substâncias psicoativas?

## 7.1 Instrumentos de pesquisa

A pesquisa utilizou dois instrumentos: (a) uma entrevista semiestruturada com 11 questões, cujo objetivo era avaliar o impacto do programa nas pessoas; (b) e um questionário que teve como objetivo avaliar a participação da pessoa nas 12 disciplinas que compõem o conteúdo da Escuela Filosófica Viktor Frankl.

## 7.2 Método

Foram realizadas viagens para três cidades da Colômbia (Bogotá, Duitama e Paipa) onde moram as pessoas que participaram da pesquisa. A investigação durou 11 meses.

## 7.3 Participantes

Tendo em vista a dificuldade de localização das pessoas que nestes anos passaram pela Escuela Filosófica Viktor Frankl, dois critérios foram tomados para a seleção e inclusão dos participantes:

a) Pessoas que tenham estado em contato, até à data e ao longo destes anos, por uma relação pessoal, de trabalho ou pela sua participação nas atividades programadas na Escuela Filosófica Viktor Frankl.

b) Pessoas que concluíram pelo menos 60% do programa.

Foram entrevistadas sete pessoas, cujos nomes foram alterados para manter o anonimato: Glória, 19 anos; Ângela, 28 anos; Alexandra, 30 anos; William, 46 anos; Camilo, 36 anos; Saul, 47 anos; e Mariana, 28 anos. O diretor da Escuela entrevistou a Fernando, de 31 anos (que não fazia parte da investigação inicial de sete pessoas) e aplicou o questionário. Posteriormente, também haverá uma breve revisão de Korsakof, uma pessoa que atualmente vive na Itália e que se abstém de heroína e cocaína há 21 anos.

## 7.4 Resultados e discussão

A seguir é apresentado um quadro-resumo com os resultados obtidos pelos dois pesquisadores e do posterior confronto realizado com os familiares e terapeutas das pessoas que participaram da pesquisa.

A análise da tabela 1 nos indica que, das oito pessoas entrevistadas, seis delas permaneceram absolutamente abstêmicas e as outras duas relatam recaídas depois de vários anos. Dos entrevistados que tiveram recaídas, uma delas (Ângela) aconteceu depois de seis anos de abstinência e durou aproximadamente uma semana, chegando a consumir pasta de cocaína. Nessa época ela pediu ajuda a Escuela, e foi atendida. Três meses antes de conceder a entrevista para a nossa pesquisa, ela se casou e recebeu o grau de medicina veterinária. O relacionamento com Ângela com a Escuela é muito frequente por motivos profissionais e há relatos de normalidade. O outro relato de recaída (William) aconteceu depois de dez anos de abstinência e durou um dia, com o consumo de maconha. Atualmente, é mantida comunicação esporádica com ele e sua família por motivos de trabalho profissional e é relatada normalidade.

Tabela 1 – Resultado das entrevistas

| Nome | Idade | Anos de adicção | Tipo de droga | Data de finalização ou saída do tratamento | Tempo de abstenção (sem uso após o tratamento) | Verificação da abstenção |
|---|---|---|---|---|---|---|
| Glória | 19 | 2 | Pasta de coca | Setembro de 2003 | 6 anos e 10 meses | Com pais adotivos |
| Ángela | 28 | 9 | Pasta de coca, maconha, cocaína | Julho de 2003 | 7 anos* | Com a mãe e o terapeuta |
| Alexandra | 30 | 9 | Psicofármacos, cocaína, maconha | Abril de 2008 | 2 anos e 3 meses | Com o irmão e a mãe |
| William | 46 | 8 | Maconha | Junho de 1997 | 13 anos e 1 mês** | Com a esposa |
| Camilo | 36 | 9 | Cocaína | Novembro de 2007 | 2 anos e 8 meses | Com a mãe |
| Saul | 47 | 33 | Álcool, cocaína; | Maio de 2006 | 4 anos e 2 meses | Com o irmão e a esposa |
| Mariana | 28 | 5 | Cocaína, maconha | Setembro de 2008 | 1 ano e 10 meses | Com a mãe |
| Fernando | 31 | 8 | Cocaína, maconha, psicofármacos | Maio de 2007 | 2 anos e 2 meses | Com a mãe |

**Obs:** * No momento da entrevista: 1 ano antes teve uma recaída com pasta de coca, durante uma semana. ** No momento da entrevista: Fumou maconha um dia.

Com base nos muitos anos de experiência de vários especialistas em adicções, uma recaída após muitos anos de abstinência frequentemente ajuda a pessoa a reafirmar fortemente sua decisão de não fazê-lo novamente. A experiência da recaída é muito dolorosa, aversiva, e faz com que o bem-estar verificado na experiência de abstenção seja altamente valorizado. Também vemos que a abstenção total do grupo varia de um ano e dez meses a treze anos e um mês.

## 7.5 Algumas conclusões da pesquisa

Da análise das entrevistas e questionários aplicados surgiram as seguintes conclusões:

a) É necessário mais sistematização para garantir que as pessoas que fazem o programa recebam, o mais rápido possível, o mesmo conteúdo.

b) Os oito entrevistados expressam que procuraram tratamento por pressão familiar ou social (heteronomia) (MARIÑO & ROA, 2010) e com o tempo fizeram uma escolha mais consciente e autônoma (MASSIMO, 1988).

c) Os entrevistados afirmam que o principal fator que tem contribuído para a superação da adicção tem sido o estabelecimento de um "vínculo significativo" com os terapeutas. Isto confirmaria o que de acordo com a Análise Existencial e a Logoterapia é dito: "o mais importante é a relação do cliente com o terapeuta porque é um **encontro** entre duas pessoas, a terapia deve estar **centrada** no relacionamento, no significado" (MARIÑO & ROA, 2010).

d) É muito importante manter sempre um relacionamento pessoal entre os estudantes e a Escuela Filosófica após o término do tratamento. Na atualidade (16 de dezembro de 2020), o Instituto e a Escuela mantêm comunicação com as nove pessoas entrevistadas na pesquisa e com as suas famílias e, conforme as informações recebidas, ainda se abstêm e, acima de tudo, estão vinculadas a grupos de adictos nos quais ajudam periodicamente, manifestando nessa ajuda um traço de autotranscendência.

e) A maioria dos entrevistados afirmaram que o mais importante foi alcançado após o tratamento: "ter uma vida em harmonia com relacionamentos interpessoais e familiares realistas, sem manipulação ou mentiras, para viver uma vida mais pacífica" (MARIÑO & ROA, 2010).

f) A afirmação de muitos especialistas é reafirmada mais uma vez: para o sucesso do programa, é imprescindível que a família do adicto intervenha no tratamento (GOTTI, 1990).

g) O sentido dado à vida é a condição fundamental e estruturante do atual estado de abstinência. A assunção de valores relacionados com aspectos específicos da própria existência é decisiva: "ser livre, autônomo, para ajudar os outros e não ser um problema para a família" é um motivo poderoso para perseverar (MARIÑO & ROA, 2010). Autotranscendência: ajudar os outros.

h) Os entrevistados consideram muito importante o aprendizado de técnicas de Logoterapia: intenção paradoxal, derreflexão etc., bem como alguns *slogans*: "aperte os dentes, chore, mas continue varrendo". Da mesma forma, as frases filosóficas da Análise Existencial são fundamentais para encarar a vida: "tender, mas não impor"; "quanto mais se procura o prazer, mais se corre o risco de perdê-lo"; "a vida faz sentido em qualquer circunstância".

i) Os dois entrevistados que mais tempo consumiram drogas e que são os mais velhos (Saul, 33 anos de consumo de álcool e cocaína, 47 anos de idade, encontra-se em abstinência há 4 anos e dois meses; Korsakof, 20 anos de consumo de heroína e cocaína, 60 anos de idade, encontra-se em abstinência há 21 anos) indicam uma esperança válida de que é possível abandonar as drogas, apesar de se terem passado muitos anos de consumo.

Comportamentos de pessoas adictas que têm a ver com autotranscendência podem ser inferidos nas conclusões de números 4, 6 e 8.

O Instituto e a Escuela atualmente têm parceria com dois programas no México, um na cidade de Puebla (Escuela Filosófica Viktor Frankl e Centro de Escucha San Juan de Dios) e outro na cidade de Ozumba (*Movimiento Juvenil Urbano AC*), onde foi criada uma clínica de tratamentos de adicções com o nome do diretor do instituto, em reconhecimento ao programa de tratamento. Da mesma forma, está sendo organizada uma especialização em Logoterapia e drogadição no núcleo Viktor Frankl de Logoterapia da Universidade Estadual da Paraíba, no Brasil, onde também está sendo traduzido para o português o livro sobre Logoterapia e drogadição do Instituto Colombiano de Análise Existencial e Logoterapia.

## 7.6 Breve revisão de Korsakof

Em 1986, em Roma, na Itália, o autor Arturo Luna iniciou sua especialização em problemas de dependência química. Lá, como parte de seu estágio no Ceis, teve a designação de acompanhar Korsakof, de origem russo-brasileira, na época com 36 anos de idade. O autor e muitos outros foram testemunhas de Korsakof saindo da crise de abstinência sem metadona ou uma droga substituta, o que foi tremendamente surpreendente para alguém que relatou aproximadamente 20 anos de uso de heroína e cocaína em seu histórico médico. Mesmo hoje, esse fato é difícil de acreditar. Somente o testemunho de muitas pessoas e do próprio Korsakof comprovam esse fato, um desafio para a ciência. Korsakof fez o seu tratamento por dois anos no Ceis e, durante os cinco anos em que o autor Arturo Luna permaneceu na Itália, foi mantida uma relação de seguimento com Korsakof. A experiência de Korsakof é a razão pela qual o autor pode incluí-lo como mais um aluno da Escuela Filosófica Viktor Frankl e apresentá-lo como parte do acompanhamento.

Na época da investigação, ele tinha 60 anos, não usava heroína ou cocaína há 21 anos e 8 meses. Sua família relata comportamento abstêmico. Hoje, depois de 24 anos a amizade continua, pelo menos uma vez por mês há comunicação por Skype ou telefone com Korsakof e sua família.

## 8 Considerações finais

Os conteúdos descritos ao longo deste capítulo permitem deduzir a importância da Logoterapia no tratamento das pessoas adictas a substâncias psicoativas, assim como do vazio existencial e da autotranscendência em termos de possíveis causas ou sua influência na recuperação. É preciso continuar fazendo pesquisas, principalmente na área do acompanhamento daqueles que terminaram o tratamento e ter conhecimento acerca de se elas recaíram ou continuam abstêmicas. É encorajador e um convite ao otimismo verificar que no mundo existem milhares de pessoas que ainda são adictas passivas ou abstinentes, e que a Logoterapia e a Análise Existencial de Frankl têm sido um componente fundamental para a sua reabilitação.

**Nota final**: Como um exercício de **autotranscendência**, convidamos as pessoas que desejam participar do Fundo Monantrópico Internacional (FMI) proposto pelo Instituto Colombiano de Análisis Existencial y Logoterapia.

Objetivos do FMI:

a) Criar a solidariedade existencial e a solidariedade econômica.

b) Promover a Tríade Positiva: **Fraternidade, Coragem** ("Aperte os dentes, continue chorando, mas continue lutando"), **Esperança** ("porque pude, poderei").

c) Convidar os logoterapeutas do mundo, e todas as pessoas que desejam contribuir ou doar pelo menos 7 dólares por mês, no dia 7 de cada mês; dinheiro que será tratado com rigorosa transparência e ética frankliana, e com supervisão estrita. O dinheiro arrecadado é investido em: 1) dar bolsas de estudo para pessoas que desejam estudar Análise Existencial, Logoterapia, da própria região ou país do mundo; 2) criar projetos economicamente produtivos que gerem trabalho ou emprego a pessoas em situação de miséria, pobreza, preferencialmente jovens, da própria região ou país.

**Diretoria internacional**: Aureliano Pacciolla (Itália): "primeiro colaborador"; José Arturo Luna Vargas (Colômbia). Presidente: Sheila Rabuske (Brasil); copresidente: Ana Line Peralta García (México); Secretariado internacional: Marilena Jiménez (Costa Rica); auditora: Nancy Liscano (Reino Unido); tesoureira: Gladys Meza Zarate (Paraguai). Para mais informações: Ana Line Peralta: anyb8@hotmail.com; lunalogo@gmail.com

## Referências

BAZZI, T. *Teoría y práctica del entrenamiento autógeno.* Roma: Cittá Nuova, 1981.

BIANCHI, A. *Sette anni... una prospettiva: indagine statistica dal 1979 al 1985.* Roma: Centro Italiano di Solitarietá, 1986.

COMAS, A. *El tratamiento de las drogodependencias y las comunidades terapéuticas.* Madri: Rumagraf, 1988.

COSSEDDU, A. La dignitá umana tra relazione e responsabilitá *Nuova Umanitá*, 2: 244, 2012.

CRUMBAUGH, J. *Logotherapy: new help for problem drinkers.* Usa: Rowman y littlefield Publishers, 1980.

DE MARCO, V. Alla radice delle cose e dell' essere. La fenomenología nel pensiero filosófico e teológico di Klaus Hemmerle. *Nuova Umanitá*, 3: 382, 2012.

DOMINGUEZ, G.L. *Psicología del desarrollo problemas, principios y categorías.* México: Interamericana de Asesoría y servicios, 2006.

FIZZOTTI, E. *Chi ha un perché nella vita...* (p. 141). Roma: Las, 1993.

FIZZOTTI, E. *Giovani, vuoto esisenziale e ricerca di senso* (P. 169). Roma: Ateneo Salesiano, 1998.

FIZZOTTI, E. *Logoterapia per tutti. Guida teorico – Pratica per chi cerca il senso della vita.* Soveria Mannelli (Cz): Rubbettino. 2002.

FROGGIO, G. *Un male oscuro. Alcolismo e Logoterapia di V.E. Frankl.* Milão: Paoline,1987.

FRANKL, V. *Senso e valori perl'esistenza. La risposta della Logoterapia* (2. ed.). Roma: Cittá Nuova, 1998.

FRANKL, V. *Logoterapia y analisis existencial*. Madri: Herder. 2018.

GENNARO, C. *I Percorsi dell altro Antropologia e storia*. Roma: Cittá Nuova, 1999.

GOTTI, M. *La comunidad terapéutica*. Buenos Aires: Nueva Visión, 1990.

HEMMERLE, K. Amare la Chiesa dell'altro come la propia e l'unitá dei cristiana. *Nuova Umanitá, 204*(6): 743, 2012.

LUENGO, K.P. *Corso online EduxEdu per le scuole di formazione di Montet (CH) Adolescenza: seconda opportunità*, 2020.

LUKAS, E. *Tu vida tiene sentido. Logoterapia y salud mental*. Madri: SM, 1983.

LUNA, A. *¿Qué antropología para la fraternidad? 6° Seminario Internacional sobre estudios de fraternidad, perspectivas de lo político desde la fraternidad*. Bogotá, 14-17/10. Universidad Santo Tomás, 2014.

LUNA, A. *Logoterapia un enfoque humanista existencial fenomenológico*. Bogotá: San Pablo, 2015.

LUNA, A. *Logoterapia y drogadicción*. Bogotá: San Pablo, 2015.

MARIÑO, C., & ROA, M. *Impacto del tratamiento de adicciones aplicado por el Instituto Colombiano de Análisis Existencial y Logoterapia, Avance del informe final*. Bogotá, 2010.

MASSIMO, B. Liberalizzazione? No grazzie. *Romana, 2*, 1988.

POZZI, R. Ripensare L'uomo e l'ethos: il contributo della riflessione filosófica di Edith Stein. *Nuova Umanitá, 3*, 2011.

QUINTERO, J. *El cerebro adolescente. Neurociencia y psicología*. Madri: El Tiempo, 2020.

RIZZOLATTI, G., & SINIGAGLIA, C. *So quel che fai. Il cervello che agisce e i neuroni specchio*. Milão: Raffaello Cortina, 2006.

SHEAN, G.D.; & FECHTMANN, F. Puntajes de Purpose in Life de estudiantes consumidores de marihuana. *Revista De Psicología Clíni-*

*ca*, 27(1): 112-113. Disponível em https://doi.org/10.1002/1097-4679(197101)27:1<112::AID-JCLP2270270128>3.0.CO;2-D.

SIEGEL, D. *La mente relazionale. Neurobiologia dell'esperienza interpersonale*. Milão: Raffaello Cortina, 2001.

TOLER, C. The personal values of alcoholiscs and addicts. *Journal of clinical psychologic*, 31, 1975. Disponível em https://doi.org/10.1002/1097-4679(197507)31:3<554::AID-JCLP2270310341>3.0.CO;2-M

VOCE, M. La visione dell'uomo em Chiara Lubich. *Nuova Umanitá*, 213(3): 271-276, 2014.

VON FORSTMEYER, A. *Will to Meaning as a Prerequisite for Self-actualization*. California Western University, 1968.

ZANGHI, G.M. Che cosa é pensare? *Sophia*, 0: 25, 2008.

# 9
# Expressões de autotranscendência na infância

*Clara Martínez Sánchez*
*Aureliano Pacciolla*

## 1 Introdução

Neste capítulo apresentamos a possibilidade de fazer emergir, para observar e desenvolver, a autotranscendência na etapa do desenvolvimento em que aparecem as primeiras manifestações de habilidades metacognitivas. Na verdade, acreditamos que a autotranscendência – tal como a entendemos ao longo deste texto – desenvolvida na pessoa adulta é caracterizada pela pró-socialidade, necessariamente correlacionada com o desenvolvimento das capacidades metacognitivas (CHATZIPANTELI et al., 2014). Em outras palavras, um déficit metacognitivo poderá indicar dificuldade em descentralizar das próprias necessidades e da autorreferencialidade.

As principais funções metacognitivas são: a relação consigo mesmo, com os outros e a resolução de problemas. Essas habilidades se manifestam no relacionamento consigo mesmo, nas relações entre pares (ou parceiras) e nos relacionamentos em grupo (ou sociais).

Para ajudar as crianças a desenvolverem a autotranscendência inata, os pais – ou cuidadores – devem basear a educação infantil na reciprocidade e na solidariedade pró-social. Para isso, levamos em conta a função natural de predisposição às relações recíprocas que todos têm desde o nascimento, como, por exemplo, as expressões e respostas do recém-nascido. Na verdade, o recém-nascido sorri porque se sente bem e aprende a reconhecer o sorriso de sua mãe e de seu pai (ou de qualquer cuidador), que o acalma e o prepara para uma primeira base segura. O recém-nascido logo descobre que os cuidadores respondem ao seu sorriso com sorrisos igualmente reconfortantes. Os cuidadores também aprendem que, para seu sorriso, a criança pode responder com um outro belo sorriso. Esses são os primeiros elementos da reciprocidade percebidos pelo bebê: você atende às minhas necessidades, eu me sinto bem e eu posso sorrir. Meu sorriso faz você se sentir bem, faz você sorrir e você atende às minhas necessidades: você cuida de mim. Essa primeira reciprocidade eventualmente se chocará (e é bom que se choque) com as regras as quais a criança acha difícil seguir, porque nem sempre são compatíveis com suas necessidades imediatas.

Essa reciprocidade a torna gradualmente consciente do impacto das próprias expressões emocionais nas expressões emocionais dos outros. Isso pode parecer trivial; no entanto, muitos adolescentes e até mesmo adultos parecem não ter aprendido (ou aprendido mal) como expressar o seu próprio bem-estar: fazer algo que me agrade pode ter a consequência de agradar o outro, levando à consciência de que a troca de cuidado é conveniente para todos, além de ser a base da cooperação para o bem-estar comum. Como podemos observar, para que a criança se conscientize de que nosso sorriso e bem-estar provocam o sorriso e o bem-estar do outro é necessário descentralizar.

Com base nesses pressupostos, os jogos e as interações com as crianças devem ter como objetivo, desde o início, equilibrar e integrar a própria percepção com a dos outros. Alguns exemplos desses jogos são todos aqueles que podem ser percebidos a partir do desenho 1. Como podemos observar, o mesmo desenho assume um significado diferente dependendo da perspectiva a partir da qual é visto; na verdade, ao virar o desenho, as crianças podem verificar esse efeito. A pergunta crucial para verificar se a criança é capaz de se desfocar será: "de acordo com você, enquanto você vê na sua frente uma criança sorridente, o que eu estou vendo na minha frente?", ou "enquanto você vê uma pessoa mais velha, o que estou vendo?" (desenho 2).

Há ainda outras atividades não lúdicas que podem ajudar as crianças a se descentralizarem para predispor ao desenvolvimento da autotranscendência, como todas as iniciativas de colaboração em atividades pró-sociais; exemplos: "todos nós colocamos os brinquedos no lugar"; ou "preparar a mesa para ajudar a mamãe"; ou mesmo no jardim de infância "todos nós colocamos as mesas no lugar e deixamos o banheiro limpo por respeito a quem o usa depois"; "vamos preparar uma festa para todos se divertirem e depois todos nós ajudamos na limpeza".

Nessas situações, não se trata apenas de dar uma boa educação altruísta. Nesse processo de crescimento para o desenvolvimento da autotranscendência, é fundamental transmitir às crianças as motivações e os valores que as acompanharão e nos quais essa educação se baseia. Geralmente, nessas atividades poderemos observar as crianças que precisam ser mais estimuladas em uma direção pró-social, assim como quais são os pais muito indulgentes para fazer com que seus filhos façam o que deveria ser feito. Essa será a base de futuros narcisistas, que sempre esperam privilégios e vantagens, pois se sentem especiais, porque foram tratados como tal às custas dos outros. Neste capítulo queremos dar pistas aos psicoterapeutas e educadores para iniciar um processo evolutivo que possa prever o desenvolvimento da autotranscendência.

## 2 A autotranscendência na infância

A existência do ser humano é um mistério, a partir do qual surgem questões profundas como: De onde viemos e para onde vamos? Qual é a tarefa de cada um neste mundo? Essas e muitas outras questões existenciais surgem desse mistério. Contudo, não há dúvida de que temos um ao outro, que descobrimos nosso significado e projeto de vida uns *com* e *para* os outros. A vida existe para descobrir nosso propósito e é nos primeiros anos que se experimenta toda a experiência de se tornar pessoa; a família, os amigos, a escola e a comunidade acompanham esse caminho de autotranscendência, de deixar a si para se entregar a um bem e a um propósito comum.

A partir da Logoterapia e da Análise Existencial, Viktor Frankl evidencia que todos possuem a possibilidade de expandir o ser a partir de limites para alcançar uma dimensão mais espiritual (noética). A expressão dos recursos noéticos (autodistanciamento e autotranscendência) demonstram a essência de quem se é como pessoa: seres livres, mas também responsáveis pela capacidade de autodeterminação e autoconfiguração. Mas essa tarefa inevitável não é tão fácil, pois às vezes se encontram obstáculos e limitações que impedem de experimentar plenamente os recursos e potenciais pessoais, para estar no mundo em coerência com os valores segundo os quais se é formado (e a que se opta por se vincular) e relacionar com os outros. É aí que a Logoterapia e a Análise Existencial aplicada às crianças surgem como alternativa à autoconsciência dessas restrições para aceitar, confrontar e transformá-las em um processo de psicoterapia.

O tempo é marcado pelas consequências da globalização; pela ascensão da tecnologia, mídia e redes sociais; pela crise política, social e econômica; e pelo aumento daquilo que Viktor Frankl chamou de tríade de massa neurótica: vício, agressão e depressão (FRANKL, 2018, p. 94). Esses e outros fatores exigem que a formação e o acompanhamento de nossas crianças e adolescentes sejam tarefas inevitáveis e essenciais, o que exige maior conscientização, responsabilidade e comprometimento por parte dos pais, cuidadores e responsáveis. A paternidade significativa permite garantir que se formem pessoas livres, responsáveis, dignas e autônomas para a tomada de decisões conscientes e coerentes com um projeto transcendente e um sentido de vida pessoal e familiar transcendente.

A paternidade é um caminho de acompanhamento contínuo: não só são padrões de comportamento que devem ser seguidos como um manual de instruções, mas é um processo que envolve a sucessão de encontros existenciais com as crianças, ou seja, são eles baseados no amor, respeito e confiança, para descobrir e criar alternativas diante das situações que surgem, ou seja, o caminho é passo a passo. Podemos dizer que a família é o primeiro encontro com a autotranscendência.

Em suas dez teses sobre a pessoa (FRANKL, 1988, p. 77), Frankl nos diz que a pessoa é um ser absolutamente novo, ou seja, a psicofísica é dada pelos pais, mas não a dimensão espiritual: "os pais, ao gerar uma criança, emprestam cromossomos, mas não infundem o espírito. Os cromossomos determinam apenas o elemento psicofísico, não o espírito; definem o organismo psicofísico, não a pessoa espiritual. Em suma: os cromossomos transmitidos pelos pais só determinam o homem no que ele 'tem', não no que 'é'" (FRANKL, 1987, p. 109).

Para Frankl, em todo ser humano que vem ao mundo, adquire-se algo absolutamente novo, uma vez que a existência espiritual é intransferível, não transmissível de pais para filhos. A única coisa transmissível é uma possibilidade corpóreo-anímica, um poder psicofísico:

> a existência está perpetuando à medida que amadurece: mas a reprodução nunca pode torná-la madura. A existência, amadurecendo e percebendo-se, realiza possibilidades corpóreo-anímicas, atualiza espiritualmente os poderes psicofísicos; mas é sempre feito em si mesmo: a autorrealização existencial não pode ser realizada sem os outros, é necessário lançar pontes de uma existência para outra. A existência, quando se realiza, vai além de

si mesma. Trata-se do protofenômeno existencial que Heidegger chama de transcendência, Jaspers de *comunicação* e Binswanger de *comunhão* de amor (FRANKL, 2018, p. 87).

Para Frankl (2018), a autotranscendência da existência humana quer expressar precisamente o que ser humano significa, referir-se a algo que não é ele mesmo e, portanto, deve ser dirigido a alguém diferente de si mesmo, isto é, a existência humana não é autêntica a menos que seja vivida em termos de autotranscendência.

A criança é uma pessoa pequena, ela é um ser intencional, que experimenta um propósito centrado no significado de sua infância, ligado à descoberta de valores típicos dessa fase da vida. Embora a criança seja determinada mais do que o adulto por seus pais, parentes, cuidadores, professores e cultura, ela tem a capacidade de se autodistanciar e possibilitar que a frutificação germine da autotranscendência, transformando-se em um ser que assume a responsabilidade de ser feito de valores e exercer a liberdade, de tomar posição diante de todos os condicionamentos. Como Frankl disse: "não é só a herança e o meio que fazem o homem, mas o homem também faz algo de si mesmo" (FRANKL, 1965, p. 26). A criança *se* decide a cada instante e momento, toma uma das decisões mais cruciais e significativas: ela decide a si mesma e, por sua vez, autoconfigura-se na pessoa que é.

O espiritual para Frankl é a dimensão especificamente humana, integrativa do organismo psicofísico como sua forma de expressão. Ele sempre tem a possibilidade de manifestação, pode ser consciente ou não consciente, e sua noodinâmica se expressa para ficar adormecido novamente. O espiritual silencia e espera poder se manifestar no meio de seus recursos de autotranscendência (indo além de si mesmo, indo em direção a algo ou alguém) e autodistanciamento (capacidade de se ver a si mesmo), que permitem ao homem a possibilidade de autoconfiguração. Essa tarefa pode começar a ser realizada desde a infância, pois não se pode esperar ser adulto para assumir a responsabilidade pelo propósito de vida. É na infância que a força interior se desenvolve, onde a espiritualidade é nutrida e depois dá frutos na adolescência e na vida adulta. Desde a infância o homem guia seu sentido e, na companhia de adultos e grupo de pares, facilita ou desvia a voz de sua consciência. O espaço clínico da Logoterapia visa principalmente facilitar esse processo de autoconsciência reflexiva, que permite a expressão do espiritual na criança, diluindo as expressões sintomáticas do organismo psicofísico e possibilitando o poder de sua autotranscendência.

## 3 Psicoterapia infantil e autotranscendência

Precisa-se desde a formação na família até a educação na escola para despertar a expressão dos recursos noéticos ou espirituais (autodistanciamento e autotranscendência), como propostos por Frankl, que facilitam o desenvolvimento da personalidade e o crescimento pessoal na infância e na adolescência. No entanto, surgem dificuldades e obstáculos de ordem psicofísica que impedem a expressão desses recursos. Nesses casos, a intervenção clínica logoterapêutica vem acompanhar esse processo.

Um dos objetivos terapêuticos da Logoterapia e da Análise Existencial é facilitar a expressão e a manifestação da autotranscendência, em que o terapeuta acompanha a criança na definição da capacidade de ser e estar além de si mesma, de ser pró-social a ponto de se entregar para o bem dos outros (PACCIOLLA, 2019, p. 482).

Como logoterapeutas, facilitamos a autoconsciência do bio--psico-espiritual da criança: o *bios*, que lhe foi transmitido como herança; o psíquico (temperamento e caráter) que é processado através da educação, principalmente administrado pelos pais e pela escola; e o espiritual, que não foi transmitido a ela e que não pode ser educado, senão só existir: "o espiritual deve ser realizado;

o espiritual 'existe' apenas na autorrealização, na realização da existência" (FRANKL, 1987, p. 113).

O processo de psicoterapia infantil com abordagem logoterapêutica tem os seguintes objetivos fundamentais (MARTÍNEZ, 2009):

- viabilizar processos de autoconsciência biológica, psicológica, ética, estética e existencial (liberdade, responsabilidade, capacidade de escolha), facilitando a descoberta de sentidos pessoais;
- facilitar recursos terapêuticos e pessoais que permitam a expressão de recursos noéticos (autodistanciamento e autotranscendência);
- construir metas pessoais, familiares e escolares;
- possibilitar o autodistanciamento: ver-se em uma situação, realizar ações, emoções, pensamentos, relacionamentos e valores;
- identificar situações emocionais, afetivas, sociais, relacionais, cognitivas e físicas que estão impedindo a implantação de recursos noéticos (autodistanciamento e autotranscendência) na criança;
- potencializar suas faculdades, destacando os valores de criação, experiência e atitude;
- identificar a expressão de recursos noéticos para lidar com as situações e circunstâncias da vida de forma diferente;
- trabalhar em conjunto com professores, conselheiros e terapeutas construindo novas formas de educar;
- trabalhar com os pais da criança em estilos parentais, ou seja, valores, comportamentos, normas, regras, papéis, habilidades e formas como eles se relacionam com seus filhos e facilitam seu desenvolvimento psico-sócio-afetivo (MARTÍNEZ, 2019, p. 43);
- dirigir a atenção ao espaço livre (psicoterapia) onde a criança tem a possibilidade de escolher, aproveitando disso para ajudá-la a encontrar sentido;

- guiar no descobrimento das *pegadas de sentido* de acordo com a idade;
- aliar-se com as capacidades espirituais intactas da criança e utilizá-las para combater fraquezas psíquicas;
- possibilitar a fala, o sentimento de sofrimento, apesar das condições sociais, culturais e biológicas.

Incentivar o encontro com a *autoconsciência* é um dos principais objetivos da psicoterapia infantil, é o processo de realização do que foi escolhido, o que foi atribuído (herança e genética) e o que foi aprendido (por motivação ou repetição). A consciência de si mesmo possibilita o recurso do autodistanciamento, a consciência do outro possibilita a autotranscendência.

O *encontro autêntico* segundo Frankl (1984) é um modo de convivência aberto ao *logos*, na psicoterapia infantil permitimos uma autotranscendência mútua, o ir além de si mesmo, além da mera autoexpressão. Só na medida em que as pessoas estão umas ao lado das outras, intencionalmente (*ao lado...*), encontram-se a si mesmas. Na psicoterapia convidamos a criança a observar a si mesma, a reconhecer-se no espelho, mas não a ficar lá, mas a voltar a visão para o outro, perceber que ela existe, se entregar, se sacrificar e se abandonar conhecendo e amando (FRANKL, 2018).

Em seguida apresentaremos três recursos terapêuticos focados na expressão da autotranscendência: os Faróis do Sentido, a Terapia de Jogos com uma abordagem logoterapêutica (ludologoterapia) e as tarefas existenciais.

## 4 Recursos terapêuticos que facilitam a expressão da autotranscendência nas crianças

Na primeira sessão do processo de intervenção clínica com crianças é muito importante facilitar um espaço humano, próximo, acolhedor, seguro e confiável, um encontro existencial. O objetivo desse primeiro encontro é identificar o motivo da consulta, realizar o histórico clínico nas áreas de desenvolvimento psicofísico e noético. Dependendo da necessidade dos pais, pode ser feito com ou sem a criança; contudo, se a criança comparecer à primeira consulta, é essencial que ela saiba qual é a base do espaço terapêutico e realize o enquadramento.

Não é conveniente que a criança compareça apenas à primeira sessão, pois este encontro marca o motivo da consulta em que a criança reconhece o motivo da necessidade de psicoterapia e o sentido dela. Os pais são uma ponte importante que dá confiança básica inicial e permite que todos entendam o objetivo do processo terapêutico. Ao final desse primeiro encontro é essencial ouvir a criança sobre suas preocupações e sentimentos para evitar a iatrogenia e fortalecer o vínculo particular que começa a partir dessa primeira sessão. O terapeuta se torna um novo adulto significativo, que se torna parte do mundo íntimo da criança, sendo tutor de resiliência e tutor de sentido, sendo esse o terreno da autotranscendência, o encontro terapêutico.

## 4.1 Os faróis do sentido: dois casos clínicos

Os objetivos terapêuticos da psicoterapia infantil podem ser identificados em conjunto com os pais e a criança nas entrevistas iniciais no que chamamos de *farol do sentido*. Essa é uma representação gráfica da percepção do sentido da criança, que representa a perspectiva de sua mudança pessoal. O farol constitui o início ou objetivo que guiará a ação nos aspectos necessários para orientar a criança no curso do processo terapêutico. O farol de sentido é realizado principalmente pela criança, com o objetivo de identificar o para quê dos encontros terapêuticos, a orientação dela mesma e o para onde ela quer ir. O farol é uma representação simbólica que orienta a intenção e a direção do sentido de mudança. Ao farol é incorporada uma palavra que representa um valor pessoal.

O farol de sentido é realizado na segunda sessão, em um espaço individual sem os pais. O objetivo é perguntar à criança o que é um farol: ela deve descrever o que é e para que serve, em seguida pede-se para que imagine um, o seu próprio farol, e que o pinte. Enquanto ela desenha, explicamos que encontros terapêuticos têm um fim, um propósito. O farol simboliza para onde queremos ir, o que ela deseja, o que ela aspira para si mesma no final do processo, como ela gostaria de se ver. A criança é convidada a escrever esses propósitos atrás do papel em que fez seu desenho. Depois, é instruída a escolher uma palavra que represente o que escreveu, seu sentimento. Essa palavra guiará o processo terapêutico e será escrita no farol: é a luz que guia o caminho, é um valor pessoal. No exemplo do desenho 1, as três palavras mais significativas indicadas pela criança representando esse objetivo interno a ser alcançado são: tranquilidade, força e felicidade; enquadradas em alcançar, geralmente, autorregulação emocional, autoconhecimento, expressão de emoções e sentimentos, resolução de conflitos com seus pais, irmãos e grupo de pares, melhoria de suas relações sociais e fortalecimento de vínculos, superação de eventos traumáticos, elaboração de duelos e perdas, separação e divórcio de seus pais, transtornos de ansiedade e depressão, entre outros.

No decorrer do processo terapêutico, o farol com as palavras representativas é constantemente lembrado como símbolo que orienta o processo psicoterapêutico e permite que a criança não se perca no percurso. Ele é uma visão esperançosa de si mesma, é uma atualização pessoal que permite enxergar-se melhor do que se é para compartilhar com os outros, em um encontro existencial transcendente.

O farol se apresenta como um objetivo concreto de onde se quer chegar no processo de intervenção clínica que começa, ou seja, com o que a pessoa se compromete, o que se pretende fazer consigo mesma naquele momento de encontro psicoterapêutico. O desenho do farol permite conter uma representação pessoal em uma representação gráfica. O farol é um convite para que a criança estabeleça um objetivo, ela é *educada no sentido*; todo ser humano tende para algo ou alguém autotranscender. Portanto, o farol mobiliza recursos de autotranscendência e autodistanciamento, pois a leva a perceber para onde quer ir, ela se autoprojeta, se encontra em uma situação com os outros, com os quais vive e compartilha. O eixo fundamental dos faróis de sentido é a intencionalidade, que se corporifica no farol como um símbolo que representa um traço de sentido que orienta outros sentidos, um traço que se destaca e que, num dado momento, orienta a ação e mobiliza o inconsciente espiritual. A palavra no topo do farol é um valor, que orienta ações e propósitos.

No desenho 1 abaixo, encontra-se um farol de significado feito por uma menina de 8 anos, sua representação gráfica e escrita dos propósitos e intenções no processo psicoterapêutico:

Como vemos neste exemplo, nos propósitos escritos por essa menina de 8 anos, identificamos que são orientados em um sentido autotranscendente, o que significa que ela primeiro realiza um processo de autodistanciamento. Ela quer melhorar ou mudar em um nível pessoal em seu processo terapêutico, mas esses propósitos estão sempre ligados a plenificar o encontro humano, como uma expressão de amor, compromisso, solidariedade e paz. Esse vínculo é fundamental para ser capaz de descobrir os sentidos pessoais e desenvolvê-los em valores.

Em um encontro humano, tendo por base o respeito, afeto, confiança, honestidade, solidariedade e comprometimento, o logoterapeuta acompanha esse processo de autodeterminação e autoconfiguração. O encontro psicoterapêutico em si é autotranscendente.

## 4.2 *Terapia do jogo logoterapêutico ou ludologoterapia*

Na terapia dos jogos é importante referir-se a dois autores: Johan Huizinga, que nos leva ao *Homo Ludens*, e Schiller, com seu

Desenho 1 – Desenho de uma criança que representa a técnica "farol de sentido"

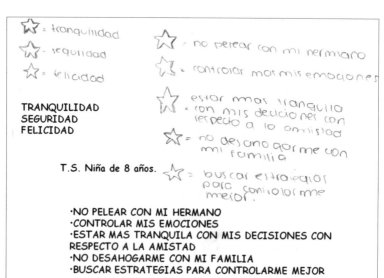

TRANQUILIDAD
SEGURIDAD
FELICIDAD

T.S. Niña de 8 años.

- NO PELEAR CON MI HERMANO
- CONTROLAR MIS EMOCIONES
- ESTAR MAS TRANQUILA CON MIS DECISIONES CON RESPECTO A LA AMISTAD
- NO DESAHOGARME CON MI FAMILIA
- BUSCAR ESTRATEGIAS PARA CONTROLARME MEJOR

conceito de jogo como máxima expressão da liberdade. Essas duas visões fornecem-nos elementos para dizer que é através do jogo e no jogo que a criança encena a liberdade e, por ser esta uma atividade intuitiva por excelência, permite mais facilmente a expressão de sua autotranscendência.

A terapia de jogo apela para *Homo Ludens*, o homem que joga: "cada jogo é, antes de tudo, uma atividade gratuita" (HUIZINGA, 2002, p. 20). Com esta frase Huizinga define a primeira característica essencial do jogo: esse é mais do que apenas um fenômeno fisiológico ou uma reação psíquica condicionada, "é uma função cheia de significado":

> [...] o jogo, em seu aspecto formal, é uma ação livre executada *como se* e sentida como situada fora da vida comum, mas que, no entanto, pode absorver completamente o jogador, sem qualquer interesse material, nem se tenha nenhum proveito, que corre dentro de um determinado tempo e um certo espaço, que se desenvolve em uma ordem sujeita a regras e que dá origem a associações que se propõem a cercar-se de mistério ou disfarce para se destacar do mundo habitual (HUIZINGA, 2002, p. 25).

Schiller formula o conceito de jogo a partir da concepção *antropológica* de humanidade, como uma mediação entre o absoluto e o finito, a liberdade e o tempo. O jogo é a implementação da liberdade. Para ele "o homem só joga quando é um homem no sentido pleno da palavra, e ele só é inteiramente um homem quando joga" (HUIZINGA, 2002, p. 20). O jogo se relaciona com outros campos da atividade humana, como trabalho, arte e literatura. O jogo, portanto, em termos, é por excelência um valor de criação, que – se feito em conjunto pode se tornar um valor de experiência ou de vivência.

A terapia do jogo na Logoterapia pode ser diretiva, ou seja, o terapeuta assume a responsabilidade de propor um jogo, direcioná-lo, orientá-lo e fazer comentários e interpretações; ou pode ser não diretivo, em que o terapeuta permite que a criança seja responsável e indique o caminho a seguir, ele simplesmente brinca com a criança espontânea e sinceramente, livre de expressão do que sente e pensa, evitando interpretações desnecessárias que dificultam o *encontro existencial*. O que acontece na terapia de jogo não é apenas o resultado de uma relação unidirecional, mas bidirecional. No jogo é criado algo diferente, onde todos mudam, aprendem e repensam. A terapia de jogo torna-se, então, um ato de criação da vida compartilhada e não de uma busca passiva pela cura. Na terapia dos jogos, na perspectiva da Logoterapia, as crianças deixaram de ser pacientes, quase objetos, para acessar sua categoria humana de atores e criadores de sua própria existência.

Brincadeiras e brinquedos são para a criança os melhores meios de expressão e domínio de manifestações psíquicas e da atividade lúdica (ABERASTURY, 1984, p. 42). Um jogo e um brinquedo podem adquirir significados diferentes, de acordo com a situação global da personalidade da criança e do ambiente familiar circundante. O jogo desempenha um papel importante no processo de separação e individuação da criança. Nesse sentido, o surgimento de um determinado jogo no repertório lúdico de uma criança significa uma conquista em seu desenvolvimento, enquanto a exploração, através do jogo, das soluções para seus problemas e de uma infinidade de vantagens e gratificações contribuem de forma única para o desenvolvimento interno das representações da criança.

Dependendo de cada caso e do plano de tratamento, o terapeuta organizará o desenvolvimento da sessão. Geralmente, dependendo da idade, os jogos mudam; à medida que as crianças crescem, abandonando a expressão através do jogo, isso reflete nas sessões. Crianças a partir de 11 ou 12 anos preferem falar, pintar ou modelar com argila.

## 4.3 O jogo socrático

Dentro dos diferentes modos de jogo, nós integramos o diálogo socrático para chamá-lo de *jogo socrático*. Nele, o terapeuta intervém com o diálogo socrático enquanto brinca com a criança; isso permite a participação ativa do terapeuta no encontro de sentido e de valores pessoais que norteiam as decisões e ações da criança feitas no jogo, que podem então ser extrapoladas para sua realidade. A partir do jogo socrático, a criança faz consciência cognitiva, psicológica e existencial.

Não é conveniente o *jogo socrático* ser usado nas primeiras sessões, mas somente depois que o terapeuta se integrou ao estilo particular da criança e entende para onde ela está dirigindo seu jogo. O jogo nos primeiros momentos do processo terapêutico permitirá criar uma atmosfera de encontro. Já o *jogo socrático* é especialmente usado em casos repetitivos de jogos em que a criança precisa expandir o panorama existencial.

## 4.4 O jogo como um facilitador de autoajuda

A terapia do jogo se baseia no fato de que a brincadeira é o meio natural de expressão da criança. É uma oportunidade dada a ela para expressar sentimentos e problemas, da mesma forma que um adulto pode verbalizar suas dificuldades (AXLINE, 1994, p. 16). A brincadeira é um espaço em que prevalece o autodistanciamento: a criança se distancia de si mesma, quando se vê em uma situação pode perceber sentimentos, emoções, cognições e relacionamentos. Ela encena situações em que tem que escolher e decidir, facilitando a percepção das opções, ampliando seu campo fenomenal, dialogando consigo mesma e com suas circunstâncias.

A terapia de jogos é uma oportunidade oferecida à criança para experimentar o crescimento, pois o jogo é seu meio natural de autoexpressão. Para a Logoterapia, o jogo terapêutico é um espaço livre para expressão de emoções e sentimentos, não apenas sentimentos de tensão, frustração, agressão ou insegurança, mas também de alegria, fé, esperança, satisfação, realização; um momento em que a criança monitora e regula seus próprios processos emocionais e cognitivos. A Logoterapia dá ênfase especial ao senso de humor, à encenação dos valores de criação e à posição existencial da liberdade. O jogo é, como Huizinga expressou (2002), a possibilidade de ser humano em sua máxima expressão de liberdade.

## 4.5 O jogo como um facilitador da autotranscendência

Por meio de experiências em ludoterapia, a criança tem a oportunidade de se conhecer por meio de seu relacionamento com o terapeuta. Ele adota atitudes que transmitem sentimentos de segurança à criança, dando-lhe a possibilidade de explorar-se nessa relação e vivência. A criança terá o privilégio de se comparar a si mesma. Como resultado dessa autoexploração, de se experienciar em relação aos outros, de autoexpansão, ela aprende a aceitar e respeitar não só a si mesma, mas também aos outros, usando a liberdade com senso de responsabilidade (AXLINE, 1994, p. 6).

Com a ludoterapia, a partir da Logoterapia, a criança adquire uma melhor compreensão de si mesma e dos outros para poder se relacionar emocionalmente com mais generosidade, abertura e honestidade com as outras pessoas. No jogo prevalece a importância do encontro, do tempo compartilhado, de ouvir o outro, de acompanhá-lo, de se preocupar com o que lhe acontece e, sobretudo, de dar uma parte de si nas palavras que generosamente se oferece ao outro. Nessa circunstância, percebe-se com surpresa toda a sabedoria intuitiva que se tem como ser humano, principalmente a da infância, que, às vezes, como adultos, silenciamos com racionalizações e explicações lógicas.

## 4.6 Tarefas existenciais: outro caso clínico

As tarefas existenciais são trabalhos terapêuticos de reflexão interior que facilitam a realização dos objetivos terapêuticos. São trabalhos de aplicação prática no cotidiano, em que a criança se autodistancia em um espaço de autoconsciência e, em seguida, com ações concretas de autoconfiguração e autodeterminação, autotranscende. Essas tarefas podem ser propostas pelo terapeuta ou construídas em conjunto com a criança; com as tarefas existenciais, são evidenciadas a expressão de valores de criação e de valores de experiência ou vivências. Aqui estão dois exemplos de tarefas existenciais:

(a) *Diário de emoções e ações autotranscendente* – Utilizado com crianças que têm dificuldade com a autorregulação emocional, que estão muito trancadas em si mesmas e têm dificuldade em expressar os valores da solidariedade, colaboração e do trabalho em equipe.

Juan é um menino de 9 anos que teve sérios problemas para aceitar o nascimento de seu irmão mais novo, pois ele esteve por muitos anos sendo o centro afetivo de seus pais e parentes, superprotegido e extremamente mimado, caprichoso e autoritário. Seus pais não fizeram um processo de ligação simbólica afetiva com a chegada de seu novo irmão, o que tornou mais difícil para Juan fazer um encontro transcendente e amoroso com seu irmão Mario. Juan sentiu que Mario veio roubar o amor de seus pais, que ele não era mais importante para sua família e que nada mais do que ele fazia era valioso. Juan então se tornou extremamente agressivo, física e verbalmente, com seu irmão; considerava-o um estranho em sua casa. Identificamos esses sentimentos com o *jogo socrático*. Algumas das tarefas existenciais visavam restaurar o vínculo entre irmãos, descobrir e fortalecer o vínculo afetivo e propiciar encontros existenciais por meio da terapia do jogo, tanto no consultório quanto em casa. Foi um processo de reaproximação e fraternidade mútuas. Os pais também tiveram que participar desse processo porque muitas de suas ações fomentaram a competição e a rivalidade entre os irmãos.

Algumas das tarefas existenciais de Juan eram: ajudar seu irmão Mario com seu trabalho escolar, realizar um projeto de interesse mútuo, compartilhar o tempo de jogo juntos, tanto seus jogos favoritos quanto os de seu irmão; escrever-lhe uma carta de boas-vindas lembrando-lhe o dia em que nasceu, compartilhar seus brinquedos, permitir a proximidade com seu irmão, porque ele constantemente o rejeitava. Essas tarefas existenciais contribuíram para a construção e o descobrimento de um vínculo fraterno autotranscendente entre irmãos.

(b) *Meus tutores de sentido* – Esta tarefa busca que a criança identifique adultos significativos em sua vida, onde empatia, afeto, ternura e cuidado são valores de autossustentação. Isso permite identificar como são os laços afetivos atuais da criança, se ela tem conflitos com algum de seus pais, como são suas relações com outros adultos em sua família, irmãos e grupo de pares.

Para este exercício mostraremos o caso de Ana, uma menina que veio ao meu consultório aos 10 anos. Ela foi abandonada pelos pais desde muito jovem (3 anos) e ficou sob os cuidados de sua avó, até a morte desta, quando a menina tinha 7 anos. Por isso, Ana entrou em um lar de proteção à criança. Ana se comportou de forma muito agressiva, isolada, retraída e silenciosa. Até os professores da escola achavam que ela tinha algum tipo de autismo. Ela foi encaminhada para o meu consultório para uma avaliação psicológica por recomendação da escola.

O que descobrimos através das sessões é que Ana não tinha nenhum tipo de autismo. Ela tinha medo de ser abandonada novamente e gerou um mecanismo de defesa que a impedia de se relacionar carinhosamente com adultos significativos: então ela sempre os agrediu e os expulsou, para evitar sofrer e ter que sentir novamente *o grande vazio do abandono*, como ela mesma definiu o sentimento indescritível em seu coração. O primeiro vínculo afetivo que ela conseguiu fazer foi comigo na relação terapêutica. Gradualmente, através de desenho, jogos e música, ela se permitiu entrar em uma relação empática e confiável que lhe permitiu expressar seus sentimentos e medos, mas também desejos e alegrias. A partir do vínculo terapêutico, Ana conseguiu desenvolver e entender o medo do abandono e se render à alegria do encontro existencial temporário, reconhecendo o valor do vínculo dos adultos atenciosos de seu lar de proteção, reconhecendo a importância da presença de sua avó em sua infância, realizando um processo de perdão para com sua avó e de reconciliação com Deus. Isso ocorreu, pois ela expressou que Deus havia tirado a sua avó e que Ele era egoísta, porque tinha tirado o que ela mais amava. Além disso, culpava a avó por ter ficado doente, sozinha e indefesa.

Ana começou a se relacionar com os adultos da instituição de acolhida de forma mais aberta, próxima e amorosa, deixando de lado seus comportamentos agressivos, isolamento e mutismo. Ela reconheceu que esses adultos, mesmo que não fossem seus pais, eram pais substitutos e eram seus tutores de sentido.

Um tutor de sentido é um responsável significativo na vida de uma pessoa significativa, pode ser um adulto (pais, família, amigos, professores) ou grupo de colegas (amigos, irmãos, familiares), com os quais a criança se identifica internalizando valores compartilhados e experiências de sentido significativos (traços de sentido). Da mesma forma, os tutores de sentido facilitam a experiência da confiança básica e um apego seguro, fundamental para uma experiência psicológica de autonomia, segurança pessoal e autoestima.

## 5 Considerações finais

Neste capítulo buscamos indicar como a autotranscendência é uma dimensão inata, mas com possibilidade de poder desenvolvê-la desde o nascimento, através de uma formação descentralizada e pró-social, como valor básico para uma cultura monantrópica. Outro conceito que reiteramos aqui é a primazia da formação que, além de métodos e técnicas, deve focar nos modelos de autotranscendência dos cuidadores, começando pelos pais e aqueles que estão mais em contato com as crianças.

Esses princípios éticos e psicopedagógicos devem ser acompanhados de ferramentas adequadas e, por isso, oferecemos metodologias de intervenção e ferramentas práticas como jogos e desenhos. Para aprofundar o último aspecto queremos apresentar outro desenho (desenho 2) que representa montanhas (que também podem ser três pirâmides ou três objetos, como latas de brinquedo). Apresente o jogo à criança de cerca de 3 a 4 anos de idade começando a dizer-lhe que no desenho você vê montanhas em miniatura em uma mesa em torno da qual há quatro crianças. Pode-se especificar que as quatro crianças da mesa têm a mesma idade e vêm com nomes (masculino e feminino) cujas iniciais correspondem às letras que aparecem no desenho. As quatro crianças estão de frente uma para a outra e todas veem o que está na mesa do seu ponto de vista e se sentam na mesma altura.

A aplicação deste desenho pretende observar a capacidade de se concentrar na percepção de alguém e, portanto, a criança é perguntada diretamente: "quantas montanhas você vê na mesa?" Recomenda-se não dizer "quantas montanhas existem", mas tenha cuidado para dizer "quantas montanhas você vê". É muito provável que a criança responda "três montanhas" e, nesse momento, tendo expressado um elogio adequado, faça a pergunta discriminatória para verificar se essa criança está ou não fora do centro. Desta forma, "se você está na posição A e vê três montanhas, quantas montanhas a criança na sua frente vê na posição C?" Se a criança responder exatamente, ou seja, *três*, então podemos passar para a segunda fase: "de acordo com você, a criança sentada na posição B (p. ex., Bárbara) vê a menor montanha à sua direita ou à esquerda?" Vamos imaginar que a criança responda exatamente "à sua esquerda", então

Desenho 2

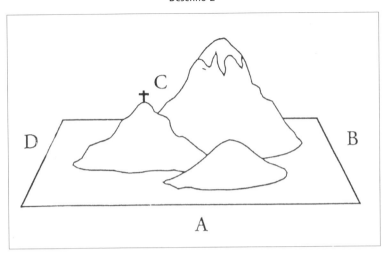

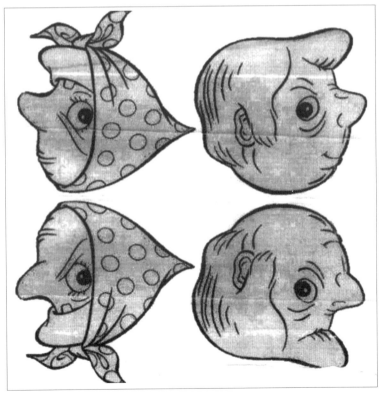

nos voltamos para outra pergunta discriminatória: "se Bárbara vê a menor montanha à sua esquerda, a criança na frente de Bárbara, David, vê a maior montanha à sua direita ou esquerda?" Como vemos, esses jogos ajudam a verificar a capacidade de descentralização das crianças e, caso uma criança ainda não seja capaz de realizar a descentralização cognitivo-perceptiva, é necessário seguir as indicações do psicólogo de confiança que pode recorrer ao teste de falsa crença e outros testes cognitivos e metacognitivos.

Queremos confiar a indicação final à investigação. Mesmo no campo da autotranscendência precisamos de pesquisas clínicas na era do desenvolvimento para melhorar as aplicações em termos de métodos e técnicas para facilitar o crescimento de habilidades metacognitivas e, especificamente, da autotranscendência.

## Referências

ABERASTURY, A. (1984). *Teoría y técnica del psicoanálisis de niños*. Paidós.

AXLINE, V. (1994). *Terapia de juego*. Diana.

CHATZIPANTELI, A., GRAMMATIKOPOULOS, V., & GREGORIADIS, A. (2014). Development and evaluation of metacognition in early childhood education. *Early Child Development and Care, 184*: 1.223-1.232. Https://doi.org/10.1080/03004430.2013.861456

FRANKL, V. (1965). *La idea psicológica de hombre*. Rialp.

FRANKL, V. (1987). *El hombre doliente: Fundamentos antropológicos de la psicoterapia*. Herder.

FRANKL, V. (2018). *Logoterapia y análisis existencial*. Herder.

FRANKL, V. (2018). *Logoterapia y análisis existencial: Textos de seis décadas*. Herder.

FRANKL, V.E. (1988). *La voluntad de sentido: Conferencias escogidas sobre Logoterapia*. Herder.

HUIZINGA, J. (2002). *Homo Ludens*. Alianza.

MARTÍNEZ, C. (2009). Aportes a la psicoterapia con niños: Orientando hacia el sentido de la vida. In *Logoterapia en acción. Aplicaciones prácticas* (pp. 291-332). San Paolo.

MARTÍNEZ, C. (2019). *Caminos para una crianza con sentido, educando desde la coherencia*. San Pablo.

PACCIOLLA, A. (2019). Noogenic neurosis and self-transcendence. The existential humanistic approach in clinical psychology. *Angelicum*, *96*(4): 453-492.

# 10
# A autotranscendência como manifestação onírica do processo de desenvolvimento integral da pessoa

*Gilvan de Melo Santos*

## 1 Introdução

Na década de 1950, o americano Abrahan Maslow (1908-1970) publicou *A Theory of Human Motivation*, na qual abordava a Teoria da Hierarquia das Necessidades. Conhecida como a "Pirâmide de Maslow", da base ao topo, o autor destaca as necessidades principais do ser humano: "a) Necessidades fisiológicas (fome, sede e outros); b) Necessidades de segurança (estabilidade, ordem); c) Necessidades de amor (família, amizade; d) Necessidades de estima (autorrespeito, aprovação); e) Necessidades de autoatualização (desenvolvimento de capacidades)" (FADIMAN & FRAGER, 1986, p. 268).

Atente-se que no livro *Logoterapia e Análise Existencial – Textos de seis décadas*, Frankl (2014, p. 265) enuncia uma *confidência*, afirmando que, quatro anos antes de sua morte, o próprio Maslow percebera que a autorrealização seria um "efeito colateral da autotranscendência", posto que, antes mesmo de buscar a si mesmo, o ser humano "é totalmente homem e totalmente ele mesmo na medida em que se entrega a uma tarefa ou ao próximo" (FRANKL, 2014, p. 265). Neste aspecto, o ser humano somente se realiza quando se abre a algo ou a alguém, diferente de si mesmo. Em outras palavras, quando ele autotranscende. Nas palavras de Maslow: "Minha experiência está em concordância com a de Frankl de que quem procura diretamente autorrealização [...] não a encontra de fato [...] pois o problema *primário* que se tem é sua vontade de sentido" (FRANKL, 2014, p. 265; grifo do autor).

Com base nesse fundamento frankliano de que o ser humano, para além da busca de prazer e de poder, também para além da autorrealização, intende para uma vontade de sentido, foi que resolvi pesquisar sobre o fenômeno da autotranscedência nos sonhos analisados por outros autores, bem como em sonhos de pacientes que participaram das minhas pesquisas ao longo de 26 anos de investigação. Nesse período, cheguei à conclusão de que a autotranscedência é o fenômeno que representa nos sonhos o estágio de maior amadurecimento noopsíquico da pessoa, e que, em fases anteriores, pode, intrapsiquicamente, buscar desejos ou elementos simbólicos compensatórios.

Sem nenhum preconceito acadêmico, ao longo dos anos de pesquisa investiguei o processo onírico em diversas abordagens, principalmente na psicanálise de Sigmund Freud (1856-1939), na psicologia analítica de Carl Jung (1875-1961) e na Logoterapia de Viktor Frankl (1905-1997), com a importante colaboração de Izar Xausa (1932-2018). Durante essas investigações estruturei uma hermenêutica capaz de abarcar estas três teorias, bem como dar condições para se analisar sonhos oriundos de diversos motivos ou fontes: biológicas, psíquicas ou noéticas. Chamei esta nova hermenêutica de Análise Tridimensional dos Sonhos, através da qual analiso três categorias básicas: sentimentos, símbolos e atitudes apresentadas pelo sonhador dentro e fora da diegese onírica (o tempo-espaço onde acontece um sonho).

Cheguei à conclusão de que, como parte do processo de desenvolvimento psíquico representado nos sonhos dos pacientes, o ser humano é movido pelo movimento destas três dimensões: biológica, psíquica e noética, oscilando entre o movimento intrapsíquico e existencial, num noopsicodinamismo[1] cuja tendência é a abertura para um processo contínuo de amadurecimento psicológico, desde à sua infância e adolescência biopsíquicas (destensão e individuação) até o seu amadurecimento pessoal (autotranscendência) (SANTOS, 2020, p. 187).

Sendo assim, apresentarei neste trabalho o seguinte tópico: o lugar da autotranscendência nos sonhos, desmembrado nos seguintes subtópicos: a autotranscendência como motivo básico dos sonhos; e a autotranscendência em sonhos de pacientes oncológicos.

## 2 O lugar da autotranscendência nos sonhos

Interligada ao segundo pilar da Logoterapia e Análise Existencial, a vontade de sentido, Frankl tece o conceito de autotranscendência quase sempre pelas bordas. Quem se aventurar a ler pela primeira vez o capítulo "A autotranscendência como fenômeno humano", do livro *A vontade de sentido: fundamentos e aplicações da Logoterapia*, certamente, como eu, ficará frustrado pela ausência direta do termo: *autotranscendência*. Entretanto, toda a argumentação de Frankl ronda em torno do conceito fundamental de autotranscendência. De início afirma que o "homem busca – e, em sua busca, tende a atingir – o mundo, mundo esse repleto de outros seres humanos a encontrar e de sentidos a preencher" (FRANKL, 2011, p. 45). Contrapondo-se à visão do processo homeostático de redução da tensão proposto por Freud, Frankl (2011, p. 47) parafraseia Charlotte Bühler afirmando que se deve "conceber o homem como portador de intencionalidade, o que significa viver

---

[1]. A noopsicodinâmica é um neologismo criado por mim para designar um processo contínuo de amadurecimento psicológico, deste à sua infância e adolescência biopsíquicas (destensão e individuação) até o seu amadurecimento pessoal (autotranscedência). Cf. Gilvan de Melo Santos. *Do mytho ao logos*, 2020.

com propósitos. E seu propósito é dotar a vida de sentido [...]. O indivíduo [...] quer realizar valores".

Percorrendo o trajeto textual do autor, não me esbarrando diretamente junto ao conceito, senão nas bordas, percebi que Frankl se contrapõe também à ideia de que o poder e a autorrealização, tal como a ideia de prazer, venham a constituir a vontade primária do ser humano. Em relação ao princípio do prazer e do poder propostos por Freud e Alfred, respectivamente, Frankl (2011, p. 49-50) pontua: "o desejo de superioridade, ou a vontade de poder – de um lado – e o princípio do prazer, ou – como também se pode chamar – a vontade de prazer, também são meras derivações da motivação primeira do homem, isto é, de sua vontade de sentido". Faltava o arremate final. Segue a contraposição agora em relação ao princípio da autorrealização, proposto pela psicologia humanista americana, mais especificamente, oriunda do posicionamento de Abrahan Maslow.

> A autorrealização não constitui a busca última do ser humano. Não é, sequer, a sua intenção primária. A autorrealização, se transformada num fim em si mesma, contradiz o caráter *autotranscendente* da existência humana. Assim como a felicidade, a autorrealização aparece como efeito, isto é, o efeito da realização de um sentido. Apenas quando o homem preenche um sentido lá fora, no mundo, é que ele realizará a si mesmo. Se ele decide por realizar a si mesmo, em vez de preencher um sentido, a autorrealização perde, imediatamente, sua razão de ser (FRANKL, 2011, p. 52-53; grifo meu).

Com esta frase, e pela primeira vez registro eu o termo *autotranscendente*, Frankl apresenta a sua teoria da motivação. A partir de então, citando Allport, Brentano, Bühler e o próprio Maslow, Frankl aprofunda ainda mais o conceito de autotranscendência, explicitando que o alvo principal de todo ser humano não é o prazer, o poder, a felicidade, a autorrealização e nem as experiências de pico (que expressam um nível de tensão e redução em alto grau), mas sim a vontade de sentido, quando ele se abre a uma missão a cumprir, um valor a realizar e um sentido a encontrar. Por trás destes aparentes *motivos para se viver*, a existência esconde o maior dos seus tesouros: a *razão de viver*, posto que ninguém, na verdade, busca a felicidade, senão uma razão para ser feliz (FRANKL, 2011).

A partir dos conceitos de vontade de sentido e autotranscendência aqui apresentados por Frankl, outros autores também ampliaram este último. Para Soto e Guberman (2005), a autotranscendência é uma orientação fundamental do homem em relação ao sentido. Para Frankl, segundo estes autores, o ser humano está sempre orientado para alguém ou algo diferente dele. Ele autotranscende na medida em que se entrega ao mundo, esquecendo-se de suas próprias necessidades e na medida em que atualiza em ação o sentido descoberto e desenvolve valores. Santos et. al. (2013, p. 22-23) apontam que "a vontade de sentido, enquanto motivação primária, emerge da textura da vida, ou seja, do contexto de historicidade do homem, da capacidade genuinamente humana de ir além de si mesmo, que se caracteriza como transcendência da existência". Ortiz (2014, p. 132-133, tradução minha) apresenta a autotranscendência como a "capacidade intencional da consciência de se dirigir para algo ou alguém significativo. Caracteriza-se pela capacidade do indivíduo apontar para algo que não a si mesmo, ou seja, para os sentidos da realização ou para encontrar outros seres humanos para amar".

Transpondo o conceito de autotranscendência para o universo onírico, o mesmo ganha espaço em relação à teoria do desenvolvimento humano, uma vez que se encontra na etapa final do desenvolvimento integral da pessoa, manifestada em sonhos de pacientes normalmente em estado mais elevado de maturidade. Segundo a Análise Tridimensional dos Sonhos, o ser humano é movido pelo movimento das três dimensões: biológica, psíquica e noética, oscilando entre o movimento intrapsíquico e existencial, num noopsicodinamismo cuja tendência é a abertura para um processo contínuo de amadurecimento psicológico, deste às fases de destensão e individuação, apresentadas pelas teorias de Freud e Jung, até o estágio de amadurecimento pessoal, representado pela autotranscedência, a partir da teoria de Frankl. Este lugar da autotranscendência, como último grau de desenvolvimento noopsíquico, teve como inspiração a assertiva de Frankl, ao citar Ungersma:

> O princípio do prazer freudiano está mais presente na criança pequena, o princípio do poder adleriano predomina no adolescente, e a vontade de sentido se constitui com preponderância no adulto maduro. "Desse modo", diz o referido autor, "a sequência das três escolas vienenses de psicoterapia parece, bem, espelhar o desenvolvimento ontogonético do indivíduo, da infância à maturidade" (FRANKL, 2011, p. 57).

Decerto que acrescentei a este processo de desenvolvimento supracitado o processo intrapsíquico e compensatório da teoria junguiana, bem como a proposta da autorrealização apresentada por Maslow. Com base então nesta nova hermenêutica, apresentarei nos seguintes subtópicos sonhos cuja autotranscendência é o motivo ou a razão principal de sua estruturação diegética.

## 2.1 *A autotranscendência como motivo básico dos sonhos*

Antes de adentrarmos nas análises apresentadas por Frankl, Fabry e Uderzo, convém esclarecer que a visão antropológica frankliana é preservada neste trabalho, no qual, em sua ontologia dimensional, enxerga o homem em sua tridimensionalidade: corpo, psique e espírito, inseridos em suas dimensões respectivas: biológica ou somática, psíquica ou anímica e noética ou espiritual.

Assim compreendido, entende-se que, frente ao movimento *centrípeto* das dimensões físicas e psíquicas, a dimensão noética é a dimensão da abertura da pessoa humana, sendo o seu movimento sempre *centrífugo* em direção a algo ou alguém. Frente ao paralelismo psicofísico do espaço factual, a dimensão noética encontra-se num espaço facultativo ou *existencial* e mantém, em relação às demais, um "antagonismo psiconoético" (FRANKL, 2014, p. 61).

Baseado nesta visão tridimensional, apresentarei abaixo alguns sonhos analisados por Joseph Fabry, Lola Pérez Uderzo, bem como o sonho de Viktor Frankl por mim analisado, tendo como motivo central a autotranscendência.

Inicialmente apresento um sonho analisado por Fabry. Segue o sonho de um dos seus pacientes que sofria de depressão.

> Um paciente relata um sonho que o intrigou e o desgostou. Ele se viu em um porão escuro com sua esposa e filhos. Quando seus olhos acostumaram-se com o escuro, percebeu que a sala estava repleta de pacotes belamente embrulhados. Sua esposa pediu-lhe que pegasse um e ele o fez. Quando abriu, decepcionou-se ao encontrar um busto de Richard Wagner. Sua esposa pediu-lhe que escolhesse outro pacote e novamente desapontou-se. Continha um jogo que não jogava desde que seus filhos eram pequenos. Sempre considerava jogos uma perda de tempo. Então sua esposa disse-lhe que teria uma terceira e última oportunidade para desembrulhar um presente. Desapontou-se mais uma vez. O pacote continha uma árvore de natal, de plástico, e coloridos objetos decorativos usuais. Disse o paciente que sempre se negou a gastar dinheiro em ornamentos que seriam usados somente uma vez por ano, e seriam depois jogados fora (FABRY, 1989, p. 75 apud XAUSA, 2003, p. 56-57).

Segue agora a análise realizada por Fabry:

> Em um diálogo socrático, posteriormente, o homem teve o desvelamento do sonho. Ele percebeu que a

mensagem do sonho era: *Jogue! Relaxe! Divirta-se! Não seja um viciado em trabalho!* Música (Wagner), jogos (Monopólio), festas (árvore de Natal). Este sonho indicava a necessidade de valores vivenciais com o afastamento de um trabalho obsessivo. Ele seguiu o conselho de seu inconsciente e suas depressões desapareceram (FABRY, 1989, p. 75 apud XAUSA, 2003, p. 57).

Como o autor constatou, o sonho revelou-se como um indicativo de sentido, mobilizando o sonhador a tomar decisões, o que, outrora, não seria possível sem este desvelamento do inconsciente espiritual. Não fosse o diálogo socrático, o sonho não passaria talvez de uma representação compensatória do seu estado de *workaholic*. Não fosse a propulsão em direção ao futuro, o sonhador estaria agarrado ao movimento intrapsíquico, sem enxergar valores de vivência dentro da relação com a sua família. O sonho também revelou-se como uma manifestação da transcendência da consciência, sempre aberta a algo além dela. E este movimento de autodistanciamento (perceber-se a si mesmo) e de autotranscendência (enxergar algo fora de si mesmo) só foi possível em função do fenômeno onírico e do diálogo socrático.

Em sequência segue um estudo de caso apresentado pela Dra. Lola Pérez Uderzo, citado por Xausa:
A paciente inicia a sessão afirmando que se sente mal espiritualmente. Considera que não tem objetivo na vida.
Paciente: Não sou nenhuma ativista política e não venci em minha profissão de advogada. Vivo somente. Sei de tudo um pouco, mas nada em profundidade.
Terapeuta: Você é extremamente inteligente, mas não se detém, não se aprofunda. Isto já vimos na oura sessão. (Isto veio acompanhado de grande carga emotiva na sessão anterior.)
Paciente: Não me comprometo.

Terapeuta: Recorda o que dizia Goethe [sic][2]: "Aquele que tem um porquê viver suporta qualquer como".
Paciente: É que não tenho metas.
Terapeuta: Descobri-las também poderia ser uma meta, o que achas?
Paciente: Quero contar-lhe um sonho que me impressionou: *decidi sair desnuda porque me sentia bem assim. Neste momento não estavam comigo nem meu marido nem minha filha. Andava nua, mas me sentia cômoda. Não era por sedução que assim andava. Senti que as pessoas me olhavam, mas eu sabia que não tinha nada de mal. Vi um homem que andou em volta de mim e se abraçou em minhas pernas e me beijava com carinho. Eu o reprovava e dizia que não me molestasse. Porém, me deixei vencer pelo afeto e me abandonei a ele. Aí me transformei numa árvore, uma planta. Começaram então a crescer raízes de planta nos pés, nos braços e nos ombros. Eram mais propriamente tentáculos. Eles me asfixiavam. Desesperada, eu os cortava com uma faca, mas eles voltavam a crescer. Quanto mais os olhava e lutava era pior. Sentia uma grande angústia. Porém, num determinado momento, levantando os olhos e olhando ao longe, como por encanto, desapareceram, os tentáculos caíram como mortos desintegrados.*
Terapeuta: Com o que associa o sonho?
Paciente: Não sei.
Terapeuta: Vamos ler as minhas anotações. (A terapeuta lê para a paciente ouvir.)
Paciente: Algumas coisas são muito boas. O homem era meu marido. Ele agora está comigo, já não abraçava minhas pernas. Você sabe que nossa única relação positiva é o sexo. E isto estava desaparecendo. Eu antes acreditava que o sexo era o mais impor-

---

2. Na verdade, Frankl atribui esta frase ao filósofo alemão Friedrich Wilhelm Nietzsche (1844-1900). Cf. Viktor Frankl. *Em busca de sentido: um psicólogo no campo de concentração*, 1991b, p. 95-96.

tante, o que justificava meu matrimônio. Mas agora me dou conta de que não é. Isto não basta. Eu sou algo mais. Verdadeiramente eu não me sinto bem. Me desvalorizava ao conformar-me só com isto. Eu queria mostrar-me tal como sou. Desnuda. Autêntica. Antes era muito irascível. Brigava com todo mundo. Era intolerável. Decido ser amável com as pessoas e manifestar meu afeto, aceitando-as como são cada uma delas. Desnudas. Autênticas. Por isso me senti bem assim, no sonho. Creio que as coisas se confundem ou se superpõem no sonho. Minha nudez com os demais.

Terapeuta: É que, à medida que aceitamos os demais, nos aceitamos a nós mesmos. Somos mais tolerantes com os demais quanto mais o somos conosco mesmos.

Paciente: Sim, é o que estou fazendo.

Terapeuta: E os tentáculos?

Paciente: São como todo o meu passado que aparece constantemente e me pressiona, me sufoca. Quero cortá-los e trato de fazê-lo por todos os meios, com uma faca, mas reaparecem uma e outra vez.

Terapeuta: Como resolves isto no sonho?

Paciente: Resolvo porque eles se dissolvem, se desintegram quando levanto os olhos e vejo mais além de mim o horizonte.

Terapeuta: É como que, à medida que você se concentra em si mesma, aumenta a pressão do passado?

Paciente: Sim. Quando olho mais além de mim mesma me sinto em paz, quando olho o horizonte.

Terapeuta: Anita, relaxe agora. (A terapeuta sugere-lhe relaxar com os olhos fechados e concentrar-se no horizonte, visualizando-o totalmente e logo deleitando-se nele para só depois abrir os olhos). Desenha o que viste agora. (A paciente desenha o horizonte e coloca uma série de pessoas também.)

Paciente: Esta pessoa aqui é minha filha; estas, meus clientes...

Terapeuta: Veja bem, Anita. À medida que nos esquecemos de nós para nos abrirmos ao horizonte dos outros, nos sentimos verdadeiramente plenos.
Paciente: E em paz.
Comentário da terapeuta sobre os resultados da análise do sonho: "Aqui se visualizou a tendência para a autotranscedência" (UDERZO, 1992, p. 1-3, apud XAUSA, 2003, p. 57-59).

Percebe-se neste longo exemplo que a todo tempo a terapeuta clareia o espaço fenomênico do sonho da paciente, tanto com as perguntas espontâneas quanto com as perguntas-chave do diálogo socrático: *"Com o que associa o sonho? Como resolves isto no sonho?"* Percebe-se que ela ilumina o discurso da paciente com frases e citações embasadas nos postulados da Logoterapia; como também pontua, uma a uma, as frases da paciente que eclodem da sua própria interpretação. Em suma, o que fez com que um sonho aparentemente de desejo e com conotações próximas ao motivo da sexualidade, fosse aqui entendido e explorado como um sonho indicativo de sentido, mais precisamente em relação à autotranscedência? Exatamente devido à técnica do diálogo socrático, quando explorou a atitude da paciente, tanto no sonho quanto no estado de vigília, através de uma pergunta-chave fundamental e mobilizadora: "Como resolves isto no sonho?"

Percebe-se que, neste *sonho dos tentáculos*, trata-se de um sonho cujo motivo era aparentemente de ordem sexual, só que, no desenrolar do diálogo socrático desenvolvido pela Dra. Lola Pérez Uderzo (1992, p. 1-3, apud XAUSA, 2003, p. 57-59; grifo meu), o sonho configurou-se como uma representação do fenômeno da autotranscendência. Portanto, um sonho indicativo de sentido.

Reanalisando este sonho, enumerei alguns trechos reveladores dos sentimentos da paciente, dentro e fora da diegese onírica. Antes da sessão, sente-se "mal espiritualmente"; no sonho sentiu-se "bem e cômoda ao sair desnuda"; sentia que "as pessoas a olhavam, mas sabia que não tinha nada de mal" (ainda referente à nudez); "sentia uma grande angústia". No diálogo socrático relata: "Quando olho mais além de mim mesma me sinto em paz, quando olho o horizonte". Ainda em seu discurso, a paciente dá uma conotação não sexual à sua nudez, afirmando que ela representava "autenticidade para manifestar seus afetos", como também uma forma de "aceitação de si mesma e dos outros". Em suma, os sentimentos de bem-estar e comodidade em relação à nudez revelam a não existência de repressão sexual, ao passo que o sentimento de "mal-estar espiritualmente" e "angústia", revelam um estado de tensão noológica, apenas atenuada pela abertura de si mesmo ao outro, gerando nela o sentimento de paz. Conclusão: apesar da conotação aparentemente sexual do sonho, não resta dúvida de que o sonho configurou-se como indicativo de sentido, revelador de um conflito espiritual, solucionado pela capacidade de autotranscender da paciente. E esta constatação só foi possível graças à revelação dos sentimentos da paciente, registrados e apresentados pela analista dos sonhos.

No sonho de Frankl, apresentado por Eugênio Fizzotti, também constatei o fenômeno da autotranscendência como estágio último de amadurecimento noopsíquico. Segue o sonho.

> E naqueles dias tive um sonho estranho, que ainda hoje faz parte das minhas experiências mais profundas no reino dos sonhos. Sonhei com uma grande multidão de psicóticos e pacientes em fileira para serem conduzidos às câmaras de gás. O sentimento de compaixão experimentado foi tão forte que decidi me unir a eles. Pensava que devia fazer algo: Atuar como psicoterapeuta em um campo de concentração haveria de ser mais significativo que ser um dos psiquiatras de Manhattan... (FRANKL, apud FIZZOTTI, 1977, citado por XAUSA, 2003, p. 54-55).

O sonho de Frankl, experimentado em suas profundezas, evidenciou a presença da *voz da consciência*, em meio ao conflito de acompanhar, ou não, a sua família e compatriotas aos campos de concentração, em meio à Segunda Guerra Mundial, entre 1942 e 1945. Como um *déjà vu* trágico, o sonho marcou a trajetória do autor em direção ao sentido de um sofrimento inevitável, e que serviu, cuidadosa e tragicamente, como uma espécie de validação prática da Logoterapia. Em setembro de 1942, Frankl, seus pais (Gabriel e Elsa Frankl), sua sogra Emma e sua esposa Tilly Grosser, foram deportados para os campos de concentração.

A evidência do valor de vivência, representado pelo "sentimento de compaixão", foi a motivação básica que levou Frankl a tomar a decisão de "se unir à grande multidão de psicóticos" representando ali os seus familiares e conterrâneos judeus, que, mais tarde, iriam sofrer o amargor dos campos de concentração. Tratou-se de uma profunda manifestação de seu inconsciente espiritual, que, em detrimento da decisão de se livrar da morte, conduziu o sonhador a descobrir o mais pleno sentido em sua vida.

O sonho configurou-se também como um sonho prospectivo e indicativo de sentido, uma vez que um ano depois, em 22 de setembro de 1942, Frankl fora deportado, inicialmente, para a Escola Secundária Sperlgasse 3, Viena II[3], prosseguindo, dois dias depois, em viagem de trem para o campo de concentração de Theresienstadt[4] (Terezín, em Tcheco), onde passou quase dois anos e, posteriormente, para os demais campos: Auschwitz II-Birkenau (quando

---

3. C.G. Pintos informou o nome da Escola como Kleine Sperlgasse 2-C. Para além dos erros de tradução, fica o registro da diferença entre ela e a informação dada por Pareja Herrera, citada acima. Cf. Claudio García Pintos. *Un hombre llamado Viktor*, 2007, p. 84. • Luis Guilhermo Pareja Herrera. *Viktor E. Frankl y su dictado de 1945: Um psicólogo en el campo de concentración*, 2015, p. 15.

4. Para os nazistas, Theresienstadt funcionava como parte de um "programa de realocação da comunidade judia", especialmente aqueles mais "reconhecidos: artistas, médicos, intelectuais, músicos, profissionais, aposentados, como uma espécie de recompensa pelos seus serviços". Entretanto, Theresienstadt ou Terezín era, na verdade, uma "antessala de Ausschwitz". Para detalhes, cf. Claudio García Pintos. *Un hombre llamado Viktor*, 2007, p. 84, 87; tradução minha.

passou três noites), Kaufering III (passou quatro meses e uma semana), Türkheim (passou sete semanas)[5]. Tal como vivenciado no sonho, tanto na referida escola quanto nesses campos, Frankl muitas vezes cuidou de prisioneiros psicóticos, doentes de tifo, inanição e estados profundos de neurose noogênica (FRANKL, 1991b).

Também como continuidade da vida do próprio sonhador, este sonho referiu-se a uma experiência pessoal e profundamente interligada à existência do sonhador. Como o próprio sonhador afirmou: este "sonho estranho ainda hoje faz parte das minhas experiências mais profundas no reino dos sonhos" (apud XAUSA, 2003, p. 54).

Diante do estado de conflito, o sonho configurou-se, portanto, como uma manifestação da voz da sua própria consciência, empurrando o sonhador para vivenciar uma experiência de autotranscendência, o que mais tarde concretizou-se.

Tendo a condição de se exilar na Ilha de Manhattan em Nova York, sua experiência onírica o levou a responder à voz de sua consciência (*Gewissen*) e a não evitar a sua condução coercitiva em direção aos campos de concentração reservados ao povo judeu. O sonho antecipou fatos posteriores, quando em quatro campos de concentração nazista, em Theresienstadt, Auschwitz II-Birkenau, Kaufering III e em Türkheim, desde a primavera de 1942 ao outono de 1945, Frankl se viu cuidando de homens psicóticos, doentes de tifo, inanição e neurose noogênica (FRANKL, 1991b), tal como já afirmara. Portanto, em detrimento do bem-estar que possivelmente teria se tivesse se exilado na Ilha de Manhattan, à espera de se tornar um intelectual de carreira ainda mais promissora, Viktor Frankl decidiu produzir uma teoria e uma psicoterapia encarnadas no sofrimento humano e no amor aos seus entes queridos e conterrâneos judeus.

---

5. Para detalhes, cf. Luis Guilhermo Pareja Herrera. *Viktor E. Frankl y su dictado de 1945: Um psicólogo en el campo de concentración*, 2015, p. 15-17; tradução minha.

Diante do que se discutiu até então, seguem alguns questionamentos: É possível se analisar um sonho levando em conta esta tridimensionalidade? É possível que, num mesmo sonho, as dimensões corpórea, psíquica e espiritual possam ser representadas? Não existiria um método de análise capaz de apreender as instâncias corporal, psíquica e espiritual, mesmo enxergando esta última como dimensão superior? É possível uma análise que perceba a abertura do amor, mas também o movimento intrapsíquico do sexo? Que veja as possibilidades de sentido, mas também as necessidades do prazer? Que perceba a noodinâmica do espírito, mas também a psicodinâmica das realizações de desejo e das compensações de forças inconscientes e conscientes?

Em meio a estas aparentes divergências, não estou falando de estados e concepções de sonhos excludentes, porém complementares e, até certo ponto, interligados e dentro de um processo contínuo de desenvolvimento psíquico. Em sonhos, por exemplo, em que não há a realização completa do desejo, o sonhador poderia ter a grande oportunidade de descobrir alternativas capazes de fazer com que ele saia de um estado de autossaciação para um estado de autorrealização. Poderia entrar num campo de tensão em busca de algo fora de si mesmo, num processo de autotranscendência da existência humana. Assim, é compreensível que um sonho não seja somente a realização de um desejo, mas também uma produção da natureza que representa a busca pelo equilíbrio psíquico e pela abertura do ser para algo ou alguém.

Dito isto, a Análise Tridimensional dos Sonhos (A.T.S) por mim proposta mostra que um sonho pode transitar pelas dimensões bio-psico-espiritual perfeitamente. Sendo assim, da mesma forma que a pessoa, em seu noodinamismo, tem "a possibilidade de transcender, sair de si mesma e, através da dimensão noética, encontrar sentido e realizar valores", também ela pode "movimentar-se intrapsiquicamente em direção aos objetos, tentando obter deles o prazer, a superioridade ou a autorrealização" (SANTOS &

SÁ, 2016, p. 38). Ao analista dos sonhos, caberia a humildade de entender os limites de cada abordagem, não analisando todos os sonhos sob o prisma de um único paradigma, o que redundaria, a meu ver, num reducionismo biopsíquico ou espiritual. A fim de compreender melhor esta discussão, o próximo subtópico apresenta casos clínicos como resultados de uma pesquisa realizada com pacientes oncológicos.

### 2.2 *A autotranscendência em sonhos de pacientes oncológicos*

No subtópico anterior apresentei a necessidade primeira de se conceber o ser humano em sua tridimensionalidade bio-psico--noética. Neste subtópico passo a discutir sobre a necessidade de se analisar um sonho privilegiando estas mesmas três dimensões. Pode parecer redundante, mas na prática muitos profissionais não conseguem transitar pelas três dimensões ao analisar um sonho. Frankl (2014, p. 62), por exemplo, apesar de ter consciência e apresentar a dimensão noética como a dimensão do "especificamente humano", concebendo a pessoa como uma "unidade apesar da pluralidade" (FRANKL, 1989, p. 42), as análises dos sonhos na concepção frankliana, ao menos as apresentadas nos livros, parecem não ter acompanhado o modelo ontológico que enxerga a pessoa em sua tridimensionalidade.

Mesmo no livro *A psicoterapia na prática*, especificamente num capítulo curto intitulado *Sonhos e interpretação dos sonhos*, Frankl inicialmente ronda em torno da apresentação da hermenêutica freudiana, depois fala dos "sonhos funcionais", cuja característica principal é a identificação entre os processos de sonhar e os processos de adormecer, sobretudo através do mecanismo de condensação e da ideia clássica dos "resíduos diurnos" ou "semanais"; depois fala de "sonhos proféticos" ou "sonhos de advertência", para, afinal, abordar a sua tese principal: apresentar um sonho como uma manifestação de uma "espiritualidade inconsciente" e de uma "religiosidade inconsciente" (FRANKL, 1991a, p. 185-191), o que o faz muitíssimo bem, igualmente como o fez no clássico capítulo "Interpretação analítico-existencial dos sonhos", do livro *A presença ignorada de Deus*, versão brasileira.

Mais do que isso, à guisa de um maior juízo, o que pontuei sobre a apresentação das análises freudianas, junguianas e franklianas no meu livro recém-lançado *Do mytho ao logos: Análise tridimensional dos sonhos* (2020), é que houve um prevalecimento da visão de inconsciente de cada uma delas, ou seja, em Freud o "inconsciente instintivo", em Jung "o inconsciente coletivo" e em Frankl o "inconsciente espiritual", quando, na verdade, estamos falando de um ser tridimensional cujo inconsciente é ampliado, para baixo ou para cima do *iceberg*, tanto em suas profundezas quanto em suas alturas, sem a negação de uma visão ou outra.

Desta forma, apresento a Análise Tridimensional dos Sonhos (A.T.S) como um método viável na análise de todo e qualquer sonho. Na noopsicodinâmica da A.T.S. defini alguns fundamentos:

1) Para além do princípio biológico da homeostase, o paciente vive sempre em estado de tensão noopsicodinâmica, ampliando seu processo intrapsíquico de individuação, em direção ao sentido na vida (sentido concreto), da vida (sentido último) e para além da vida (o suprassentido), num processo contínuo de autotranscedência. 2) Na dimensão biológica o ser humano é movido pelo princípio da homeostase, cujo objetivo solipsista é manter o ego (o eu social, movido pela relação com a realidade social), em estado de destensão (base psicanalítica). 3) Na dimensão psíquica, apesar de também obedecer ao mesmo princípio da homeostase, num movimento intrapsíquico compensatório entre as forças conscientes e inconscientes, o ser humano é movido por um psicodinamismo em direção ao processo de individuação (base junguiana). 4) Na dimensão noética ou espiritual, o ser humano obedece ao princí-

> pio da noodinâmica, cuja motivação é a vontade de sentido, num processo que transcende a imanência, em movimento de abertura a algo ou alguém, chamado de autotranscendência, em estado constante de tensão noológica ou de busca pelo sentido (base analítico-existencial). 5) A Análise Tridimensional dos Sonhos sustenta que o ser humano é movido pelo movimento destas três dimensões: biológica, psíquica e noética, oscilando entre o movimento intrapsíquico e existencial, num noopsicodinamismo cuja tendência é a abertura para um processo contínuo de amadurecimento psicológico, deste à sua infância e adolescência biopsíquicas (destensão e individuação) até o seu amadurecimento pessoal (autotranscendência) (SANTOS, 2020, p. 186-187).

Nos princípios básicos do método[6] temos que:

> 1) Todo e qualquer sonho é uma manifestação do estado contínuo de "tensão" ou busca por algo transcendente ao sujeito, seja a busca para satisfazer desejos reprimidos, seja a busca para equilibrar estados compensatórios em direção ao processo de individuação, seja a busca pelo sentido em situações concretas da existência e, em estágio final, a busca pelo sentido último e para além dele (o suprassentido). O sonho é a manifestação do fenômeno da autotranscendência vivenciado pelo sonhador. 2) Entendendo a limitação das analíticas anteriores (freudianas, junguianas e franklianas), cada uma abrangendo uma parte da totalidade humana, ou seja, as suas dimensões biológica, psíquica e noética, a Análise Tridimensional dos Sonhos apresenta uma hermenêutica que transversaliza as demais, sem se colocar como superiora a nenhuma delas, explorando três categorias básicas: os sentimentos, os símbolos e as

---

6. Para conhecer os demais princípios, cf. Gilvan de Melo Santos. *Do mytho ao logos*, 2020.

atitudes dos personagens representados na diegese onírica (SANTOS, 2020, p. 187-188).

Abaixo apresento uma pesquisa na qual tais fundamentos e princípios se apresentam na prática.

### 2.2.1 Pesquisa com sonhos de pacientes oncológicos

A pesquisa com pacientes oncológicos, realizada em 2003 como o resultado da disciplina Pesquisa e Procedimentos Estatísticos II, do currículo antigo do Curso de Psicologia da Universidade Estadual da Paraíba[7], contou com a minha participação na coordenação e o auxílio dos seguintes estudantes: Aline de Andrade Marques, Girlândia César dos Santos, Ana Paula Leite de Oliveira, João Emerson Bezerra Cabral, Andressa Xavier de O. Lima, Juraci Soares Barbosa, Clície Gabriele de Mendonça, Maria Giovanna L.P. Vasconcelos, Elisângela Pinto de Almeida, Polyane Alves Araújo, Fabrícia Emmanuele N. Galdino e Tatiane de Oliveira.

A pesquisa teve a pretensão de oferecer aos psicoterapeutas que atendiam pacientes em fase considerada terminal, em especial pacientes oncológicos, a análise onírica como mais um instrumento para o diagnóstico e intervenção psicoterapêutica, principalmente em relação ao trabalho de ressignificação da dor, da culpa e da morte, tríade trágica da condição humana. Através do universo simbólico-onírico, em seus níveis bio-psico-noético, universo de desejos e possibilidades, esta pesquisa se propôs também a sugerir intervenções logoterapêuticas para que o paciente tivesse uma melhor elaboração consciente do processo de sua doença, mesmo diante da suposta iminência da morte.

---

7. Maiores detalhes da pesquisa em Santos et al. *Estudo do processo onírico em pacientes oncológicos: Uma Análise Existencial dos sonhos*, 2003.

Por se tratar de sonhos de pacientes oncológicos em fase dita terminal, portanto, em situação de sofrimento inevitável, buscamos suporte teórico na Logoterapia e Análise Existencial de Viktor Emil Frankl. Essencialmente esta abordagem tem um respeito à liberdade de cada paciente, enfocando uma ligação existencial profunda do sonho com a vida da pessoa, proporcionando encontrar nos sonhos não só conteúdos instintivos, mas também manifestações da dimensão noética, como a religiosidade, a criatividade e o mundo dos valores. Enfim, acreditávamos que trazer este universo valorativo, do inconsciente ao consciente, possibilitaria ao paciente conscientizar-se em relação à sua própria doença, aceitar seu tratamento e abrir-se a novas escolhas e decisões plenas de sentido. Sem ainda termos a devida noção, o que estávamos oferecendo ao paciente era uma forma de cuidados paliativos, com base na Logoterapia de Frankl.

Em se tratando de sonhos de fortes conteúdos espirituais, em sua maioria, partimos da hipótese de que eles advinham de fontes noéticas de estimulação, expressão criada por mim em analogia ao que Freud chamou de "fontes psíquicas de estimulação" (FREUD, 2001, p. 57). Nestes tipos de sonhos é representado não somente aquilo que é reprimido, mas também aquilo que pode ser ressignificado e direcionado a uma ação futura por parte do paciente. Em meio à tríade trágica: culpa, sofrimento e morte, estes sonhos são também vistos como expressões da voz da consciência, entendida também como a "voz da transcendência" (FRANKL, 2004, p. 41), isto é, a voz de uma consciência que emerge do núcleo do inconsciente espiritual.

A partir deste paradigma inicial da Logoterapia, no qual define a pessoa em sua tridimensionalidade, acreditávamos que os fenômenos mais altos, que transcendem às dimensões biológica e psicológica, pertencem à dimensão noética, sendo os sonhos investigados nesta pesquisa uma demonstração deste paradigma. Desta forma, ao analisarmos os sonhos destss pacientes oncológicos, entendíamos que, além de *mexermos* com traumas reprimidos no passado e complexos construídos ao longo da vida do paciente, também poderíamos *mobilizar* valores éticos reprimidos e a voz da consciência abafada, bem como a criatividade e a religiosidade reprimidas, a fim de uma maior percepção existencial da doença e do sentido.

Em relação à metodologia, a pesquisa tipo exploratória teve como unidade de análise relatos dos sonhos de pacientes oncológicos, realizando estudos de caso múltiplos e observação participante. Os estudos de caso com propósito exploratório têm como objetivo esclarecer o pesquisador em relação a determinado tema, unidade de análise, situações ou informações ainda escassas no meio científico (YIN, 2005). Nesta pesquisa, optou-se por estudos de casos múltiplos holísticos, com unidade única de análise (YIN, 2005). Como houve contato físico e afetivo entre pesquisadores e público-alvo, optou-se pela observação participante, através da qual há uma ampla interação entre pesquisadores e pessoas envolvidas na situação-problema (THIOLLENT, 1985; CALEFFE & MOREIRA, 2008).

O espaço da pesquisa foi a FAP – Fundação Assistencial da Paraíba, localizada na cidade de Campina Grande, no estado brasileiro da Paraíba; especificamente no Centro de Oncologia Ulisses Pinto. Os 12 alunos envolvidos na pesquisa subdividiram-se em duplas para o atendimento dos pacientes. A estruturação do atendimento em duplas se deu por exigência da psicóloga-supervisora do referido hospital, devido ao fato de que 6 das pesquisadoras já participavam da dinâmica de atendimento aos pacientes da instituição hospitalar na função de estagiárias.

Devido ao pequeno espaço de tempo por que passavam os pacientes oncológicos no hospital, foram realizados no mínimo 2 encontros para cada estudo de caso. Após verificar as papeletas no posto de enfermagem (observando tempo de internação, perfil do paciente, condições de saúde e demais informações que acrescentem à proposta da pesquisa, não se abstendo da ética preestabelecida), cada dupla abordou no mínimo 2 pacientes.

O tempo não foi definido para cada encontro, e dependeu do discurso e das condições físicas do interlocutor. Os encontros foram realizados apenas nos leitos dos pacientes. Além da supervisão do orientador da pesquisa, esta contou com a assessoria da supervisora do hospital da FAP, a psicóloga Josefa Cristina Lisboa da Costa, contribuindo em relação a encaminhamentos clínicos. A reunião de supervisão entre orientador e pesquisadores compreendia um tempo de 2 horas/aula semanais, além de encontros extras de acordo com a necessidade. Os encontros e reuniões acima descritos foram, na grande maioria, semanais.

A coleta dos dados obtidos através destes encontros com os pacientes em seus leitos foi acompanhada por uma anamnese (perguntas referentes à vida pessoal e social do portador) e a amplificação do sonho, através de perguntas inerentes aos relatos dos sonhos, especificamente a aspectos que chamavam a atenção do pesquisador.

Os dados obtidos nos encontros foram analisados junto ao orientador seguindo a base teórica da Logoterapia e Análise Existencial, em especial referências sobre a tríade trágica: sofrimento, culpa e morte e suas relações com os conteúdos, latente e manifesto, dos sonhos. Já nessa época, não nos omitimos em se utilizar, em alguns casos específicos, de outras analíticas, tais como a psicanálise de Freud e a psicologia analítica de Jung[8].

A amostra da pesquisa compreendeu 21 pacientes oncológicos de ambos os sexos e com idade indeterminada, moradores da cidade de Campina Grande e circunvizinhanças, com escolaridade também indeterminada. Devido ao pouco tempo de contato entre

---

8. Há que lembrar que no ano de 2003 esta pesquisa foi uma das primeiras a explorar a temática dos sonhos. Desta maneira, ainda eu não conseguia vislumbrar uma hermenêutica própria.

pesquisadores e pacientes; e dificuldades orgânicas, psicológicas e cognitivas destes para realizar *insight* e intuir diante dos relatos oníricos, somente conseguimos apresentar, para o nosso estudo, 13 casos que trouxeram conteúdo onírico.

Quanto aos resultados, dos 21 pacientes abordados pelos pesquisadores, 12 eram homens e 9 mulheres, sendo que 6 relataram que apresentavam dificuldades para dormir. Dos 21 pacientes, 12 desconheciam a sua real enfermidade. Quanto aos diagnósticos apresentados, 4 pacientes portavam câncer no reto; 4 na próstata; 2 no colo do útero; 2 no esôfago; 2 na mama; 2 na laringe; 1 na bexiga; 1 no pulmão; 1 na região pélvica; 1 na região cervical e 1 no pênis. Após a coleta, constatou-se que 13 desses pacientes apresentaram câncer na região genital.

Dos 21 pacientes, somente 13, sendo 6 mulheres e 7 homens, participaram da pesquisa, pois 6 não apresentaram conteúdo onírico e 2 não tiveram seus sonhos incluídos na pesquisa, pois os conteúdos destes não davam margem para um trabalho de análise adequado pelo número reduzido de encontros. Enfim, foram analisados um total de 22 sonhos que foram produzidos pelos 13 pacientes mencionados. Os motivos dos sonhos estudados foram bastante variados, entretanto pode-se dizer que grande parte se relacionou com, no mínimo, um aspecto da tríade trágica (culpa, morte e sofrimento). Dentre os subtemas podemos destacar os que mais se repetiram: família, que foi observado em 7 sonhos; o trabalho, em 3; e a religiosidade, em 2.

Talvez devido às suas debilidades, observamos que poucos pacientes (somente 4) atribuíram um significado aos seus sonhos ou explicava-os. Outro fato que chamou a atenção foi que somente 1 entre os 22 sonhos pesquisados, apresentou conteúdo sexual. Sobre isso já apontava Frankl (1991b, p. 24) que a vida psíquica, numa situação psicológica de risco e pressão, pode ser reduzida ao nível primitivo, voltando o psiquismo do indivíduo para questões indispensáveis à sobrevivência, como ele mesmo observou nos campos de concentração, quando a maioria sonhava com "pão, tortas, cigarros, e com uma banheira cheia de água quente". Nestes tipos de sonho é muito comum que o conteúdo onírico seja mais objetivo do que subjetivo.

### 2.2.2 Estudos de caso

Na pesquisa realizada em 2003 foram realizadas as análises de 22 sonhos, dos quais 5 foram sonhos indicativos de sentido (22,72%); 8 sonhos indicativos de desejo (36,66%) e 9 sonhos compensatórios (40,90%). Neste capítulo apresento apenas os 5 sonhos indicativos de sentido dos pacientes Márcia e Carlos André, cujos motivos foram a autotranscendência. A fim de preservarmos a identidade dos interlocutores, os nomes apresentados são fictícios.

**Caso I: Márcia (62 anos)**

**A paciente**: Márcia é agricultora, separada e não alfabetizada. Tem filhos e netos. *Tem câncer no colo do útero.* Durante os encontros a paciente relatou vários sonhos.

**Sonho 1:** Márcia sonhou que subia em um lugar, que foi comparado por ela a um morro, era bem bonito com muito verde, segundo ela, como os que aparecem na televisão. Ela não conhecia este lugar. Enquanto subia, escalando, parou e pensou se iria conseguir chegar lá em cima. Disse que conseguiu subir; relatou que era difícil, mas sempre conseguia (segundo a paciente este sonho é bastante frequente).

**Amplificação do sonho 1:** Quando indagada sobre como se sentiu ao chegar no topo, disse que se sentiu feliz, pois tinha passado pelo perigo. Nesse momento Márcia fez uma comparação dessa vitória no sonho com sua luta contra a doença. Mantendo-se otimista quanto a vencer o câncer, disse que, se tinha conseguido subir o morro, então iria conseguir ficar boa. Ao ser questionada sobre este perigo, a paciente falou que, como tinha que subir usando as mãos, ela sentia medo de escorregar e cair para trás.

**Sonho 2:** Num outro sonho de Márcia, a neta caía no poço e ela pulava para ajudá-la, a fim de evitar o afogamento. Ela conseguia salvá-la e perguntava-lhe se estava bem, e a menina dizia para a avó que estava tudo bem. Não houve a técnica de amplificação dos sonhos.

**Sonho 3:** Márcia sonhou que estava numa estrada caminhando com uns *anjinhos*.
**Amplificação do sonho 3:** Quando indagada sobre esses *anjinhos* ela disse que eram crianças, seus netos, e disse: "*...é, porque toda criança é um anjinho*". Disse que se sentiu bem no sonho durante e quando acordou, pois considera que sonhar com crianças é bom, significa coisa boa.

**Análise do conteúdo onírico:** É interessante ressaltarmos que esta paciente sempre ao relatar algum de seus sonhos, ela mesma dava algum significado a eles; e geralmente suas interpretações sempre estavam voltadas para o processo de sua recuperação. No primeiro sonho a consciência, intuitiva em sua essência, parece estar mostrando à paciente sua capacidade de autotranscender, revelando em seu discurso, durante a amplificação do sonho, de que a *subida* em direção ao *morro* representa o seu caminho de cura. Porém, para além da sua doença e cura, sendo este *lugar desconhecido*, seu inconsciente noético parece lhe revelar que ela *subia* em direção a um *topo desconhecido*, provavelmente representando o *suprassentido* ou Deus, para ela que apresenta religiosidade em seu discurso. Ademais, para chegar a este lugar desconhecido (Deus ou o *suprassentido*), sem o sentimento de medo de escorregar e cair para trás (representação da morte), o ideal seria ela subir sem o uso das mãos, somente possível se tiver uma força interior que a eleve ou for carregada por figuras aladas. O sentimento ao chegar ao topo relata que era de *felicidade*. No terceiro sonho aparecem as figuras simbólicas dos *filhos* e *netos*, que para ela são comparados aos *anjinhos*. Analisando a atitude da Márcia representada no primeiro e no segundo sonhos, percebemos que neste último ela *pula para ajudar a filha de um afogamento* (afogamento também aqui representando a morte), onde provavelmente a ajuda veio através das suas mãos. Já no primeiro sonho ela teme escorregar e cair (morrer) se soltar as próprias mãos. Falávamos anteriormente que pra ela chegar ao topo do morro (Deus ou suprassentido) faltava o uso de uma força interior ou a força de uma figura alada. Estas figuras aladas só aparecem no quarto sonho: *os anjinhos*. No segundo sonho a atitude de Márcia é simbólica, ou seja, ela segura a mão da neta como inversão do primeiro sonho, onde ela precisa pegar na mão do *anjinho*, uma representação da neta, segundo ela mesma, para chegar ao topo do morro (o lugar desconhecido). Como a paciente também está inserida em sua tridimensionalidade, pudemos enxergar também a relação entre os sonhos e a sua condição biológica. Percebemos que a figura infantil, que aparece em três dos quatro sonhos, em forma de *netos*, *anjinhos* ou *filhos* (pelas ausências, talvez ainda tenha nela uma imagem infantil dos filhos), pode também estar relacionada à maternidade, que por isotopismo (imagem que se põe no lugar de outra), talvez possamos fazer uma associação com a localização do seu câncer (colo de útero). Como se sabe, também o símbolo da água do poço, no terceiro sonho, é um símbolo comumente associado à fertilidade e à vida (LEXIKON, 1997).

**Mensagem dos sonhos:** A despeito das associações dos sonhos com a condição do câncer de útero da paciente, bem como com a possibilidade de vencer a sua doença (associações perfeitamente possíveis), neste estudo de caso é possível perceber que um único motivo perpassa os quatro sonhos analisados, a saber, a passagem da vida para a morte, onde, claramente, o inconsciente espiritual mobiliza Márcia a encontrar o seu suprassentido, o "Deus desconhecido" como o chama Frankl (2004, p. 48). Para chegar ao "Deus desconhecido" (o topo do morro), ela precisa passar pela morte (*queda do morro* ou) e segurar com fé nas mãos deste Deus, representado na figura dos *anjinhos*. O sonho é indicativo de sentido. Para ser mais preciso: um sonho indicativo de suprassentido.

### Caso II: Carlos André (58 anos)

**O paciente:** Carlos André, casado, desempregado, residente da cidade de Serra Branca, portador de insuficiência respiratória aguda e tumor cervical.

**O sonho:** O paciente relatou ter sonhado, durante o período de internação, com um bode que possuía pelos de ouro e que este corria, mostrava os dentes, caía e levantava, além de destacar que o animal era "bonito, forte e grande".

**Amplificação do sonho:** Ao ser indagado sobre o conteúdo onírico, o paciente relacionou a figura do bode com um animal de posse de um dos seus amigos, afirmando ainda que o animal era de grande valor.

**Análise do conteúdo onírico:** Em relação ao sonho, viu-se a necessidade da utilização de compêndios sobre as simbologias oníricas apresentadas.

Segundo Lexikon (1997), o bode é visto geralmente como a personificação negativa ou positiva da força sexual masculina; os dentes interpretados como símbolo da força, da vitalidade e da agressividade; o pelo como real portador ou o símbolo da força e o ouro visto como símbolo da imutabilidade, eternidade e perfeição. Ou seja, o *bode* do sonho de Carlos André era um símbolo de vitalidade em contraposição à situação que ele se encontrava, ou seja, doente num leito de um hospital: fraco, debilitado e sem vida. Sendo mais preciso na análise, o *bode* era a sua própria representação. Conforme estudos já apresentados por Freud (2001, p. 52) sobre as fontes de estimulações somáticas orgânicas, o indivíduo que sofre de doença pulmonar, como é o caso do paciente em questão, costuma sonhar com "sufocações, grandes aglomerações e fugas". Percebamos que o *bode* do sonho *corria, mostrava os dentes, caía e levantava*.

**Mensagem do sonho:** Assim, o sonho do paciente tem como motivo, mais uma vez, a luta entre a vida e a morte. Assim, em contraposição ao sofrimento de um câncer de ordem pulmonar, o paciente o representa com todo dinamismo, correndo (atitude de busca), mostrando os dentes (vitalidade), caindo e se levantando (a recuperação de sua doença), *bonito, forte e grande*. Acima de tudo, um *bode* que tinha *grande valor*. Saindo do estado de inércia, o sonho não era apenas uma representação do seu estado compensatório, mas revelava um "antagonismo psiconoético", uma busca autotranscendente, numa representação da sua atitude espiritual de se reinventar, em busca da eternidade (o ouro). Trata-se, portanto de um sonho indicativo de sentido, apesar do teor compensatório.

## 3 Considerações finais

Se na teoria imposta pela academia temos que seguir uma analítica apenas, na prática, ao menos na minha prática, isto não foi possível. Tive que encontrar uma analítica que contemplasse uma concepção de sonho adequada ao método e às técnicas de coleta e de interpretação.

Portanto, para a Análise Tridimensional dos Sonhos (A.T.S), o sonho é uma manifestação do estado contínuo de *tensão* ou busca por algo transcendente ao sujeito, seja a busca pela satisfação de desejos reprimidos, seja a busca pelo equilíbrio de estados compensatórios em direção ao processo de individuação, seja a busca pelo sentido em situações concretas da existência e, em estágio final, a busca pelo sentido último e pelo que há além dele (o suprassentido). O sonho é a manifestação do fenômeno da autotranscendência vivenciado pelo sonhador. Desta forma, não nega as analíticas anteriores, apenas as concebe como processos analíticos que devem ser utilizados na análise de sonhos específicos: sonhos indicativos de desejo, compensatórios ou indicativos de sentido. Por vezes também se entrecruzam na análise de um mesmo sonho. Por que não?

## Referências

CALEFFE, L.G., & MOREIRA, H. *Metodologia da pesquisa para o professor pesquisador*. Rio de Janeiro: Lamparina, 2008.

FADIMAN, J., & FRAGER, R. *Teorias da personalidade*. Trad. Camila Pedral Sampaio. São Paulo: Harbra, 1986.

FRANKL, V.E. *Psicoterapia e sentido da vida: Fundamentos da Logoterapia e Análise Existencial*. Trad. Alípio Maia de Castro. São Paulo: Quadrante, 1989.

FRANKL, V.E. *A psicoterapia na prática*. Trad. Cláudia M. Caon. São Paulo: Papirus, 1991a.

FRANKL, V.E. *Em busca de Sentido: Um psicólogo no campo de concentração*. Trad. Walter O. Schlupp e Carlos C. Aveline. Vol. 3. (Coleção Logoterapia) (2. ed.). Petrópolis/São Leopoldo: Vozes/Sinodal, 1991b.

FRANKL, V.E. *A presença ignorada de Deus*. Trad. Walter O. Schlupp e Helga H. Reinhold. São Leopoldo/Petrópolis: Sinodal/Vozes, 2004.

FRANKL, V.E. *A vontade de sentido: Fundamentos e aplicações da Logoterapia*. São Paulo: Paulus, 2011.

FRANKL, V.E. *Logoterapia e Análise Existencial – Textos de seis décadas*. São Paulo: Forense Universitária, 2014.

FREUD, S. *A interpretação dos sonhos: Edição comemorativa 100 anos*. Rio de Janeiro: Imago, 2001.

LEXIKON, H. *Dicionário de Símbolos* (10 ed.). São Paulo: Cultrix, 1997.

ORTIZ, E.M. *Coaching Existencial – Basado em los princípios de Viktor E. Frankl*. Bogotá: Saps, 2014.

PAREJA HERRERA, L.G. *Viktor E. Frankl y su dictado de 1945: Um psicólogo en el campo de concentración*. Buenos Aires: San Pablo, 2015.

PINTOS, C.G. *Un hombre llamado Viktor*. Buenos Aires: San Pablo, 2007.

SANTOS, G.M. *Análise dos sonhos – Uma investigação histórica: Do onírico ao logos*. Campina Grande: UEPB, 1995 (Trabalho de Conclusão do Curso de Psicologia).

SANTOS, G.M. *Estudo do processo onírico em pacientes oncológicos: Uma Análise Existencial dos sonhos*. Relatório final da disciplina Pesquisa e Procedimentos Estatísticos II. Campina Grande: UEPB, 2003.

SANTOS, G.M. *Do mytho ao logos: Análise tridimensional dos sonhos*. João Pessoa: Ideia, 2020.

SANTOS, G.M., BARBOSA, G.G., & AQUINO, T.A.A. (orgs.). *Logoterapia na prática: intervenções clínicas sob a perspectiva da Análise Existencial de Viktor Emil Frankl*. Campina Grande: Eduepb, 2013.

SANTOS, G.M., & SÁ, L.B.M. (orgs.). *Da teoria à prática: A dimensão social da Logoterapia*. João Pessoa: Ideia, 2016.

SOTO, E.P., & GUBERMAN, M. *Diccionario de Logoterapia*. Buenos Aires: Lumen Humanitas, 2005.

THIOLLENT, M. *Metodologia da pesquisa-ação*. São Paulo: Cortez, 1985.

XAUSA, I.A.M. *Sentido dos sonhos na psicoterapia em Viktor Frankl*. São Paulo: Casa do Psicólogo, 2003.

YIN, R.K. *Estudo de caso – Planejamento e métodos*. São Paulo: Bookman, 2005.

# Conclusão e indicações para as pesquisas futuras

*Aureliano Pacciolla*
*Vagner Sanagiotto*

Uma primeira ideia para a qual todos os autores deste livro convergem é a temática abordada: a autotranscendência. Assim como uma predisposição artística é inerente à natureza humana, da mesma forma a autotranscendência está no DNA do homem como um sistema mente-corpo, manifestado nas várias formas antropológicas de todas as culturas que existiram e que existem ainda hoje. A autotranscendência não é a herança de uma única cultura, de uma religião em particular ou de uma época específica. A verdadeira natureza e essência do homem como tal reside na autotranscendência como seu elemento constituinte que, entretanto, espera para ser alcançado e cultivado até que possa se tornar uma arte no sentido de sua criatividade ilimitada.

Uma segunda ideia convergente entre todos os autores deste livro é a aplicação clínica da autotranscendência. Começamos (no primeiro capítulo) com a primeira aplicação clínica sistemática que Frankl fez à psicopatologia (quando a autotranscendência é frustrada) e à psicoterapia (quando a autotranscendência é despertada). A capacidade de descobrir e aceitar o sentido da vida (por que e para quem nasci) e a capacidade de dar sentido pessoal à própria vida (missão que desejo cumprir), ativa uma série de comportamentos existenciais que visam atingir uma determinada finalidade. Isso organiza de forma otimizada os recursos pessoais e facilita o crescimento pessoal.

Após longas décadas de sistematização epistemológica, finalmente temos as primeiras ferramentas clínicas que ajudam a evidenciar as predisposições existentes, assim como as dificuldades, em ser capaz de aplicar a autotranscendência para ajudar no crescimento individual. Uma dessas ferramentas é a Escala de Autotranscendência (EAT) na perspectiva pró-social. É um instrumento clínico eficaz para ser usado no contexto psicoterapêutico, assim como outros instrumentos semelhantes.

Entre os vários instrumentos que podem auxiliar, tanto na pesquisa quanto na aplicação da autotranscendência no contexto da psicoterapia, encontramos o LOC-F e o LOC-E: dois questionários que ajudam a identificar a atitude dos pacientes em relação ao funcionamento de sua personalidade e da sua existência. Em outras palavras, os questionários ajudam a estabelecer uma correlação entre a atitude perante a vida e a atitude perante os próprios sintomas (ou problemas). Essa perspectiva permite fazer uma orientação psicoterapêutica direcionada ao próprio crescimento: é inútil querer modificar os próprios sintomas sem modificar a atitude perante a vida. Frequentemente, o significado dos sintomas se correlaciona com o significado da vida; às vezes é necessário mudar o estilo de vida para mudar a condição sintomática.

Outra ferramenta clínica voltada especificamente para a psicoterapia de casal – que não abordamos diretamente neste livro, mas queremos indicar como um instrumento para as futuras pesquisas – é a Couple Functioning Scale (SFC). Nessa escala, a abordagem do DSM-5 para o funcionamento da personalidade foi combinada com a abordagem humanística existencial da Logoterapia de Frankl. A hipótese subjacente à pesquisa nesta escala (SFC) é avaliar a relação do casal (hetero, homo ou bissexual) em termos de empatia, intimidade e autotranscendência. A versão de pesquisa do SFC é mais fácil de compilar do que a versão clínica, que fornece um aplicativo voltado para o conhecimento das disfunções e seu enfrentamento. Mais informações, entre em contato com os organizadores do livro.

Além disso, muitas vezes somos convidados, mesmo por psicólogos ou educadores, a escolher o rumo de nossa vida, por exemplo, um trabalho ou uma faculdade. Pensa-se que a vocação de cada um de nós (vocação para ser pai ou mãe, vocação profissional, vocação para a vida religiosa ou para o voluntariado) está na direção que mais gostamos ou que mais nos atrai. Talvez isso esteja certo, mas também podemos fazer essa afirmação vocacional do ponto de vista da autotranscendência. Aqui, seria apropriado inverter a questão: ao invés de perguntar o que eu gostaria de fazer na minha vida, perguntar sobre como eu posso contribuir com a sociedade, para o bem comum, com minhas qualidades humanas. Assim, entre as duas ou três opções de missão de vida, pode-se escolher aquela que mais se aproxima daquilo que disponibilizamos como humano.

Uma outra temática que foi abordada no livro é a toxicodependência. O problema das drogas é encarado em termos de uma emergência planetária e não como um problema localizado apenas em alguns lugares ou apenas em algumas categorias sociais. A esta altura, todos devemos estar atentos a esse problema que se espalha pelos chamados "novos vícios". O estudo da psicodinâmica que leva ao vício químico tem muitas semelhanças com o vício do jogo, o vício emocional, o vício em redes sociais e a internet, em particular o vício em pornografia. Se formos capazes de entender as semelhanças e as diferenças entre essas dependências, seremos capazes de oferecer aplicações clínicas cada vez mais específicas e eficazes.

Outra parte deste livro é dedicada às crianças. Procuramos responder às questões: As crianças têm uma dimensão própria? Como elas expressam isso? Como elas podem ser ajudadas a desenvolvê-la? As respostas dadas aqui são muito claras: todas as crianças têm um potencial autotranscendente que pode se manifestar com a aplicação de técnicas psicoterapêuticas apropriadas, como, por exemplo, o jogo socrático inspirado na contraparte do diálogo socrático. A expressão da autotranscendência nas crianças depende muito de seus modelos: os cuidadores. Na verdade, a predisposição natural para a autotranscendência está sempre presente em nós, mas espera ser ativada e cultivada para ter seu desenvolvimento natural em direção às formas mais maduras de pró-socialidade. O exemplo dos pais e a formação que estes oferecem são os pressupostos básicos; o restante é da responsabilidade e da liberdade do indivíduo que cresce. Portanto, a formação e a base pedagógica são de extrema importância, mas não são a última palavra, pois não podem garantir 100% a realização da autotranscendência pró-social. A última palavra pertence à própria consciência pessoal que – segundo as categorias cognitivas existenciais – é precisamente a resposta com liberdade-responsabilidade.

A autotranscendência em psicoterapia na idade de desenvolvimento está aqui representada não apenas em suas linhas teóricas, mas também com a apresentação dos casos, os desenhos produzidos pelas crianças e com desenhos padronizados para avaliar a capacidade de descentralização e o nível de predisposições empáticas: todos pressupostos para desenvolver a autotranscendência.

Uma originalidade particular deste livro reside na proposta de uma forma particular de interpretar os sonhos. Essa abordagem particular certamente constituirá uma riqueza adicional que o psicoterapeuta poderá ter à sua disposição para ajudar o paciente a trazer para um nível consciente, a psicodinâmica subjacente ao significado de sua vida e o significado de seus sintomas. Se a metodologia proposta fosse aplicada com sucesso também por outros logoterapeutas, seria melhor hipotetizar uma modalidade específica para diagnósticos particulares que melhor destacassem a correlação entre o significado da vida e o significado dos sintomas.

Certamente, este – como todos os outros conteúdos deste livro – será o assunto de aplicações clínicas e atualizações.

Um valor extra que podemos encontrar neste livro está na homogeneidade e ao mesmo tempo na heterogeneidade dos autores: todos convergimos para a teoria humanística existencial e para a prática clínica. A heterogeneidade dos autores reside em suas diferentes origens socioculturais que atuam em diferentes partes do mundo: Brasil, Colômbia, Itália. A temática da autotranscendência tem uma ampla oportunidade de atingir outros contextos, tanto fisicamente como com possíveis publicações em outros idiomas.

Os autores deste livro permanecem disponíveis para sugestões e comentários adicionais para melhorar a qualidade da relação psicólogo-paciente que fundamenta qualquer eficácia clínica.

# Os autores

**Ana Clara de Andrade Patrício** – Especialista em Logoterapia e Saúde da Família pela Universidade Estadual da Paraíba. Graduada em Fisioterapia pela Universidade Estadual da Paraíba. Atualmente, é pós-graduanda em Fisioterapia Intensiva pela Faculdade Mozarteum de São Paulo e fisioterapeuta da Equipe do Núcleo Ampliado de Saúde da Família e Atenção Primária. Pesquisadora na área de Logoterapia e Análise Existencial e de espiritualidade e saúde.

**Clara Martínez Sánchez** – Doutoranda em Psicologia na Universidad de Flores, Argentina. Psicóloga clínica colombiana, Logoterapeuta e Analista Existencial com crianças, adolescentes e adultos. Diretora da Rede de Logoterapia e Infância Faros de Sentido. Docente universitária de graduação e pós-graduação. Conferencista internacional e escritora.

**Gilvan de Melo Santos** – Psicólogo clínico, com formação em Logoterapia e Análise Existencial (UEPB) e doutor em Linguística (UFPB), com estágio na Université Paris Ouest Nanterre La Défense. Atualmente é coordenador do Núcleo Viktor Frankl de Logoterapia da UEPB, coordenador da Especialização em Logoterapia e Saúde da Família, coordenador geral das Especializações da UEPB e professor/supervisor em Logoterapia junto à Universidade Estadual da Paraíba (UEPB).

**Giuseppe Crea** – Psicólogo italiano, doutor em Psicologia Clínica. Psicoterapeuta (Analista Transacional – CTA, membro regular da International Transactional Analysis Association – ITAA). Membro da Alaef (Associação de Logoterapia e Análise Existencial Frankliana). Consultor de formação continuada nas organizações, desenvolve dinâmicas de grupo e atividades de psicoterapia individual. Professor de Psicologia na Facoltà di Scienze dell'Educazione da Università Pontificia Salesiana de Roma.

**José Arturo Luna Vargas** – Psicólogo clínico colombiano, doutorando em humanismo, psicoterapeuta do World Council for Psychotherapy (WCP), formado pela Universidad Nacional de Colombia; especializado em problemas de dependência (Instituto Superior de la Sanità, Roma). Trabalhou cinco anos na Itália em instituições de reabilitação psicossocial. Foi assessor do Centro de Pesquisas das Universidades Católicas (CR-Fiuc) na área de dependências. Em 1987, conheceu Viktor Frankl e participou de seus seminários de formação. Fundador do Instituto Colombiano de Análisis Existenciales y Logoterapia. Escritor e conferencista internacional.

**Lorena Bandeira Melo de Sá** – Graduada em Psicologia pela Universidade Estadual da Paraíba. Formação em Logoterapia pela mesma universidade. Mestra em Ciências das Religiões pela Universidade Federal da Paraíba. Doutoranda em Psicologia Cognitiva na Universidade Federal de Pernambuco. Assistente editorial da *Revista Logos e Existência*. Membro da diretoria da Associação Brasileira de Logoterapia e Análise Existencial (Gestão 2021-2022). Coordenadora do grupo de pesquisa e extensão Sosein. Atua como psicóloga clínica, supervisora e professora universitária.

**Paulo Kroeff** – Psicólogo, doutor em Psicologia (Universidad Autónoma de Madrid). Atualmente é psicoterapeuta em consultório privado e professor em diversos cursos de Logoterapia no Brasil. Membro-fundador e primeiro presidente da Associação Brasileira de Logoterapia e Análise Existencial – Ablae. Agraciado pela

Ablae, em 2020 com o Prêmio Viktor Frankl de Logoterapia. Professor aposentado da Universidade Federal do Rio Grande do Sul.

**Raisa Fernandes Mariz Simões** – Graduada em Psicologia, com formação em Logoterapia e Análise Existencial (UEPB). Graduada em Direito (Unifacisa). Especialista em Logoterapia e Saúde da Família (UEPB). Mestre em Saúde Pública (UEPB). Psicóloga e psicoterapeuta, com experiência no serviço de saúde Caps infantojuvenil. Sócia-fundadora do espaço de psicologia Acordes de Sentido, atuando como psicóloga clínica infantojuvenil. Professora, supervisora e pesquisadora da Universidade Estadual da Paraíba (UEPB) e da Unifacisa.

**Salvatore Grammatico** – Psicólogo e psicoterapeuta italiano, professor na Facoltà di Scienze dell'Educazione da Università Pontificia Salesiana de Roma. É o autor do questionário Escala da Autotranscendência. Também publicou alguns artigos científicos em revistas especializadas.

**Thiago Antonio Avellar de Aquino** – Doutor em Psicologia Social pela Universidade Federal da Paraíba. Professor do Departamento de Ciências das Religiões da Universidade Federal da Paraíba. Escritor de diversos livros e artigos. Editor da *Revista Logos e Existência* e orientador da pós-graduação em Ciências das Religiões (UEPB).